L'AME

EST LA FONCTION DU CERVEAU

OUVRAGES DU MÊME AUTEUR

1º **Le Darwinisme.** — Un vol. in-12, de 450 pages. Prix.. 4 fr. 50
2º **Le Darwinisme.** — *Bibliothèque utile.* — Un vol. de 190 pages. Prix... 0 fr. 60
— Le même, cartonné à l'anglaise. Prix........... 1 fr. »
3º **Les Apôtres,** essai d'histoire religieuse d'après la méthode des sciences naturelles, un vol. in-12 de 465 pages. Prix.. 4 fr. 50

PROCHAINEMENT

1º L'unité de substance. Un vol. in-12.
2º La Philosophie de Spinoza, contrôlée à la lumière des faits scientifiques.
3º Paganisme des Hébreux jusqu'à la captivité de Babylone.

Sceaux. — Imprimerie Charaire et fils.

L'AME

EST LA FONCTION

DU CERVEAU

PAR

ÉMILE FERRIÈRE

TOME PREMIER

PARIS
LIBRAIRIE GERMER BAILLIÈRE ET Cie
108, BOULEVARD SAINT-GERMAIN, 108

1883
Tous droits réservés.

PRÉFACE

Le dessein conçu de soumettre la théorie de Spinoza à la vérification expérimentale m'a engagé dans une entreprise dont j'étais loin de soupçonner la longueur et les difficultés. Démontrer à l'aide des faits scientifiques modernes l'unité de substance, tel était le but. Déjà la première partie, consacrée à l'unité de la vie chez les animaux et les végétaux, avait pris une grande extension; ce fut bien pis quand j'arrivai à la deuxième : L'âme est la fonction du cerveau. Le développement fut tel que, de simple fraction d'un livre, cette partie est devenue livre elle-même. Si j'entretiens le public de ces petits détails, c'est que, détachée du rang qu'elle occupait dans l'œuvre primitive, la thèse y perd un précieux avantage. Préparé par *l'unité de la vie chez les animaux et les végétaux* à regarder l'homme, non plus comme un dieu tombé qui se souvient des cieux, mais comme un simple anneau dans la chaîne des êtres, le lecteur se trouvait dans une excellente disposition pour comprendre que, chez l'homme, le cerveau est un organe parmi les autres organes corporels, et que l'âme est sa fonction. Malgré le préjudice causé par cette distraction de la place première, les preuves accumulées sont assez nombreuses et puissantes, je l'espère, pour faire triompher la vérité et entraîner la conviction dans les esprits.

Dans un problème où l'âme est donnée comme étant la fonction du cerveau, il est clair que le fond est essentiellement physiologique; mais il existe aussi un côté psychologique, celui qui concerne particulièrement la manifestation propre de la fonction psychique, sans que toutefois cette psychologie puisse être isolée du fond physiologique; elle n'en est qu'une floraison caractéristique.

Enfin le cerveau et l'âme, sous quelque point de vue qu'ils soient considérés, physiologique ou psychologique, sont toujours étudiés, soit dans les conditions de l'état sain, soit dans les conditions de l'état morbide.

Voici quelle est la distribution de l'ouvrage :

En premier lieu, vient l'étude physiologique du cerveau et de l'âme chez l'homme adulte :

1° *Étude physiologique à l'état sain;* résultat : Les conditions vitales du cerveau et de sa fonction sont les mêmes que celles des autres organes et de leurs fonctions.

2° *Étude physiologique à l'état morbide;* résultat double :
1° L'âme est la fonction du cerveau ;
2° L'âme est une résultante.

En second lieu, vient l'étude psychologique, embrassant également l'état sain et l'état morbide :

1° *Étude psychologique de l'âme;* résultat : La condition fondamentale de la fonction psychique est une modification de la cellule nerveuse ;

2° *Étude psychologique du Moi;* résultat : L'unité du Moi est une résultante.

En troisième lieu, l'étude du cerveau et de l'âme s'étend de l'homme à l'ensemble du règne animal, soit au point de vue physiologique, soit au point de vue psychologique.

1° *Étude physiologique chez les animaux et chez l'homme;* résultat : Dans la série animale entière, le progrès du cerveau est suivi du progrès de l'âme.

2° *Étude psychologique chez les animaux et chez l'homme*; résultat : L'âme de l'homme est de la même nature que l'âme des animaux ; elle n'en diffère que par le degré.

Reste une quatrième étude, complément des trois premières, à savoir, l'évolution intra-utérine de l'homme et des mammifères, ainsi que la genèse du cerveau et de sa fonction.

1° *Évolution embryogénique de l'homme et des mammifères*; résultat : Au début, l'embryon humain est identique à l'embryon de tous les vertébrés ; en évoluant, il se distingue successivement de chacun d'eux d'autant plus tard que l'homme adulte se rapproche de tel ou tel mammifère ; ce n'est que vers le moment de la naissance qu'il se sépare nettement du singe anthropoïde.

2° *Évolution embryogénique du cerveau et de sa fonction*; résultat : Dans son évolution et dans l'entrée en exercice de sa fonction, le cerveau suit les mêmes lois que les autres organes corporels.

Parvenue à ce point, l'étude est complète et la démonstration achevée ; cependant j'ai ajouté trois chapitres destinés à réfuter certains arguguments de l'hypothèse spiritualiste ainsi qu'à mettre en relief les contradictions insolubles auxquelles cette hypothèse est condamnée. Voici ces chapitres :

1° Entre certaines sécrétions corporelles, la différence est plus grande qu'entre l'âme et le magnétisme.

2° L'Ame et le cerveau font un Tout naturel.

3° Les problèmes métaphysiques ou physiques et les deux hypothèses sur l'âme.

Enfin, dans un dernier chapitre, après avoir rappelé en quoi consiste l'hypothèse scientifique et les deux conditions qu'elle doit remplir, je compare chacune des deux hypothèses sur l'âme au type scientifique ; des résultats acquis se déduit une conclusion qui me semble irréfragable.

Dans ce long travail, la méthode que j'ai suivie est la méthode baconienne alliée au doute cartésien, celle que Claude Bernard a, d'une main si ferme, agrandie et perfectionnée dans son admirable *Introduction à la Médecine expérimentale*. Pour qu'il ne restât aucun nuage dans l'esprit du lecteur; pour que celui-ci eût sous les yeux à la fois la méthode adoptée et l'application que j'en ai faite, j'ai exposé, au début du livre, les conditions auxquelles est astreint l'expérimentateur, l'esprit de la méthode et son principe fondamental, les règles auxquelles doit invariablement être soumise l'expérimentation, enfin les procédés opératoires. Ces conditions ou ces règles, je me suis efforcé de les remplir ou de les appliquer avec une inflexible rigueur. Tant vaut la méthode, tant vaut le résultat obtenu; comme je n'ai pas avancé une proposition qui ne s'appuyât sur des faits existants, contrôlés et toujours vérifiables, il s'ensuit que pour infirmer les conclusions auxquelles aboutit cette étude, il faudrait tout d'abord démontrer que la méthode est vicieuse. Or, pour atteindre la vérité, on n'a pas encore trouvé de voie plus prudente et plus sûre que la méthode expérimentale; c'est à elle que le xix° siècle doit cette merveilleuse expansion scientifique qui fait la joie des savants et des libres-penseurs.

Quant à la forme de l'argumentation, elle a une grande affinité avec celle de la géométrie; d'abord, énonciation du théorème; puis démonstration par des faits; pas une phrase sentimentale, pas un seul mot à panache; rien que des faits, des faits réels, puisés aux meilleures sources. Ce procédé a un inconvénient et aussi un avantage.

L'inconvénient est de rendre la lecture du livre difficile, fastidieuse même; mais, à l'exemple des traités géométriques, ce livre n'a pas pour but de charmer les oreilles par la musique de périodes élégamment cadencées; ce qu'il veut, c'est instruire et convaincre.

L'avantage est de donner à l'exposition la plus grande clarté; il est facile de suivre l'enchainement des preuves, d'en comprendre la signification ou d'en saisir la force; on peut aussi aisément discerner la solution de continuité dans la trame des faits ou mettre le doigt sur le vice du raisonnement, s'il y a vice ou solution de continuité. Ce procédé, qui consiste à se livrer tout entier, est assurément dépourvu d'habileté; on accordera du moins qu'il témoigne d'un esprit sincère, peu soucieux de se concilier des adhésions qui seraient de mauvais aloi. Au demeurant, par cela même qu'il tient ses lecteurs comme capables d'entendre toute la vérité, rien que la vérité, l'écrivain marque à leur égard plus de respect que s'il essayait de leur dérober, sous les artifices du style, l'inanité de sa thèse ou la faiblesse de sa démonstration.

Bibliographie.

Les auteurs auxquels j'ai fait des emprunts ou à qui je renvoie le lecteur, sont les suivants :

AGASSIZ, *De l'espèce*, in-8, 1869, chez Germer-Baillière.

Azam, *Revue scientifique*, 20 mai, 16 septembre 1876 ; 22 décembre 1877.

A. Bain, *L'Esprit et le Corps*, in-8, 1873, chez Germer-Baillière.

Balbiani, *Leçons sur la génération des vertébrés*, in-8, 1879, chez Octave Doin.

Bastian, *Le Cerveau organe de la pensée*, 2 vol. in-8, 1882, chez Germer-Baillière.

Cl. Bernard, *Œuvres complètes*, 19 vol. in-8, chez J.-B. Baillière.

Berthier, *Les Névroses menstruelles*, in-8, 1874, chez Adrien Delahaye.

Bouillaud, *Comptes rendus de l'Académie des sciences*, tomes 76 et 77.

Bocquillon, *Vie des Plantes*, in-12 (bibliothèque des Merveilles), chez Hachette.

Buchner, *Vie psychique des bêtes*, in-8, 1881, chez Reinwald.

Cabanis, *Œuvres complètes*, 5 vol. in-8, 1823, chez Firmin Didot.

Charcot, *Revue scientifique*, 11 novembre 1876.

Coste, *Manuel de dissection*, in-8, 1847, chez J.-B. Baillière.

Dagonet, *Nouveau traité des maladies mentales*, in-8, 1876, chez J.-B. Baillière.

Darwin, *Œuvres complètes* 14 vol. in-8, chez Reinwald.

Dufay, *Revue scientifique*, 15 juillet 1876.

Esquirol, *Des maladies mentales*, 2 vol. in-8, 1838, chez J.-B. Baillière.

Flourens, *Œuvres complètes*, 14 vol. in-12, chez Garnier frères.

Flourens, *Recherches expérimentales sur le système nerveux*, in-8, 2ᵉ édition, 1842, chez J.-B. Baillière.

J.-A. Fort, *Leçons sur les centres nerveux*, in-8, 1878, chez Frédéric Henry.

Foster et Balfour, *Éléments d'embryologie*, in-8, 1877, chez Reinwald.

Gavarret, *Les Phénomènes physiques de la vie*, in-12, 1869, chez Victor Masson.

Gavoy, *Atlas d'anatomie du cerveau et des localisations cérébrales*, in-4, 1882, chez Octave Doin.

J. Girard, *Les Plantes*, in-12 (bibliothèque des merveilles), chez Hachette.

Hœckel, *Histoire de la Création*, in-8, 1874, chez Reinwald.

Hœckel, *Anthropogénie*, in-8, 1877, chez Reinwald.

Huxley, *De la place de l'homme dans la nature*, in-8, 1868, chez J.-B. Baillière.

Jamin, *Comptes rendus de l'Académie des sciences*, tome 80.

Jamin, *Petit traité de physique*, in-8, 1870, chez Gauthier-Villars.

Leuret et Gratiolet, *Anatomie comparée du*

système nerveux, 2 volumes in-8, 1839-1857, chez J.-B. Baillière. — Le premier volume est de Leuret, le deuxième volume est de Gratiolet, ainsi que l'atlas.

Longet, *Traité de physiologie*, 2° édition, 2 vol. in-8, 1861, chez V. Masson.

Lubbock, *Les Origines de la civilisation*, in-8, 1873, chez Germer-Baillière.

Lubbock, *L'homme préhistorique*, in-8, 1876, 2° édition, chez Germer-Baillière.

Luys, *Traité des maladies mentales*, in-8, 1881, chez Adrien Delahaye, couronné par l'Académie des sciences.

Luys, *Le Cerveau*, in-8, 1876, chez Germer-Baillière.

Marcé, *Traité des maladies mentales*, in-8, 1862, chez J.-B. Baillière.

Ménault, *L'Intelligence des animaux*, in-12 (bibliothèque des merveilles).

Ménault, *L'Amour maternel chez les animaux*, in-12 (bibliothèque des merveilles).

Milne-Edwards, *Zoologie élémentaire*, in-12, 1863, 9° édition, chez V. Masson.

Moreau (de Tours), *Du haschich*, in-8, 1845, chez V. Masson.

Quatrefages, *L'Espèce humaine*, in-8, 2° édition, 1877, chez Germer-Baillière.

Rabuteau, *Éléments de toxicologie*, in-12, 1873, chez Lauwereyns.

Radau, *Le Magnétisme*, in-12 (bibliothèque des merveilles).

Ribot, *Les Maladies de la mémoire*, in-12, 1881, chez Germer-Baillière.

Ch. Richet, *Revue scientifique*, 24 décembre 1881.

Robin, *Leçons sur les Humeurs*, in-8, 1867, chez J.-B. Baillière.

Romanes, *Revue scientifique*, 4 janvier 1879.

Rosenstiehl, *Comptes rendus de l'Académie des sciences*, tome 95.

Spinoza, édition Émile Saisset, 3 vol. in-12, 1861, chez Charpentier.

Taine, *De l'Intelligence*, 2 vol. in-12, 3e édition, chez Hachette.

Topinard, *L'Anthropologie*, in-12, 1876, chez Reinwald.

Tylor, *La Civilisation primitive*, 2 vol. in-8, 1876, chez Reinwald.

Vogt, *Leçons sur l'homme*, in-8, 1878, 2e édition, chez Reinwald.

Voit, *Revue scientifique*, 20 mars 1869.

Vulpian, *Leçons sur la physiologie du système nerveux*, in-8, 1866, chez Germer-Baillière.

Nota. — D'ordinaire, je renvoie à la page en marquant simplement le chiffre; le mot page est omis.

L'AME
EST LA FONCTION DU CERVEAU

CHAPITRE PREMIER
ANATOMIE ET PHYSIOLOGIE DES CENTRES NERVEUX

PREMIÈRE SECTION
ANATOMIE

NOTIONS PRÉLIMINAIRES

Les centres nerveux sont contenus dans la cavité du crâne et dans la cavité de la colonne vertébrale ou *rachis*; l'encéphale occupe le crâne; la moelle épinière est située dans le canal rachidien[1].

Les centres nerveux sont formés d'une masse de substance dite *substance nerveuse*, laquelle diffère essentiellement de la substance qui constitue les nerfs.

Les *nerfs* ne sont pas les prolongements des fibres

---

1. Ce résumé d'anatomie et de physiologie est emprunté en majeure partie à J.-A. Fort, *Leçons sur les centres nerveux*, 1878.

des centres nerveux. Les nerfs pénètrent dans la substance nerveuse pour aboutir aux cellules nerveuses.

La substance nerveuse se compose de deux parties : une substance blanche et une substance grise.

A. *La substance grise est formée principalement de cellules nerveuses ;*

B. *La substance blanche est formée de fibres nerveuses.*

Quand on dit « substance grise », c'est comme si l'on disait « Agglomération de cellules nerveuses ou Foyer d'innervation ». Les cellules nerveuses sont les parties fonctionnantes des centres nerveux ; c'est par elles que les sensations sont perçues et que sont transmis les ordres qui produisent la contraction des muscles.

Les fibres blanches établissent une communication entre les cellules. Toutes les cellules sont unies entre elles par des fibres.

Les nerfs s'insèrent sur les centres nerveux dans l'épaisseur desquels ils pénètrent jusqu'à des groupes de cellules appelés *noyaux d'origine réelle des nerfs.*

L'encéphale comprend toutes les parties des centres nerveux contenus dans la cavité crânienne ; ces parties sont au nombre de quatre :

1° *Le Cerveau,* placé à la partie supérieure ;

2° *Le Cervelet,* placé au-dessous et en arrière du cerveau ;

3° *La Protubérance annulaire ;*

4° *Le Bulbe rachidien.*

A. Le cerveau est uni aux autres centres nerveux

par les *Pédoncules cérébraux*, lesquels sont deux énormes faisceaux de substance blanche.

B. Le cervelet est uni aux autres centres nerveux par les *Pédoncules cérébelleux*.

Le cerveau est un organe formé de deux moitiés à peu près symétriques, séparées à la partie supérieure, mais réunies à la partie inférieure par le corps calleux; ces deux moitiés sont les *hémisphères cérébraux*.

Chaque hémisphère est recouvert de replis de substance nerveuse, *les circonvolutions*, séparés par des interstices plus ou moins sinueux qu'on appelle *anfractuosités*.

La face externe du cerveau est séparée du crâne par trois membranes qu'on appelle *les Méninges*.

Les méninges enveloppent l'encéphale et la moelle épinière. Ce sont :

1° *La dure-mère*, qui tapisse plus ou moins le crâne ;

2° *L'arachnoïde*, membrane séreuse, intermédiaire entre la dure-mère et la pie-mère ;

3° *La pie-mère*, membrane fine, demi-transparente, qui tapisse toutes les anfractuosités des deux hémisphères.

Une *méningite* est l'inflammation de l'une quelconque des trois membranes; l'arachnoïde et surtout la pie-mère sont le plus souvent atteintes.

I° — LE CERVEAU

Le cerveau comprend deux hémisphères réunis à leur base par une cloison blanche, en forme de voûte, qu'on appelle le corps calleux.

Les deux hémisphères ont une structure identique ; ce que l'on dit de l'un doit se répéter pour l'autre.

§ I. **Face externe**. — Vu d'en haut par la face externe, chaque hémisphère apparaît plissé en circonvolutions très nombreuses. Trois scissures partagent chacun d'eux en quatre départements qu'on appelle lobes.

Ces trois scissures sont :

1° La scissure de Rolando ;
2° La scissure de Sylvius ;
3° La scissure perpendiculaire externe.

Les quatre lobes sont :

1° Le lobe frontal, qui s'étend jusqu'à la scissure de Rolando ;

2° Le lobe pariétal, qui s'étend jusqu'à la scissure perpendiculaire externe ;

3° Le lobe occipital, qui s'étend en arrière ;

4° Le lobe temporal, qui s'étend au-dessous de la scissure de Sylvius.

I° SCISSURES. A. *Scissure de Rolando.* — La scissure de Rolando est la seule qui croise transversalement et sans interruption la face externe de l'hémisphère. Elle atteint son plus haut degré d'*obliquité* sur le cerveau humain; ce qui fait que le lobe frontal de l'homme est le plus développé. Chez les animaux, la scissure de Rolando tend à devenir *verticale* d'autant plus que l'animal est inférieur.

B. *Scissure de Sylvius.* La scissure de Sylvius part du bas de l'hémisphère et se dirige vers la région postérieure en faisant un angle oblique avec la scissure de Rolando. Toutefois elle a un petit prolongement antérieur, c'est-à-dire du côté du front; ce prolongement s'enfonce dans la troisième circonvolution frontale et s'y termine en faisant un petit crochet. C'est dans ce crochet même, ou pli sourcilier, que Broca a localisé le centre moteur du langage articulé.

C. *Scissure perpendiculaire externe.* — La scissure perpendiculaire externe est réduite à de très petites dimensions chez l'homme; chez le singe, elle est profonde et continue.

II° LOBES. — A. *Lobe frontal.* Le lobe frontal comprend quatre circonvolutions; on les compte en partant du haut de l'hémisphère :

1° La *première frontale*, sa direction est presque perpendiculaire à la scissure de Rolando;

2° La *deuxième frontale;* même direction que celle de la première.

3° La *troisième frontale* ou circonvolution de Broca, même direction; elle contient le centre moteur du langage; au crochet appelé *pli sourcilier.*

4° La *quatrième frontale* ou circonvolution ascendante : elle longe la scissure de Rolando. Par cette scissure, la quatrième frontale est séparée de la circonvolution pariétale ascendante, excepté en bas et en haut de la scissure, où la cessation de cette scissure lui permet de se continuer avec la pariétale ascendante.

A la face interne, en haut, elle forme avec la pariétale ascendante un lobule appelé *lobule paracentral*, dont le rôle est extrêmement important dans la pathologie mentale.

B. *Lobe pariétal.* — Le lobe pariétal comprend trois circonvolutions :

1° La *pariétale ascendante*, qui longe la scissure de Rolando et forme en haut, avec la frontale ascendante, le lobule paracentral.

2° La *pariétale supérieure*, qui renferme une bonne partie du centre moteur du membre inférieur;

3° La *pariétale inférieure*, qui contient un pli appelé *pli courbe*.

C. *Lobe temporal.* — Le lobe temporal ou sphénoïdal comprend trois circonvolutions.

D. *Lobe occipital.* — Le lobe occipital est très petit; il comprend trois circonvolutions.

III° CENTRES MOTEURS. — D'une manière générale, les centres moteurs sont groupés autour de la scissure de Rolando.

1° Dans le lobe frontal, chacune des quatre circonvolutions a un centre moteur;

2° Dans le lobe pariétal existent deux centres moteurs; l'un, dans la pariétale ascendante et dans la supérieure; l'autre, dans le pli courbe.

3° Dans le lobe temporal existe un centre moteur, à la première circonvolution temporale.

§ II. **Face interne**. — La face interne de l'hémisphère diffère de la face externe; les scissures ont un aspect si particulier, et les parties qu'elles séparent ont une forme si caractéristique qu'on a donné un nom spécial à chaque sillon et à chaque circonvolution interne.

1° *Circonvolution du corps calleux*. — Autour du corps calleux s'enroule une circonvolution qu'on appelle circonvolution du corps calleux.

2° *Première circonvolution frontale*. — A sa face interne, la première frontale est séparée de la circonvolution du corps calleux par un sillon nommé sillon calloso-marginal.

3° *Lobule paracentral*. — Le lobule paracentral est une petite région ovalaire qui se trouve formée par l'extrémité supérieure des deux circonvolutions ascendantes, frontale et pariétale, de la face externe. Le lobule paracentral est une région motrice. D'après le docteur Luys, le lobule paracentral est plus accentué dans le cerveau de l'homme que dans celui de la femme.

4° *Scissure perpendiculaire interne*. — La scissure perpendiculaire interne est un sillon qui fait suite à la scissure perpendiculaire externe.

5° *Scissure des hippocampes*. — La scissure des hippocampes est ainsi appelée parce que l'on suppose qu'elle détermine dans les ventricules latéraux la saillie des deux hippocampes (petit hippocampe ou ergot de Morand, et grand hippocampe ou corne d'Ammon).

6° *Lobule quadrilatère.* Le lobule quadrilatère est le lobe pariétal de la face interne.

7° *Lobule triangulaire.* Le lobule triangulaire est le lobule occipital interne.

I° FIBRES DE LA SUBSTANCE BLANCHE DANS LES CIRCONVOLUTIONS. — La substance blanche des circonvolutions se compose de fibres nerveuses; on en distingue quatre espèces.

1° Les fibres rayonnantes;
2° Les fibres commissurales;
3° Les fibres pédonculaires;
4° Les fibres unissantes.

A. *Fibres rayonnantes.* — Les fibres rayonnantes constituent la couronne de Reil; elles s'étendent des cellules des corps striés et des couches optiques jusqu'aux cellules des circonvolutions.

B. *Fibres commissurales.* — Les fibres commissurales constituent le corps calleux; elles établissent une communication entre les cellules des circonvolutions de l'hémisphère droit et les cellules de l'hémisphère gauche.

C. *Fibres pédonculaires.* — Les fibres pédonculaires sont constituées par de rares faisceaux nerveux venus, en ligne directe, des pédoncules cérébraux et ayant traversé les corps striés (par la capsule interne) sans entrer en communication avec les cellules nerveuses de ces ganglions.

D. *Fibres unissantes.* — Les fibres unissantes ne sortent pas de la région des circonvolutions; elles mettent en communication, soit deux circonvolutions entre elles, soit deux parties d'une même circonvolution. La plupart des fibres unissantes sont très superficielles; elles associent entre elles les cellules nerveuses dans le même hémisphère.

II° COUCHES STRATIFIÉES DE LA SUBSTANCE GRISE DES CIRCONVOLUTIONS. — La substance grise qui constitue l'écorce des hémisphères comprend cinq couches stratifiées :

1° La première couche, mince, est formée de *névroglie* avec de nombreux noyaux (myélocytes de Robin); *teinte claire;*

2° La deuxième couche, mince, est formée de cellules *pyramidales petites*, serrées les unes contre les autres; *teinte claire;*

3° La troisième couche, aussi épaisse que la première et la deuxième réunies, renferme un grand nombre de cellules *pyramidales grandes; teinte foncée;*

4° La quatrième couche est analogue à la première; elle est mince et composée de *névroglie; teinte claire;*

5° La cinquième couche, la plus profonde, aussi épaisse que la troisième, est composée de cellules *fusiformes; teinte foncée.*

Remarques. — A. Les fibres de la substance blanche pénètrent de bas en haut jusqu'à la deuxième couche grise; mais la plus grande partie s'arrête dans la cinquième et dans la troisième couche.

B. Dans les couches, première et quatrième, composées de névroglie, il y a aussi des cellules nerveuses éparses.

De même, dans les couches composées de cellules nerveuses, il y a de la névroglie, qui unit entre elles les diverses cellules.

C. Les *cellules géantes* se rencontrent :

1° Dans toute l'étendue de la circonvolution ascendante ou quatrième frontale ;

2° Dans le tiers supérieur de la pariétale ascendante ;

3° Dans le lobule paracentral ;

4° Dans le point d'insertion des trois frontales sur la quatrième ascendante ;

5° Dans le pli courbe (lobule pariétal) ;

6° Dans la corne d'Ammon ou grand hippocampe (ventricule latéral).

On croit que les cellules géantes sont en rapport avec le mouvement.

§ III. **Structure du cerveau.** — Le cerveau est composé de deux substances, l'une grise et l'autre blanche.

I. SUBSTANCE GRISE. — A. Sous la forme de lame, la substance grise occupe toute la surface des circonvolutions.

B. Sous la forme de masse, elle est condensée dans les corps opto-striés (couches optiques et corps striés) ;

C. L'épaisseur de la couche grise corticale est à peu près la même dans toutes les régions ; cependant on peut dire que, dans les circonvolutions frontales, elle s'élève environ à 3 millimètres, et dans les circonvolutions occipitales à 2 millimètres ˈment.

La substance grise recouvre extérieurement le cerveau, le cervelet, les olives et la glande pinéale; puis elle devient intérieure à la substance blanche dans tout le parcours de la moelle sans que pour cela il y ait solution de continuité avec la substance grise de l'encéphale; en un mot, la substance grise est continue.

II. SUBSTANCE BLANCHE. — La substance blanche est constituée par des fibres extrêmement multiples. Ces fibres se divisent en deux systèmes :

1° Le système des fibres *convergentes*, qui font communiquer les régions centrales du cerveau avec les régions périphériques des circonvolutions;

2° Le système des fibres *unissantes* (commissurantes, du docteur Luys) qui font communiquer entre elles les régions homologues de l'hémisphère. Elles peuvent être idéalement conçues sous la forme d'une série d'U dont la branche droite plongerait dans une région de l'hémisphère, et la branche gauche dans la région homologue.

Selon le docteur Luys, on peut se représenter théoriquement le cerveau comme une roue dont la circonférence est reliée au moyen par des rayons; chaque point de la circonférence où s'emboîtent les rayons serait relié à un autre point d'emboîtement par un rayon courbé en U. Dans cette figure théorique ou *schéma*, la circonférence représente l'écorce grise; le moyeu représente les masses grises des corps opto-striés; les rayons sont les fibres blanches convergentes;

les rayons courbés en U sont les fibres commissurantes qui relient les parties homologues [1] ?

Cette disposition montre en outre que chaque partie peut à la fois avoir une fonction propre et être solidaire des autres parties. C'est ainsi que, selon la comparaison de Claude Bernard, dans une fabrique d'armes, chaque ouvrier, tout en ayant sa besogne particulière, est solidaire des ouvriers voisins et concourt au fonctionnement de l'ensemble.

§ IV. Constitution intime des centres nerveux. — On distingue trois parties :

1° Les cellules et les fibres nerveuses;
2° La névroglie;
3° Les vaisseaux.

I. A. CELLULES NERVEUSES. — Les cellules nerveuses sont hérissées de prolongements qui, chemin faisant, se subdivisent.

Leur forme varie selon le département qu'elles occupent; ici, elles sont globuleuses; là, pyramidales. Dans l'écorce cérébrale elles sont toutes pyramidales.

Il est une espèce de cellules pyramidales qu'on appelle *géantes* à cause de leur grosseur; les cellules géantes occupent les circonvolutions marginales de la scissure de Rolando et le lobule paracentral.

---

1. Luys, *Traité des maladies mentales*, page 32. — Il y a une restriction à faire; comme on le verra plus loin, un faisceau de fibres appartenant au pédoncule cérébral traverse les corps striés sans communiquer avec eux, et va directement à la circonvolution. A part cet unique faisceau, le schéma est exact.

Les cellules nerveuses sont répandues par milliers dans la constitution intime du système nerveux. Elles forment exclusivement la substance grise des centres nerveux.

C'est dans la région frontale qu'elles sont en plus grand nombre; or c'est dans la région frontale que réside l'intelligence.

B. FIBRES NERVEUSES. — De même que les cellules nerveuses sont les éléments essentiels qui caractérisent la substance grise des centres nerveux, de même les fibres nerveuses caractérisent la substance blanche de ces mêmes centres nerveux dans le cerveau adulte. Elles se composent :

1° d'un filament central nommé *cylindre-axe* ou *cylinder-axis*;

2° d'une substance visqueuse, diaphane et très réfringente qu'on appelle *myéline*.

Le cylindre-axe et la myéline sont les deux seuls éléments qui entrent dans la structure de la fibre blanche de l'encéphale.

Dans les nerfs, à ces deux éléments s'ajoute une gaîne résistante, *gaîne de Schwann*, qui enveloppe la myéline.

L'absence de gaîne dans les fibres nerveuses de l'encéphale fait comprendre pourquoi la substance nerveuse y est moins résistante.

On a comparé les fibres nerveuses à une chandelle en paraffine dont la mèche correspondrait au cylindre-axe, et la paraffine transparente à la myéline.

Les fibres blanches vont se perdre dans la substance

grise en fibrilles extrêmement ténues. Au moment où elles passent de la substance blanche dans la substance grise, elles se dépouillent de la myéline et se réduisent au seul cylindre-axe.

II. LA NÉVROGLIE. — Depuis les travaux de Virchow, on donne le nom de *névroglie* à la substance intermédiaire qui sert de gangue à tous les éléments nerveux, cellules et fibres. La névroglie consiste :

1° En partie, en un réseau excessivement fin de fibrilles entrelacées qui sont parsemées de corpuscules solides (myélocytes de Robin); névroglie de la substance blanche;

2° En partie, en une substance glutineuse accompagnant le lacis de fibrilles : névroglie de la substance grise.

Depuis l'extrémité caudale de la moelle jusqu'à l'écorce du cerveau, la névroglie, partout présente, établit entre les différents départements du système nerveux un lien qui les solidarise les uns avec les autres et devient l'instrument actif de leurs sympathies communes.

III. LES VAISSEAUX. — On sait qu'il y a trois ordres de vaisseaux :

1° Les *artères*, qui emportent du cœur le sang oxygéné;

2° Les *veines*, qui rapportent au cœur le sang désoxygéné;

3° Les *capillaires*, qui mettent en communication les artères et les veines.

A. La paroi des artères a *trois tuniques* superposées;

B. La paroi des veines a *quatre tuniques;*

C. La paroi des capillaires a, chez les unes, une seule tunique ; chez d'autres, *deux tuniques.*

Le sang est porté au cerveau par les artères vertébrales et carotides internes qui, à la base du cerveau, s'anastomosent et forment un hexagone appelé *hexagone de Willis;* c'est de cet hexagone que partent les deux systèmes de circulation dans le cerveau.

Les deux systèmes de circulation dans le cerveau sont :

1° Le système des artères corticales ou des circonvolutions;

2° Le système des artères centrales ou des ganglions (corps opto-striés).

Ces deux systèmes offrent ceci de remarquable qu'ils n'ont entre eux aucune communication ; *ils sont complètement indépendants l'un de l'autre.*

I. Système des artères corticales. — Les artères qui constituent le système cortical ont deux dispositions, l'une en surface, l'autre en profondeur.

A. *Disposition des artères en superficie.* — Trois artères rampent à la surface de l'écorce et forment un réseau continu; elles ont chacune leur partie de la surface à irriguer; ce qui fait que cette surface se trouve divisée en trois départements; sur les limites de ces départements, il se fait des anastomoses peu nombreuses.

Les troncs des artères superficielles se divisent en rameaux et en ramuscules secondaires, tertiaires, etc. Le vaste lacis de ces rameaux, appliqué à la surface du cerveau dont il suit toutes les saillies, tous les angles et tous les enfoncements, forme à lui seul la pie-mère presque tout entière.

B. *Disposition des artères en profondeur*. — En soulevant délicatement la pie-mère, dans l'épaisseur de laquelle sont ramifiées les artères superficielles, on constate que de la face profonde se détachent un nombre considérable d'artérioles très fines qui pénètrent dans la pulpe nerveuse.

Les artères qui pénètrent dans la pulpe nerveuse sont de deux sortes :

1° Les artères *médullaires*, qui se rendent à la substance blanche ;

2° Les artères *corticales*, qui se terminent dans la substance grise.

A. *Les artères médullaires*, très longues, sont la terminaison des ramuscules artériels répandus à la surface du cerveau. Elles traversent la substance grise et pénètrent en droite ligne dans la substance blanche jusqu'à une petite distance des noyaux gris centraux (corps opto-striés). Mais *jamais* on ne constate aucune communication entre ces vaisseaux et ceux des noyaux gris centraux.

B. *Les artères corticales*, beaucoup plus courtes, ne dépassent pas la substance grise, *dans laquelle* elles se terminent. Elles forment un réseau beaucoup plus riche, très serré, dont les mailles sont polygonales ou plus ou moins arrondies.

II. Système des artères centrales. — Les artères centrales viennent de l'hexagone de Willis ; elles se divisent en *artères striées* et en *artères optiques*.

1° *Les artères striées* sont celles qui vont s'étaler sur les corps striés (noyau caudé et noyau lenticulaire).

Parmi les artères striées, il en est une très importante qui traverse la capsule interne pour se porter en avant dans l'épaisseur du noyau caudé jusqu'à son extrémité antérieure. Cette artère a été dénommée par M. Charcot *artère de l'hémorragie cérébrale*. C'est elle qui est le plus souvent le siège, soit d'un anévrisme, soit d'une rupture spontanée.

2° *Les artères optiques* sont celles qui se rendent dans les couches optiques.

Remarques. — A. Les artères du système central *n'ont aucune communication* avec les artères du système cortical.

B. Les artères du système central forment des artères *terminales*, c'est-à-dire qu'elles n'offrent entre elles aucune anastomose ; de sorte que chacune d'elles se porte dans un petit territoire spécial.

III. Effet de l'oblitération des artères cérébrales. A. *Système cortical.* — Après l'oblitération d'une branche ou d'un rameau artériel de la pie-mère, la partie correspondante de la pulpe nerveuse ne recevant plus de sang, il existe un ramollissement ischémique (ἴσχειν arrêter, αἷμα sang) en la forme d'un cône dont la base est à la surface du cerveau, et la pointe à l'intérieur ; car les artérioles qui naissent des ramifications superficielles de l'artère oblitérée pénètrent dans la pulpe nerveuse en *convergeant*.

B. *Système central.* — Dans le système central,

l'expansion des artérioles ayant lieu sur les corps opto-striés, il en résulte que la base du cône de ramollissement est aux corps opto-striés, et la pointe à l'origine de l'artère oblitérée.

II° — LA MOELLE ÉPINIÈRE

Les méninges de l'encéphale revêtent également la moelle. Entre la pie-mère et l'arachnoïde, il y a une couche du liquide nommé *liquide céphalo-rachidien*. Entre la dure-mère et le périoste des vertèbres, il y a une couche de graisse.

La moelle est formée de substance blanche et de substance grise; seulement la position relative y est inverse de celle que ces deux substances occupent dans le cerveau. En effet, dans la moelle, la substance grise est à l'intérieur; et la substance blanche, à l'extérieur.

A. La substance grise, dans sa structure, affecte la forme de deux croissants qui seraient unis par le dos.

B. La substance blanche est formée de fibres nerveuses et de névroglie. Les fibres blanches sont, comme celles de l'encéphale, composées d'un cylindre-axe et de myéline.

Chaque moitié de la moelle a quatre faisceaux de fibres ou cordons :

1° Le cordon antérieur;
2° Le cordon latéral;
3° Le cordon postérieur;
4° Le cordon de Gall.

Les *nerfs du tronc et des membres* aboutissent à la moelle par deux racines.

1° L'une postérieure ou *sensitive*, qui plonge directement dans la substance grise ;

2° L'autre antérieure ou *motrice*, qui atteint également la substance grise, ainsi qu'on l'a démontré, il y a quelques années.

III° — LE BULBE RACHIDIEN

Le bulbe rachidien est, dans le crâne, la continuation de la moelle épinière, laquelle va se renflant en bulbe ; ce qui donne au bulbe l'aspect d'un cône tronqué.

Il est formé de substance blanche et de substance grise ; la blanche est à l'extérieur, et la grise à l'intérieur.

La substance blanche du bulbe comprend les quatre cordons de la moelle, plus un cinquième surajouté : la fibre blanche olivaire.

A l'extérieur et en apparence, les quatre cordons du bulbe semblent être la continuation directe des cordons de la moelle ; il n'en est rien ; car à l'intérieur, il se fait des croisements partiels ou complets des cordons de la moelle.

Le bulbe comprend :
1° Les pyramides antérieures ;
2° Les pyramides postérieures ;
3° Les corps restiformes ;
4° Les faisceaux latéraux ;

5° Les olives.

Ces faisceaux sont *en ligne verticale ;* ils sont reliés entre eux par un faisceau transversal qu'on appelle *fibres arciformes.*

IV° — LA PROTUBÉRANCE ANNULAIRE

La protubérance annulaire ou pont de varole ou mésocéphale est une sorte de nœud où s'entrecroisent :

1° Des fibres *transversales* venues du cervelet ;

2° Des fibres *verticales* venues du bulbe.

Une masse de substance grise existe entre ces fibres.

La protubérance est formée par une succession alternante de plans de fibres transversales superposés à des plans de fibres verticales. Ces plans sont au nombre de sept ; le premier est le plan transversal formé par le prolongement des pédoncules cérébelleux moyens.

V° — LE CERVELET

Le cervelet est séparé de la protubérance annulaire et du bulbe par une cavité qu'on appelle le *quatrième ventricule.*

Il est uni au reste de l'encéphale par six prolongements ou cordons de substance blanche, connus sous le nom de *Pédoncules cérébelleux.*

La substance blanche, la substance grise et la névroglie du cervelet ont la même structure que celle du cerveau.

La substance blanche est intérieure ; la substance grise occupe la surface.

La substance blanche est disposée en lamelles, lesquelles étant recouvertes de substance grise font ressembler les différentes parties à des rameaux d'arbre, lorsqu'on fait une coupe du cervelet ; de là le nom d'*arbre de vie* donné à la structure intime du cervelet.

A. Les deux *pédoncules supérieurs* s'entrecroisent, puis se terminent dans la partie de la couche optique appelée *noyaux de Stilling*.

B. Les deux *pédoncules moyens* forment, par une portion de leurs fibres, la couche superficielle de la protubérance ; ils s'entrecroisent, puis s'enfoncent dans la substance grise intérieure de la protubérance.

VI° — LES TUBERCULES QUADRIJUMEAUX

On donne le nom de *tubercules quadrijumeaux* à quatre saillies hémisphériques situées au-devant du cervelet, entre les deux couches optiques. Ils sont formés de substance grise revêtue d'une mince couche de substance blanche.

Ils sont en communication avec la glande pinéale et avec les corps genouillés des couches optiques.

Les tubercules quadrijumeaux constituent l'origine réelle des nerfs optiques. Les lésions de ces tubercules influent puissamment sur la vision.

L'expression de *couche optique* donnée aux corps qui vont être décrits ci-dessous est impropre, car les lésions de la couche optique n'influent pas sur les phénomènes de la vision.

VII° — LES COUCHES OPTIQUES

Les couches optiques sont deux renflements de substance grise, peu foncée, de forme ovoïde, adhérents en grande partie à la face supérieure des pédoncules cérébraux, sur lesquels ils sont situés. Ces deux renflements, véritables ganglions nerveux, ont à peu près le volume d'un œuf de pigeon.

Chacun de ces corps ovoïdes contient à sa face inférieure deux saillies de grosseur inégale qu'on appelle *corps genouillés*.

Les couches optiques sont en communication :
1° Avec les pédoncules cérébraux ;
2° Avec les pédoncules cérébelleux ;
3° Avec les corps striés ;
4° Avec la glande pinéale ;
5° Avec les tubercules quadrijumeaux.

Les cellules nerveuses des couches optiques forment deux groupes importants :

1° *Le noyau de Stilling*, qui reçoit la totalité des pédoncules cérébelleux supérieurs ;

2° *Le centre médian*, qui reçoit la plus grande partie du faisceau sensitif du pédoncule cérébral.

VIII° — LES PÉDONCULES CÉRÉBRAUX

Les pédoncules cérébraux sont deux énormes faisceaux de fibres nerveuses longitudinales mettant en communication le cerveau avec les autres centres nerveux. Ils sont formés :

1° Par des fibres qui s'étendent de la moelle et du bulbe au cerveau ;

2° Par des fibres nées de la substance grise du bulbe et de la protubérance ; ce qui explique pourquoi les pédoncules cérébraux sont beaucoup plus volumineux que la moelle ;

3° Par des fibres nées de la substance grise qui constitue le *locus niger ;* le *locus niger* est un amas de cellules nerveuses, foncées en couleur, situé à la base des pédoncules cérébraux ;

4° Par des fibres qui s'étendent des tubercules quadrijumeaux au cerveau.

C'est un faisceau du pédoncule cérébral qui forme la capsule interne, comme on le verra ci-dessous.

IX° — LES CORPS STRIÉS

On donne le nom de *corps striés* à deux masses d'un gris foncé, situées en avant des couches optiques, de chaque côté du *septum lucidum*. Très rapprochés l'un de l'autre, ils sont unis par une commissure blanche.

Chaque corps strié est divisé en deux segments par le prolongement des fibres du pédoncule cérébral. Le segment supérieur prend le nom de *noyau caudé* ; le segment inférieur, celui de *noyau lenticulaire*. Ces deux segments ne sont pas complètement séparés l'un de l'autre ; ils restent unis par le bord antérieur, lequel n'a pas été coupé par les fibres blanches du pédoncule cérébral.

On donne le nom de *capsule interne* à la région médiane blanche que forment les fibres du pédoncule cérébral en partageant incomplètement le corps strié.

Les fibres antérieures de la capsule interne sont motrices ; les fibres postérieures sont sensitives [1].

Les corps striés et la capsule interne ont une grande importance en pathologie cérébrale. Toute lésion des noyaux caudés ou lenticulaires, par exemple une hémorragie, détermine une paralysie du mouvement du côté opposé (hémiplégie). Si l'hémorragie n'atteint pas la capsule interne, la paralysie sera curable ; si la capsule interne est atteinte, la paralysie est incurable.

Lorsque les fibres postérieures (sensitives) de la capsule interne sont atteintes, il y a abolition de la sensibilité du côté opposé (hémi-anesthésie) ; la faculté du mouvement reste intacte.

Vu l'importance du fait, rappelons que le pédoncule cérébral envoie des fibres :

1° Aux tubercules quadrijumeaux ;

2° Aux couches optiques ;

3° Au noyau caudé ;

4° Au noyau lenticulaire ;

5° Directement aux circonvolutions par la capsule interne.

---

1. Gavoy, *Atlas*, 105, 106, 108.

X° — LA COURONNE DE REIL

On donne le nom de couronne rayonnante de Reil au centre d'épanouissement des fibres qui rayonnent dans toute l'étendue des circonvolutions.

La couronne de Reil est composée :

1° Par les fibres rayonnantes de la couche optique ;
2° Par les fibres rayonnantes du *noyau caudé* ;
3° Par les fibres rayonnantes du noyau lenticulaire ;
4° Par les fibres directes du pédoncule cérébral.

Il s'ensuit que c'est par l'intermédiaire de chaque couronne de Reil que chaque hémisphère est mis en communication avec tout l'encéphale et la moelle épinière.

On donne le nom d'*Insula de Reil* à la portion de l'hémisphère cérébral qui se moule sur la convexité du corps strié ; l'Insula de Reil s'appelle aussi lobule du corps strié.

XI° — LE CORPS CALLEUX, LE SEPTUM LUCIDUM, LA GLANDE PINÉALE, LES VENTRICULES

I° CORPS CALLEUX. — Le corps calleux est une cloison blanche, uniquement formée de fibres nerveuses dirigées transversalement et réunissant les hémisphères cérébraux ; il a la forme d'une voûte.

II° SEPTUM LUCIDUM. — Au-dessous du corps calleux, sur la ligne médiane, on trouve une cloison transparente appelée *septum lucidum*.

III° VENTRICULES. — 1° De chaque côté du septum lucidum existent deux cavités qu'on appelle les *ventricules latéraux* (1er et 2e ventricule);

2° Au-dessous du septum lucidum est une membrane riche en vaisseaux, la *toile choroïdienne;* au-dessous de la toile choroïdienne et sur la ligne médiane est le 3° ventricule ou *ventricule moyen*.

3° Le 4° ventricule ou *ventricule du cervelet* est la cavité qui sépare le cervelet de la protubérance et du bulbe.

On donne le nom d'*épendyme* à une membrane épithéliale qui tapisse la surface de toutes les cavités ventriculaires et les parois du canal central de la moelle.

IV° GLANDE PINÉALE. — La glande pinéale est un corps rougeâtre, en forme de pin; elle est située au-dessous du ventricule moyen, sur les tubercules quadrijumeaux; elle occupe le centre de l'encéphale. A cause de cette position centrale, Descartes avait fait d'elle le siège de l'âme.

XII° — LES NERFS DE L'ENCÉPHALE

Dans l'encéphale est l'origine de douze paires de nerfs.

La 1re paire ou nerf *olfactif;* son origine est dans le lobe antérieur du cerveau.

La 2e paire ou nerf *optique;* son origine apparente est dans la couche optique; son origine réelle est dans les tubercules quadrijumeaux;

La 3e paire ou nerf *moteur oculaire commun;* son

origine apparente est la face interne du pédoncule cérébral; son origine réelle est un noyau de la corne antérieure de la substance grise du bulbe. Ce noyau d'origine est commun à la 4ᵉ paire.

La 4ᵉ paire ou nerf *pathétique* (oculaire externe); son origine apparente est au-dessous des tubercules quadrijumeaux; son origine réelle est la partie latérale du noyau de la substance grise du bulbe, d'où part la 3ᵉ paire.

La 5ᵉ paire ou nerf *trijumeau;* son origine apparente est le bord de la protubérance annulaire; l'origine réelle de sa petite racine motrice est un noyau de la corne antérieure de la substance grise du bulbe; l'origine réelle de sa grosse racine sensitive est un noyau de la corne postérieure de la substance grise du bulbe.

La 6ᵉ paire ou nerf *moteur oculaire externe;* son origine apparente est à la pyramide antérieure du bulbe; son origine réelle est un noyau de la corne antérieure de la substance grise du bulbe. Ce noyau d'origine est commun à la 7ᵉ paire.

La 7ᵉ paire ou nerf *facial;* son origine apparente est la fossette latérale du bulbe; son origine réelle est le noyau d'origine de la 6ᵉ paire (bulbe), et aussi le noyau d'origine de la 12ᵉ paire.

La 8ᵉ paire ou nerf *auditif;* son origine apparente est la fossette latérale du bulbe; son origine réelle est dans deux noyaux du plancher du 4ᵉ ventricule ou ventricule du cervelet.

La 9ᵉ paire ou nerf *glosso-pharyngien;*
La 10ᵉ paire ou nerf *pneumo-gastrique;*

La 11ᵉ paire ou nerf *spinal*;

Ces trois paires de nerfs appelés *nerfs mixtes* ont deux ordres de racines : 1° sensitives; 2° motrices.

A. Les racines *sensitives* aboutissent à un ensemble de noyaux gris du plancher du 4ᵉ ventricule, lesquels noyaux sont un prolongement de la corne postérieure de la substance grise du bulbe. Ces noyaux d'origine communs aux trois paires, sont appelés *noyaux sensitifs des nerfs mixtes*.

B. Les racines *motrices* des mêmes paires ne vont pas jusqu'au plancher du 14ᵉ ventricule; elles s'arrêtent à un noyau de la corne antérieure de la substance grise du bulbe. Ce noyau est connu sous le nom de *noyau antéro-latéral*.

La 12ᵉ paire ou nerf *hypoglosse;* son origine apparente est entre les pyramides et les olives; son origine réelle est dans un prolongement de la corne antérieure de la substance grise du bulbe.

En résumé, au bulbe se rattache l'origine de neuf paires de nerfs, à savoir : les 3ᵉ, 4ᵉ, 5ᵉ, 6ᵉ, 7ᵉ, 9ᵉ, 10ᵉ, 11ᵉ, 12ᵉ paires.

XIII° — L'ENTRECROISEMENT

On donne le nom d'*entrecroisement* au passage réciproque des fibres en général, soit d'un organe à un autre organe, soit de la partie gauche d'un organe à la partie droite; de telle sorte que les fibres qui étaient à gauche se trouvent à droite, et les fibres qui étaient à droite se trouvent à gauche.

I° **Fibres motrices.** — L'entrecroisement des fibres motrices se fait dans le bulbe rachidien.

A. Les fibres motrices de l'hémisphère cérébral droit passent au côté gauche ; voilà pourquoi une paralysie du côté gauche est causée par une altération de l'hémisphère droit.

B. Les fibres motrices de l'hémisphère gauche passent dans le côté droit du corps ; voilà pourquoi la paralysie du côté droit a son origine dans l'hémisphère gauche.

Cela explique pourquoi l'hémisphère gauche est, chez presque tous les hommes, le plus puissant, car presque tous les hommes sont droitiers. Au contraire, les hommes gauchers sont ceux dont l'hémisphère droit est prédominant.

On nomme *décussation des pyramides* l'entrecroisement des cordons latéraux de la moelle qui se fait dans le bulbe ; décussation signifie croisement en forme d'X.

II° **Fibres sensitives.** — La plupart des fibres sensitives venues du tronc et des membres s'entrecroisent dans la moelle épinière :

1° Presque toutes à l'endroit même où elles pénètrent dans la moelle ;

2° Quelques-unes, au-dessus de cet endroit ;

3° D'autres plus nombreuses, au-dessous de ce même endroit.

DEUXIÈME SECTION

PHYSIOLOGIE

I° — FONCTIONS DU CERVEAU

Il y a à peine quelques années, les physiologistes considéraient la substance grise corticale du cerveau comme un tout homogène, présidant uniquement aux fonctions intellectuelles; l'on ne distinguait dans cette écorce aucun département spécial. Aujourd'hui des travaux fort remarquables et très nombreux ont établi que :

1° Certaines parties de la substance grise tiennent sous leur dépendance les *mouvements volontaires;*

2° Certaines autres parties sont en rapport avec la *sensibilité.*

1° — LA SUBSTANCE GRISE ET LES FACULTÉS INTELLECTUELLES

A. ABLATION DES HÉMISPHÈRES CÉRÉBRAUX. — Si l'on enlève à un animal les hémisphères cérébraux en ayant soin de ne pas léser les parties situées au-dessous des pédoncules cérébraux, à savoir, la protubérance annulaire, etc., on pourra constater que cet animal, qui continue à vivre, a complètement *perdu l'usage de ses facultés intellectuelles.* Il voit, il entend, il sent les odeurs et les saveurs, il a les sensations du toucher; mais il ne *regarde* pas, il n'*écoute* pas, il ne *flaire* pas, il ne *palpe* pas. Voir, entendre, sentir des odeurs et des saveurs, avoir les sensations du toucher sont des actes absolument organiques où l'intelligence *n'a aucune part*. Au contraire, regarder, écouter, flairer, palper, sont des actes organiques *augmentés d'un acte intellectuel*. Puisque l'ablation des hémisphères supprime les actes intellectuels, c'est que l'intelligence réside dans la substance grise corticale.

L'animal auquel on a enlevé les hémisphères cérébraux ne fait aucun mouvement pour fuir, même lorsqu'on l'excite; il conserve son attitude normale.

Cependant :

1° *Il sent*, puisqu'il crie, si on l'irrite;

2° *Il voit*, puisqu'il suit par un mouvement de tête une lumière qui passe devant ses yeux;

3° *Il entend*, puisqu'il ouvre les yeux et qu'il lève la tête lorsqu'on fait détonner une arme à feu, etc.

B. Pathologie des hémisphères. — Quels sont les effets de l'inflammation de la substance grise corticale? La production du délire et du coma, en un mot, *la perversion ou l'abolition des facultés intellectuelles*.

Dans l'état présent de la science, il n'est pas possible d'assigner un centre spécial à chacune de nos facultés.

Cependant on sait avec certitude que les *lobes antérieurs du cerveau* sont plus particulièrement affectés aux phénomènes intellectuels. On sait aussi que le travail intellectuel favorise le développement des lobes

frontaux; ce qui est conforme à la loi physiologique :
L'exercice fortifie l'organe.

Chez les races avancées en civilisation, les lobes frontaux ont une prédominance marquée; on appelle ces races « *races frontales* ».

Chez les races encore à l'état sauvage, ce sont les lobes occipitaux qui prédominent; on appelle ces races « *races occipitales* ».

Gratiolet, à qui la science du cerveau est si redevable, a découvert que chez les races frontales ou civilisées, les sutures du crâne s'ossifient, se soudent d'arrière en avant, c'est-à-dire de l'occiput au front; il en résulte que les lobes frontaux peuvent s'accroître encore, alors que les autres lobes du cerveau ne le peuvent plus.

Par contre, Gratiolet avait observé que l'inverse a lieu chez les races barbares ou occipitales; l'ossification des sutures se fait d'avant en arrière, c'est-à-dire du front à l'occiput [1].

II° — LA SUBSTANCE GRISE ET LES MOUVEMENTS VOLONTAIRES

I° EXPÉRIENCES FAITES AVEC L'ÉLECTRICITÉ SUR LE SINGE. — De 1870 à 1873, en étudiant le cerveau du chien au moyen de courants électriques, deux physiologistes allemands, MM. Fristche et Hitzig, consta-

---

[1]. Lorsque l'ossification des sutures du crâne se fait hâtivement, l'enfant reste idiot, parce que le cerveau comprimé dans un crâne qui reste étroit ne peut se développer.

tèrent qu'à l'excitation électrique correspondaient certains mouvements musculaires. Un savant anglais, M. David Ferrier, expérimenta sur le singe, animal si voisin de l'homme. Voici le résultat de ces recherches, résultat valable pour l'homme parce qu'*il a été confirmé chez l'homme par la pathologie :*

1° L'excitation électrique du tiers supérieur de la circonvolution *frontale ascendante* et de la moitié antérieure du *lobule paracentral* provoque un mouvement dans le *membre antérieur* de l'animal (membre supérieur ou bras de l'homme).

2° L'excitation électrique de la moitié supérieure de la circonvolution *pariétale ascendante*, de la moitié postérieure du *lobule paracentral* et de la partie antérieure de la *pariétale supérieure* provoque des mouvements dans le membre postérieur de l'animal (membre inférieur ou jambe de l'homme).

3° L'excitation électrique de la racine de la première circonvolution *frontale*, à 2 centimètres du centre qui meut le bras de l'homme, provoque des mouvements de rotation de la tête et du cou.

4° L'excitation électrique de la racine de la deuxième *frontale* provoque des mouvements des muscles inférieurs de la face.

5° Le *pli courbe* renferme un petit centre moteur dont l'excitation électrique provoque le mouvement des yeux.

6° Enfin, pour compléter la liste des centres moteurs découverts, chez l'homme, dans le *pli sourcilier* de la troisième circonvolution *frontale gauche*, M. Broca a démontré que là est le centre moteur du langage articulé. Toute lésion du pli sourcilier entraîne l'*aphasie*, c'est-à-dire l'abolition complète ou partielle de la parole. Cette localisation est certaine. « Toutes les observations contradictoires à la doctrine de Broca, dit M. Charcot, pèchent, soit par le côté clinique, soit par le côté anatomique [1]. »

II° CONFIRMATION SUR L'HOMME PAR LA PATHOLOGIE. — Ces localisations ont été confirmées par une multitude de faits pathologiques, lesquels peuvent se ramener aux types suivants :

1° Un malade est paralysé du côté droit (hémiplégie) et il est aphasique ; l'autopsie montre une destruction plus ou moins complète de la troisième circonvolution frontale gauche.

2° Un tuberculeux est paralysé du bras gauche (monoplégie brachiale) ; à l'autopsie, on trouve un tubercule qui a détruit, sur l'hémisphère droit, une partie du centre moteur du membre *supérieur*.

3° Un homme est atteint d'une fracture à la suite du crâne ; il est monoplégique à droite et aphasique ; on applique une couronne de trépan sur la ligne Rolandique (scissure de Rolando) du côté gauche, on relève des esquilles et on donne issue au sang qui comprimait le cerveau ; aussitôt le malade recouvre les mouvements ainsi que la parole.

Les exemples de ces divers types se comptent par centaines.

1. *Revue scientifique*, 1876. CHARCOT, *Localisations cérébrales*, page 465.

III° Délimitation des centres moteurs. — On n'a pas encore pu jusqu'à présent déterminer les contours exacts de chaque centre moteur; on est réduit à des limites approximatives.

IV° Structure des centres moteurs. — La structure des centres moteurs est à peu près celle du reste de la substance grise corticale, sauf que les centres moteurs renferment dans la troisième couche une grande quantité de cellules pyramidales géantes.

V° Action croisée des centres moteurs. — L'action des centres moteurs est croisée; c'est-à-dire qu'un centre moteur de l'hémisphère droit préside aux mouvements du côté gauche du corps; et qu'un centre moteur de l'hémisphère gauche préside aux mouvements du côté droit.

Cependant le centre moteur du langage articulé se distingue des autres sous ce rapport. En effet, les centres moteurs siègent dans les *deux hémisphères* en des points symétriques; or le centre moteur du langage articulé n'existe que dans la troisième frontale de l'*hémisphère gauche*.

Nous avons vu que si presque tous les hommes sont droitiers, cela tient à la prédominance de l'hémisphère gauche. Gratiolet a constaté que dans le sein maternel et même un an après la naissance, l'enfant a l'hémisphère gauche plus développé que le droit.

D'autre part, Broca a observé que chez les hommes gauchers c'est-à-dire chez ceux dont l'hémisphère droit est le plus puissant, l'aphasie provenait d'une lésion de la troisième frontale droite.

Inversement, le docteur Lépine a constaté plusieurs cas de gauchers qui n'avaient pas été atteints d'aphasie, quoiqu'ils eussent une lésion à la troisième frontale gauche.

III° — LA SUBSTANCE BLANCHE

On sait que la substance blanche des circonvolutions comprend quatre espèces de fibres, à savoir : les fibres commissurales, unissantes, pédonculaires et rayonnantes.

I. FIBRES COMMISSURALES (du corps calleux). — Il serait naturel de croire que le corps calleux est destiné à associer les fonctions des deux hémisphères. Mais il y a des animaux (les oiseaux) dépourvus de corps calleux et par conséquent de fibres commissurales ; enfin, chez certains hommes, l'absence du corps calleux a été constatée sans que rien pendant la vie n'ait laissé soupçonner une telle anomalie. Il s'ensuit que le rôle des fibres commissurales est encore inconnu.

II° FIBRES UNISSANTES (ou d'association, ou commissurantes). — On ne sait rien de précis sur le rôle fonctionnel des fibres unissantes.

III° FIBRES PÉDONCULAIRES. — Les unes sont *motrices*, les autres sont *sensitives*. L'anatomie et la physiologie n'ont pu démontrer ce fait avec certitude ; mais les faits pathologiques ne laissent aucun doute sur leur existence. Les lésions de la partie *lenticulo-striée* de la *Capsule interne* entraînent la perte du mouvement ; celle de la partie *lenticulo-optique* entraînent la perte de la sensibilité.

IV° FIBRES RAYONNANTES. — Continuation directe ou indirecte des fibres pédonculaires, les fibres rayonnantes sont, comme elles, les unes sensitives, les autres motrices.

II° — FONCTIONS DE LA MOELLE ÉPINIÈRE

Au point de vue fonctionnel, la moelle est :
1° Un gros nerf mixte *excitable ;*
2° Un conducteur des *impressions sensitives ;*
3° Un conducteur des *mouvements volontaires ;*
4° Un centre nerveux spécial pouvant agir sans le secours de l'encéphale et présidant à un grand nombre de *mouvements réflexes.*

1° — LA MOELLE EST UN NERF EXCITABLE

On sait que la moelle est composée de substance grise et de substance blanche ; la substance grise est à l'intérieur ; la blanche la recouvre.

1° *La substance grise de la moelle est inexcitable,* comme l'est la substance grise des autres centres nerveux. C'est là une loi générale qui ne présente qu'une exception pour les centres moteurs de la substance grise des circonvolutions.

On peut varier les expériences qui prouvent l'inexcitabilité de la substance, sa déchirure, sa cautérisation lorsqu'elle est mise à nu. ne provoquent chez l'animal aucune réaction, soit au point de vue du mouvement, soit à celui de la sensibilité.

2° Les *cordons* formés de fibres blanches sont tous excitables, et les excitations portées sur eux produisent des phénomènes indiquant que certaines fibres conduisent la sensibilité aux centres nerveux (fibres centripètes), et que d'autres sont conductrices de l'incitation des mouvements volontaires (fibres centrifuges.)

II° — LA MOELLE CONDUIT LES IMPRESSIONS SENSITIVES

Lorsqu'on divise la moelle complètement en travers, l'animal devient absolument insensible aux excitations des parties animées par les nerfs qui naissent au-dessous de la division. La moelle est donc un organe conducteur des impressions sensitives.

A. Quelles sont les parties de la moelle qui conduisent les impressions sensitives ?

1° La substance grise est le grand conducteur de la sensibilité.

2° Les *cordons postérieurs* et les fibres postérieures des *cordons latéraux* conduisent aussi les impressions sensitives. Mais comme ces fibres mettent en communication deux régions de la substance grise et qu'en définitive ils se perdent dans la substance grise, il s'ensuit que toute excitation de ces fibres, pour arriver au cerveau, doit traverser la substance grise de la moelle. Celle-ci reste donc le grand conducteur de la sensibilité.

B. Comment se propage la sensibilité ?

Il est probable que l'excitation des fibres sensitives des nerfs rachidiens ou des fibres sensitives des cordons de la moelle met en jeu l'activité des cellules nerveuses, et que cette excitation se propage de bas en haut, de cellule en cellule. Faites une demi-section de la moelle, l'animal conservera la sensibilité au-dessous et des deux côtés. Faites une demi-section à droite, puis plus haut une demi-section à gauche, de manière à dépasser chaque fois le sillon médian, vous êtes certain d'avoir divisé toute la substance grise à deux hauteurs différentes; cependant l'animal conserve la sensibilité *pourvu qu'il n'y ait pas solution de continuité dans la substance grise.*

III° — LA MOELLE CONDUIT LES INCITATIONS DES MOUVEMENTS VOLONTAIRES

Lorsqu'on coupe transversalement la moelle en deux, l'animal ne peut exécuter aucun mouvement volontaire dans les muscles situés au-dessous de la section. La moelle transmet donc les ordres du cerveau aux racines antérieures des nerfs rachidiens.

Les parties de la moelle qui jouent le rôle conducteur des mouvements volontaires sont :

1° Les *cordons antérieurs;*

2° Les trois quarts antérieurs des *cordons latéraux.*

Il suit de là qu'au point de vue du rôle fonctionnel, les fibres de la substance blanche de la moelle se classent de la manière suivante :

1° Les *cordons antérieurs* sont composés de fibres *centrifuges* (motrices volontaires);

2° Les *cordons postérieurs* sont composés de fibres *centripètes* (sensitives), qui établissent des communications longitudinales entre les diverses régions de la substance grise;

3° Les *cordons latéraux* sont formés en grande partie de fibres *centrifuges* (motrices volontaires), en partie de fibres *centripètes* (sensitives).

IV° — LA MOELLE EST UN CENTRE NERVEUX SPÉCIAL QUI, SANS LE SECOURS DU CERVEAU, PRÉSIDE A UN GRAND NOMBRE DE MOUVEMENTS RÉFLEXES.

Les mouvements volontaires sont ceux qui exigent l'intégrité du cerveau. Il existe une autre catégorie de mouvements à la production desquels la volonté ne participe nullement. Ces mouvements involontaires sont appelés *mouvements réflexes*. Les mouvements réflexes typiques sont ceux qu'on provoque dans les membres des animaux décapités.

I° Mouvements réflexes typiques. — Décapitez une grenouille ou tout autre animal; puis excitez l'extrémité d'un membre, vous verrez se produire dans ce même membre un mouvement proportionné au degré de l'excitation. Si l'excitation est forte, les mouvements se manifestent dans les deux membres symétriques. Si elle est énergique, les quatre membres sont mis en mouvement. Comme l'animal est privé de cerveau, il faut bien admettre que la moelle est le centre producteur de ces mouvements.

Ce qui prouve bien que la moelle est le lieu où les excitations centripètes se transforment en excitations centrifuges, c'est que les mouvements réflexes ne se produisent plus *si l'on détruit la moelle* dans les points où s'insèrent les nerfs sensitifs de la région qu'on excite.

II° CONDITIONS DE LA PRODUCTION D'UN MOUVEMENT RÉFLEXE. — Pour qu'un mouvement réflexe se produise, il faut :

1° *Un point impressionable*, le plus souvent la peau ou une muqueuse ;

2° *Un nerf centripète*, sensitif ou sensorial, qui mette en relation le point impressionné avec la moelle :

3° *Un réseau de cellules*, qui transmette l'excitation à un nerf moteur ;

4° *Un nerf moteur*, qui conduise cette excitation aux muscles ;

5° *Un ou plusieurs muscles*, qui entrent en contraction sous l'influence de l'excitation

On donne le nom d'*excito-motrice* à cette propriété que possède la moelle de produire des mouvements réflexes, lorsqu'elle est excitée.

Certaines impressions qui produisent des mouvements réflexes sont parfaitement perçues ; en voici plusieurs exemples :

A. La pupille se contracte à la lumière (sensation perçue) ;

B. La toux est produite par la sensation d'un corps étranger dans les voies respiratoires;

C. L'éternuement succède à une irritation de la muqueuse pituitaire.

Malgré ces exceptions, on peut dire que la plupart des actes réflexes se manifestent à la suite de mouvements dont le cerveau n'a pas conscience.

Parmi les mouvements réflexes les plus communs, on peut citer les mouvements involontaires produits par le chatouillement de la plante des pieds et des côtes; par la toux, l'éternuement et le vomissement; une violente douleur fait pâlir la face en produisant la contraction réflexe des fibres musculaires des artérioles; le froid produit la chair de poule; la chair de poule est la saillie des bulbes pileux sous l'influence des faisceaux musculaires qui y sont annexés.

III° INTENSITÉ DE L'EXCITABILITÉ RÉFLEXE DE LA MOELLE. — Certaines causes augmentent l'excitabilité réflexe de la moelle; certaines autres la diminuent.

A. La section même de la moelle augmente son pouvoir excito-moteur au-dessous de la section.

Certains poisons, la strychnine par exemple, augmentent considérablement l'excitabilité réflexe de la moelle.

B. Les excitations prolongées des racines des nerfs rachidiens diminuent l'excitabilité réflexe de la moelle.

Il en est de même dans quelques cas de commotions violentes et de chocs sur la tête et la colonne vertébrale.

Les anesthésiques l'abolissent momentanément.

IV° Durée de l'excitabilité réflexe de la moelle après la mort brusque de l'homme. — Les mouvements réflexes de la moelle persistent environ une heure chez un homme décapité.

Chez les mammifères adultes, ils ne durent pas au-delà de quelques minutes; mais chez leurs petits, au moment de leur naissance, ils persistent pendant un quart d'heure.

V° Action réflexe permanente de la moelle ou tonicité des muscles. — La tonicité musculaire est sous la dépendance de la moelle. Les muscles non-contractés sont constamment dans un état de demi-tension, comme des ressorts tendus; ce qui fait que leur section, sur le vivant, est suivie d'un retrait considérable des deux bouts du muscle. Cette demi-tension, qui n'est pas la contraction, est nommée *tonus musculaire* ou *tonicité*. C'est un acte réflexe qu'on fait disparaître en détruisant la moelle ou les racines des nerfs rachidiens.

III° — FONCTIONS DU BULBE RACHIDIEN

Le bulbe rachidien, continuation de la moelle, en a les trois fonctions :

1° Il est conducteur de la sensibilité ;
2° Il est conducteur des mouvements ;
3° Il est un centre d'actions réflexes.

1° — LE BULBE EST SENSIBLE ET CONDUCTEUR DE MOUVEMENTS.

A. L'excitation des pyramides *antérieures* produit des mouvements conductifs, et peut-être un peu de douleur.

B. Les pyramides *postérieures* sont sensibles et excito-motrices.

C. On ne sait rien touchant les *olives* et les faisceaux latéraux.

D. Le corps *restiforme* est sensible et excito-moteur.

Comme les cordons principaux de la moelle s'entre-croisent dans le bulbe, il en résulte que toutes les lésions *unilatérales* de l'encéphale donnent une paralysie du mouvement et de la sensibilité dans le côté opposé du corps.

II° — LE BULBE EST UN CENTRE D'ACTIONS RÉFLEXES.

1° Le bulbe renferme un centre réflexe des mouvements de la *respiration;* ce centre a été appelé par Flourens le *nœud vital,* parce que sa lésion produit la mort immédiate. Le nœud vital correspond au noyau d'origine réelle du *pneumo-gastrique,* nerf sensitif des bronches.

La section du nœud vital tue l'animal par cessation de la respiration; ce qui le prouve, c'est qu'on peut entretenir la vie de l'animal en pratiquant la respiration artificielle.

2° Le bulbe renferme un centre réflexe des *mouvements du cœur*. Ce centre agit sur le cœur par l'intermédiaire du *pneumo-gastrique*. Celui-ci, en effet, est un nerf modérateur du cœur.

3° Le bulbe renferme le centre réflexe des *mouvements de la déglutition*. Ce centre agit par l'intermédiaire du nerf *glosso-pharyngien* et du nerf *pneumogastrique*.

Autant de nerfs moteurs dans le bulbe, autant de centres réflexes.

Comme on l'a vu précédemment, le bulbe renferme l'origine de neuf paires de nerfs, à savoir :

1° La 3° paire ou nerf *oculaire moteur commun*;
2° La 4° paire ou nerf *pathétique*;
3° La 5° paire ou nerf *trijumeau*;
4° La 6° paire ou nerf *moteur oculaire externe*;
5° La 7° paire ou nerf *facial*;
6° La 9° paire ou nerf *glosso-pharyngien*;
7° La 10° paire ou nerf *pneumo-gastrique*;
8° La 11° paire ou nerf *spinal*;
9° La 12° paire ou nerf *hypoglosse*.

IV° — FONCTIONS DE LA PROTUBÉRANCE

1° — LA PROTUBÉRANCE AGIT COMME CENTRE DE LA LOCOMOTION ET DE LA STATION.

Les expériences suivantes prouvent l'action qu'exerce la protubérance sur la locomotion et la station :

1° Otez à un poisson le cerveau entier, mais laissez

la protubérance intacte, le poisson nagera comme si son cerveau était intact.

2° Enlevez le cerveau à une grenouille, mais laissez la protubérance intacte, la grenouille restera immobile dans son attitude naturelle; excitez-la, elle fait un saut (mouvement réflexe), puis elle reprend sa première attitude. Jetez-la dans l'eau, elle nagera jusqu'à ce qu'elle rencontre un obstacle; elle se mettra de nouveau à nager si de nouveau vous la mettez dans l'eau.

3° Enlevez le cerveau à un pigeon, mais laissez la protubérance intacte, le pigeon se tient debout; excitez-le, il fait quelques pas; jetez-le en l'air, il ouvre les ailes, et il exécute les mouvements du vol jusqu'à ce qu'il tombe à terre.

Contre-épreuve. — Détruisez la protubérance sur un animal, l'animal sera incapable de se tenir debout et de faire un mouvement.

Dans les expériences qui précèdent, l'excitation volontaire normale du cerveau est remplacée par des excitations extérieures, contact de l'eau pour le poisson et la grenouille qui nagent, etc.

Ces expériences prouvent que le cerveau proprement dit n'est pas indispensable dans les mouvements de la locomotion, et que la protubérance est le foyer de cette fonction. On peut appliquer ces données à l'homme. La volonté a une influence sur la locomotion, sur la marche, ce n'est pas douteux; mais l'action du cerveau est faible, et elle n'est pas indispensable; car après la première impulsion donnée par le cerveau, la locomotion se soutient, sans sa participation, par un mouvement réflexe que produit le seul contact du sol. C'est ce qui se passe chez l'individu qui réfléchit en marchant et qui finit par oublier même qu'il marche.

II° — LA PROTUBÉRANCE EST LE CENTRE PERCEPTIF DES IMPRESSIONS SENSITIVES.

La protubérance est le centre perceptif des impressions sensitives. Longet et Vulpian en ont fait le sensorium commun.

Otez le cerveau à un animal, mais laissez-lui la protubérance; puis pincez-lui fortement le nerf trijumeau ou excitez fortement un de ses membres, l'animal poussera des cris plaintifs et prolongés qui indiquent qu'il souffre.

Détruisez la protubérance, l'animal ne poussera plus de cris plaintifs.

Le cri plaintif ne doit pas être confondu avec le cri sec, unique, court, véritable cri réflexe, que l'on produit en excitant un animal auquel on a enlevé l'encéphale, excepté le bulbe rachidien [1].

V° — FONCTIONS DES PÉDONCULES CÉRÉBRAUX

La masse grise que contiennent les pédoncules cérébraux prouve qu'ils jouent un rôle important comme centres; mais on ne connaît rien de positif sur ce point. Il est difficile d'expérimenter sur ces parties, et géné-

1. Voir l'Appendice n° 1. Impression, sensation, perception.

ralement leurs fonctions se confondent avec celles de la protubérance annulaire.

Les pédoncules cérébraux sent *sensibles* et *excito-moteurs ;* car lorsqu'on les blesse dans les expériences physiologiques, l'animal pousse des cris de douleur, et il est pris de douleurs convulsives. Mais on n'a pas pu distinguer encore distinctement quelles sont les parties sensibles et les parties excito-motrices.

Les lésions des pédoncules cérébraux produisent des effets croisés, au moins chez l'homme, de sorte qu'une lésion pédonculaire donne lieu à une hémiplégie du côté opposé.

VI° — FONCTIONS DES PÉDONCULES CÉRÉBELLEUX

1° Les fonctions des pédoncules cérébelleux *supérieurs* sont inconnues. On sait seulement que la lésion détermine la chute de l'animal du côté de la lésion, l'animal reste dans cette attitude jusqu'au moment de la mort.

2° Les fibres des pédoncules cérébelleux *moyens* sont en rapport avec certaines coordinations de mouvements ; mais on n'est pas encore bien fixé sur le rôle des pédoncules. On sait seulement que les lésions expérimentales des pédoncules moyens produisent chez l'animal un mouvement de *rotation* autour de l'axe de l'animal. La rotation se fait du côté lésé, si la lésion atteint la partie postérieure du pédoncule ; elle se fait du côté opposé, si elle atteint sa partie antérieure.

VII° — FONCTIONS DU CERVELET

Ce qu'on sait de positif sur les fonctions du cervelet, c'est que cet organe a des fonctions différentes de celles du cerveau. Il ne prend aucune part aux fonctions cérébrales. Flourens a démontré qu'il est un organe *coordinateur des mouvements de locomotion.*

En effet, les lésions expérimentales des parties profondes du cervelet déterminent un désordre, une abolition remarquable de coordination des mouvements de locomotion. « Si l'on enlève tout le cervelet ou à peu près tout le cervelet à un animal, celui-ci perd toute faculté de se tenir debout, de marcher, de courir, de voler *régulièrement*. Cependant tous les mouvements *partiels* subsistent, et l'animal peut même les exécuter, quand il veut ; car la production de chaque mouvement est dans la moelle épinière et ses nerfs, et la volition est dans le cerveau. Une seule chose est perdue, parce qu'une seule chose est dans le cervelet, à savoir : l'équilibration, la coordination de tous les mouvements partiels en mouvement *d'ensemble* réguliers et déterminés.

« Pour produire un mouvement d'ensemble régulier et déterminé, tel que la marche, le saut, la course, il faut le concours d'une infinité de mouvements partiels, d'efforts et de contre-efforts; sans ce concours, le mouvement régulier n'a point lieu, l'équilibre n'est point obtenu.

« La simple station, qui ne paraît rien, n'est obtenue

pourtant que par le concours d'une foule de muscles des pieds, des jambes, du tronc, etc. Pour la marche, pour le saut, pour la course, pour le vol, il faut le concours de bien plus de muscles [1]. »

VIII° — FONCTIONS DU PLANCHER DU QUATRIÈME VENTRICULE

Le plancher du quatrième ventricule est un centre de sécrétion.

Claude Bernard a montré que la piqûre du plancher du quatrième ventricule exerce une action sur la sécrétion urinaire au point de vue de l'abondance et de la composition du liquide sécrété.

1° Une piqûre faite entre le point d'origine du pneumo-gastrique et celui du nerf auditif détermine l'apparition du *sucre* dans l'urine. C'est un diabète temporaire.

2° Faite un peu plus bas, la piqûre provoque seulement un accroissement d'urine.

3° Faite un peu plus haut, elle fait apparaître l'albumine dans l'urine; il y a *albuminurie*.

IX° — FONCTIONS DES TUBERCULES QUADRIJUMEAUX

Les tubercules quadrijumeaux constituent l'origine réelle des nerfs optiques. Ils sont le siège :

1° Des *perceptions visuelles*;

---

1. FLOURENS. La *Vie et l'intelligence*, p. 41.

2° Des *mouvements réflexes* qui produisent la contraction ou la dilatation des pupilles.

X° — FONCTIONS DE LA COUCHE OPTIQUE

L'expression de *couche optique* est impropre, car la physiologie et la pathologie démontrent que des lésions, même étendues, de la couche optique n'influent pas sur les phénomènes de la vision.

Les physiologistes s'accordent à faire de la couche optique l'aboutissant :

1° De la plupart des fibres *sensitives* qui montent de la moelle et du bulbe ;

2° Des fibres des pédoncules *cérébelleux supérieurs*.

XI° — FONCTIONS DES CORPS STRIÉS

1° Les corps striés sont des centres conducteurs du *mouvement ;*

2° Ils ne sont pas *excitables* directement.

XII° — FONCTIONS DE LA GLANDE PINÉALE

Les fonctions de la glande pinéale sont inconnues. On sait qu'à cause de sa position centrale dans l'encéphale, Descartes avait fait de cette glande le siège de l'âme.

CHAPITRE II

LA MÉTHODE

1° — L'EXPÉRIMENTATEUR

1° — L'EXPÉRIMENTATEUR DOIT AVOIR L'ESPRIT LIBRE ET DOUTEUR

1° La première condition pour trouver la vérité est de la rechercher pour elle-même. Il résulte de là que l'expérimentateur doit se tenir exempt de tout préjugé et de toute idée fixe capables de le rendre aveugle pour tout ce qui n'est pas une confirmation de cette idée ou de ce préjugé; en un mot il doit conserver une entière liberté d'esprit.

Ce n'est pas à dire pour cela que l'observateur doive toujours faire des expériences sans avoir en l'esprit aucune idée directrice, « une idée préconçue », selon l'expression de Claude Bernard; bref, une *hypothèse*. Mais autre chose est une hypothèse inspiratrice, autre chose une idée fixe; le grand danger vient de celle-ci.

« Les hommes à *idées fixes* demandent à l'expérience la confirmation de leur idée fixe et ne lui demandent pas autre chose. Ils expérimentent non pour chercher, mais pour prouver; leurs conclusions sont posées avant que leur travail soit commencé; ce sont des persécuteurs de la nature[1]. » En effet, ayant une théorie posée en avant dans laquelle ils ont foi, ils veulent lui assujettir les faits; ils tourmentent de toute manière les expériences de façon à leur faire dire ce qu'ils ont induit ou imaginé. Si l'expérimentation leur répond autre chose, ils ne veulent pas l'entendre, ils n'y font pas attention et s'obstinent, avec une opiniâtreté qui fait leur malheur, à multiplier les expériences sans résultats positifs; ou bien, s'ils croient saisir quelques faits en rapport avec leurs idées, ils ne voient que ce détail du résultat, et en abandonnent souvent le côté le plus important. Rarement cette voie conduit à des découvertes; et si les hommes qui l'emploient ont du talent, elle ne fait que créer des systèmes mensongers avec l'apparence de la vérité[2]. »

2° Le précepte qui prémunira toujours l'esprit contre les causes innombrables d'erreurs qu'on peut rencontrer dans l'application de la méthode expérimen-

---

1. Cl. Bernard, *Système nerveux*, tome Ier, page 14. Un membre célèbre de l'Académie des sciences parlant à Magendie d'un mémoire qu'il préparait sur un point intéressant de physiologie, lui dit : « Je serai incessamment en mesure de lire mon travail; le mémoire est terminé; il ne reste plus à faire que les expériences! »

2. *Système nerveux*, I, 14, 18, 10. « Les hommes à idées fixes n'interrogent que pour la forme, ils ont fait d'avance la demande et la réponse. » Voir aussi *Physiologie expérimentale*, I, 291; et *Introduction à la Médecine*, 65, 67, 68.

tale, c'est le Doute, le Doute scientifique, qui laisse à l'esprit sa liberté et son initiative.

Le Doute scientifique est l'opposé du scepticisme. Le sceptique, en effet, est celui qui ne croit pas à la science et qui croit en lui; il croit assez en lui pour oser nier la science et affirmer qu'elle n'est pas soumise à des lois fixes et déterminées.

Le Douteur est le vrai savant, il ne doute que de lui-même et de ses interprétations; mais il croit à la science, il admet même dans les sciences expérimentales un principe scientifique absolu, le *Déterminisme des phénomènes*.

En résumé, le vrai observateur doit avoir l'esprit douteur et indépendant, disposé à examiner tout ce qui se présente et à ne rien laisser passer sans en rechercher les causes. En face des phénomènes, son esprit doit être passif, c'est-à-dire qu'il doit se taire; il écoute la nature et il écrit sous sa dictée [1].

II° — L'EXPÉRIMENTATEUR DOIT ÊTRE DIRIGÉ PAR UNE HYPOTHÈSE PRÉCONÇUE; MAIS IL DOIT ÊTRE PRÊT A L'ABANDONNER SI LE RÉSULTAT DE L'EXPÉRIMENTATION LUI EST CONTRAIRE.

Les idées préconçues ou hypothèses sont nécessaires, indispensables; on ne fonde rien sans elles; il

---

1. *Introduction à la Médecine*, 67, 91, 66, 294, 40. Voir aux pages 90, 91 l'appréciation de Bacon, suivie de l'éloge de Descartes, que Claude Bernard met bien au-dessus de Bacon : « Quand Descartes part du doute universel et répudie l'autorité, il donne des préceptes bien plus pratiques pour l'expérimenta-

faut seulement savoir les abandonner lorsqu'elles n'ont plus de raison d'être. A ce moment, si l'on s'y rattachait, elles cesseraient d'être des idées préconçues pour devenir *idées fixes* et constituer une véritable infirmité de l'esprit [1]. L'idée préconçue est toujours interrogative; c'est une question adressée à la nature. Il faut écouter froidement la réponse, quand la réponse, quelle qu'elle soit, a été donnée [2].

Il ne faut jamais faire des expériences pour confirmer ses idées, mais simplement pour les contrôler; ce qui signifie, en d'autres termes, qu'il faut accepter les résultats de l'expérience tels qu'ils se présentent avec tout leur imprévu et leurs accidents [3].

Claude Bernard a dû l'une de ses plus belles découvertes à cette liberté et cette sincérité d'esprit. En 1843, la théorie régnante admettait que le sucre qui existait chez les animaux provient exclusivement des aliments, et que ce sucre se détruit dans l'organisme animal par des phénomènes de combustion, c'est-à-dire de respiration. Claude Bernard institua des expériences dans le but de confirmer cette théorie en

---

teur que ceux que donne Bacon pour l'induction. Nous avons vu, en effet, que c'est le doute seul qui provoque l'expérience, etc... » C'est aussi l'avis du célèbre physiologiste anglais Huxley; voir sa leçon sur le *Discours de la Méthode* dans HUXLEY, les *Sciences naturelles*, chez l'éditeur Hetzel.

1. On voit que la différence entre l'idée préconçue et l'idée fixe réside dans la manière dont l'expérimentateur se comporte en face du résultat des expériences ou de l'observation.

2. *Système nerveux*, I, 9.

3. *Introduction à la Médecine*, 67. Voir aussi 41-43, 68, 91, et le § II, p. 285.

cherchant dans quel organe le sucre pouvait être détruit. Mais au lieu de découvrir l'organe destructeur du sucre, il fut amené à découvrir un organe formateur de cette substance ; le sang de tous les animaux contient du sucre, même quand ils n'en mangent pas ; l'organe formateur est le *foie*. « Je constatai donc là un fait nouveau imprévu par la théorie et que l'on n'avait pas remarqué, sans doute parce que l'on était sous l'empire d'idées théoriques opposées auxquelles on avait accordé trop de confiance. Alors j'abandonnai aussitôt toutes mes hypothèses sur la destruction du sucre pour suivre ce résultat inattendu qui a été, depuis, l'origine féconde d'une voie nouvelle d'investigations et une mine de découvertes qui est loin d'être épuisée. Dans ces recherches je me suis conduit d'après les principes de la méthode expérimentale, c'est-à-dire qu'en présence d'un fait nouveau bien constaté et en contradiction avec une théorie, au lieu de garder la théorie et d'abandonner le fait, j'ai gardé le fait que j'ai étudié, et je me suis hâté de laisser la théorie, me conformant à ce précepte fondamental : *Quand le fait qu'on rencontre est en opposition avec une théorie régnante, il faut accepter le fait et abandonner la théorie, lors même que celle-ci, soutenue par de grands noms, est généralement adoptée* [1]. »

[1]. Introduction, 287.

III° — L'EXPÉRIMENTATEUR DOIT ÊTRE AU COURANT DE LA SCIENCE ; IL DOIT PRENDRE SON HYPOTHÈSE DANS LA RÉALITÉ.

Pour que l'expérimentation soit utile, deux conditions s'imposent :

1° *L'expérimentateur doit être au courant de la science.* — Il est clair que si les expériences sont faites, soit sur des points déjà acquis à la science, soit avec des procédés usés ou inférieurs à ceux que l'épreuve a consacrés comme étant les meilleurs, ces expériences ne peuvent aboutir qu'à des résultats nuls ou même nuisibles, puisqu'elles tendraient à obscurcir les vérités démontrées. Il est donc nécessaire que l'expérimentateur soit au courant de la science. Ce n'est que par cette instruction préalable qu'il guidera sûrement ses recherches vers les problèmes dont la solution pourra être féconde pour les progrès de la science. « Plus on est instruit, plus on possède de connaissances antérieures, mieux on aura l'esprit disposé pour faire des découvertes grandes et fécondes [1]. »

2° *L'idée expérimentale ne doit pas être arbitraire ni purement imaginaire ; elle doit toujours avoir un point d'appui dans la réalité observée, c'est-à-dire dans la nature.* — En un mot, l'hypothèse expérimentale doit toujours être fondée sur une observation antérieure.

Une autre condition essentielle de l'hypothèse est qu'elle soit vérifiable expérimentalement. En faisant

---

[1]. Introduction, 37, 67.

une hypothèse que l'expérience ne peut pas vérifier, on sortirait par cela même de la méthode expérimentale[1].

IV° — LE POINT DE DÉPART DES RECHERCHES EXPÉRIMENTALES DOIT ÊTRE, SOIT UNE OBSERVATION, SOIT UNE HYPOTHÈSE OU UNE THÉORIE.

Toutes les variétés d'investigations scientifiques se ramènent à deux cas principaux :

1° Une recherche expérimentale a pour point de départ une observation ;

2° Une recherche expérimentale a pour point de départ une hypothèse ou une théorie.

A. EXEMPLE D'UNE RECHERCHE EXPÉRIMENTALE AYANT POUR POINT DE DÉPART UNE OBSERVATION. — « On apporta un jour dans mon laboratoire, dit Claude Bernard, des lapins venant du marché. On les plaça sur une table où ils urinèrent, et j'observai par hasard que leur urine était claire et acide. Ce fait me frappa parce que les lapins, en leur qualité d'herbivores, ont l'urine trouble et alcaline, tandis que les carnivores au contraire ont les urines claires et acides. Cette observation de l'acidité de l'urine chez les lapins me fit venir la pensée que ces animaux devaient être dans la condition alimentaire des carnivores. Je supposai qu'ils n'avaient probablement pas mangé depuis longtemps et qu'ils se trouvaient ainsi transformés par l'abstinence en véritables animaux carnivores vivant de

---

1. Introduction, 58.

leur propre sang. Rien n'était plus facile que de vérifier par l'expérience cette idée préconçue ou cette hypothèse. Je donnai à manger de l'herbe aux lapins, et quelques heures après, leurs urines étaient devenues troubles et alcalines. On soumit ensuite les mêmes lapins à l'abstinence, et après vingt-quatre heures ou trente-six heures au plus, leurs urines étaient redevenues claires et fortement acides; puis elles devenaient de nouveau alcalines en leur donnant de l'herbe, etc..
Je répétai cette expérience si simple un grand nombre de fois sur les lapins, et toujours avec le même résultat. Je la répétai ensuite chez le cheval, animal herbivore qui a également l'urine trouble et alcaline. Je trouvai que l'abstinence produit comme chez le lapin une prompte acidité de l'urine avec un accroissement relativement très considérable de l'urée, au point qu'elle cristallise parfois spontanément dans l'urine refroidie. J'arrivai ensuite, à la suite de mes expériences, à cette proposition générale qui alors n'était pas connue, à savoir qu'*à jeun tous les animaux se nourrissent de viande,* de sorte que les herbivores ont alors des urines semblables à celles des carnivores. Mais pour prouver que mes lapins à jeun étaient bien des carnivores, il y avait une contre-épreuve à faire. Il fallait réaliser expérimentalement un lapin carnivore en le nourrissant avec de la viande, afin de voir si ses urines seraient alors claires, acides et relativement chargées d'urée comme pendant l'abstinence. C'est pourquoi je fis nourrir des lapins avec du bœuf bouilli froid, nourriture qu'ils mangent très bien

quand on ne leur donne pas autre chose. Ma prévision fut encore vérifiée, et pendant toute la durée de cette alimentation animale, les lapins gardèrent les urines claires et acides [1]. »

B. Exemple d'une recherche expérimentale ayant pour point de départ une hypothèse. — En faisant l'autopsie des lapins nourris de viande, Claude Bernard remarqua que les vaisseaux chylifères blancs et laiteux commençaient à être visibles sur l'intestin grêle à la partie inférieure du duodénum, environ à 30 centimètres au-dessous du pylore. « Ce fait attira mon attention parce que chez les chiens les chylifères commencent à être visibles beaucoup plus haut dans le duodénum et immédiatement après le pylore. En examinant la chose de plus près, je constatai que cette particularité chez le lapin coïncidait avec l'insertion du canal pancréatique situé dans un point très bas et précisément dans le voisinage du lieu où les chylifères commençaient à contenir du chyle rendu blanc et laiteux par l'émulsion des matières grasses alimentaires. L'observation fortuite de ce fait éveilla en moi une idée et fit naître en mon esprit la pensée que le suc pancréatique pouvait bien être la cause de l'émulsion des matières grasses et par suite celle de leur absorption par les vaisseaux chylifères. Je fis encore instinctivement le syllogisme suivant : Le chyle blanc est dû à l'émulsion de la graisse; or, chez le lapin, le chyle blanc se forme au niveau du

---

1. Introduction, 267-268.

déversement du suc pancréatique dans l'intestin ; donc c'est le suc pancréatique qui émulsionne la graisse et forme le chyle blanc. C'est ce qu'il fallait juger par l'expérience. » C'est ainsi que Claude Bernard fut amené à faire sa grande découverte du rôle du pancréas dans les phénomènes digestifs.

C. EXEMPLE D'UNE EXPÉRIENCE INSTITUÉE POUR INSPIRER UNE IDÉE. — Il arrive, surtout dans les sciences expérimentales, que le savant n'a rien qui puisse le guider dans ses recherches. Il institue alors une expérience afin que le résultat obtenu lui inspire une idée, cette idée directrice dont il a besoin. Claude Bernard appelle ce genre d'expérience, *expérience pour voir*; il définit celle-ci une *observation provoquée dans le but de faire naître une idée*.

En 1843, Claude Bernard reçut de M. Pelouze un poison américain appelé *curare*; on ne connaissait alors rien du mode physiologique de cette substance. Claude Bernard fit une expérience *pour voir*; l'observation qu'il fit après l'autopsie physiologique de l'animal empoisonné lui suggéra l'idée que le curare agissait sur les nerfs moteurs. De là l'institution de nombreuses expériences pour vérifier cette hypothèse. Le résultat fut la conquête du fait suivant : Le curare paralyse les nerfs moteurs; il n'agit pas sur les nerfs sensitifs. Ainsi l'expérience *pour voir* sert à donner un point de départ à l'expérimentation, soit une observation, soit une hypothèse[1].

1. Introduction, 276.

V° — L'EXPÉRIMENTATEUR PASSE PAR QUATRE PHASES :

1° Il constate un fait : c'est l'*observation;*

2° A propos de ce fait, une idée naît dans son esprit : c'est l'*hypothèse;*

3° En vue de cette idée, il raisonne, institue une expérience, en imagine et en réalise les conditions matérielles : c'est la *vérification de l'hypothèse;*

4° De cette expérience résultent de nouveaux phénomènes qu'il faut observer, et ainsi de suite.

L'esprit du savant se trouve en quelque sorte toujours placé entre deux observations, l'une qui sert de point de départ au raisonnement, et l'autre qui lui sert de conclusion [1].

II° — LA MÉTHODE EXPÉRIMENTALE

I. LA MÉTHODE EXPÉRIMENTALE NE RECONNAIT D'AUTRE AUTORITÉ QUE CELLE DES FAITS ET DE LA RAISON RÉUNIS.

Commençons par définir l'Observation et l'Expérience.

1° L'*Observation* est la constatation d'un fait naturel ;

2° L'*Expérience* est l'établissement de conditions propres à déterminer la production d'un fait ; c'est *une observation provoquée.*

Le caractère de la méthode expérimentale est de ne relever que d'elle-même, parce qu'elle renferme en

[1] Introduction, 43.

elle son critérium, à savoir l'*expérience*. Elle ne reconnait d'autre autorité que celle des faits et de la raison réunis ; elle s'affranchit de l'autorité personnelle.

Le respect mal entendu de l'autorité personnelle est de la superstition et constitue un véritable obstacle aux progrès de la science ; c'est en même temps contraire aux exemples que nous ont donnés les grands hommes de tous les temps. En effet, les grands hommes sont précisément ceux qui ont apporté des idées nouvelles et détruit des erreurs. Ils n'ont donc pas eux-mêmes respecté l'autorité de leurs prédécesseurs. « J'aime Platon, disait Aristote ; mais j'aime mieux la vérité. »

D'autre part, un fait réel n'est rien par lui-même ; il ne vaut que par l'idée qui s'y attache ou par la preuve qu'il fournit. Incontestablement les faits sont les seules réalités qui puissent donner un corps à l'idée expérimentale et lui servir en même temps de contrôle ; mais c'est à la condition que la Raison les accepte. La croyance aveugle dans un fait brut qui prétend faire taire la Raison est aussi dangereuse que la croyance de sentiment ou de Foi qui, elle aussi, impose silence à la Raison. En un mot, dans la Méthode expérimentale, comme partout, la Raison est souveraine, à la condition qu'elle s'appuie sur les faits et demande aux faits seuls le contrôle de ses conceptions. L'union de la Raison et des Faits doit être indissoluble [1].

1. Introduction, 82.

II° — LE PRINCIPE FONDAMENTAL DE LA MÉTHODE EST LE DÉTERMINISME ABSOLU DES PHÉNOMÈNES.

Chez les êtres vivants aussi bien que dans les corps bruts, les conditions d'existence de tout phénomène sont déterminées d'une manière absolue, tel est le principe de la Méthode expérimentale. Il s'ensuit que :

1° Dès que la condition d'un phénomène est connue et remplie, ce phénomène doit se reproduire toujours et nécessairement, à la volonté de l'expérimentateur ;

2° Dans des conditions identiques, tout phénomène est identique ; aussitôt que les conditions ne sont plus les mêmes, le phénomène doit cesser d'être identique.

Le principe du déterminisme est fondé sur ces deux croyances :

1° Il y a des *conditions matérielles* déterminées qui règlent l'apparition des phénomènes ;

2° Il y a des lois préétablies qui en règlent l'ordre et la forme [1].

III° — LES FAITS NÉGATIFS, QUELQUE NOMBREUX QU'ILS SOIENT, NE DÉTRUISENT JAMAIS UN SEUL FAIT POSITIF, ILS DOIVENT ÊTRE MIS A L'ÉCART JUSQU'A CE QU'ILS SOIENT DÉTERMINÉS.

Tout a son déterminisme, les faits négatifs comme les faits positifs. L'erreur consiste à vouloir que les uns

---

[1]. Le déterminisme est l'affirmation de la parole célèbre : « Tout est fait avec poids, ordre et mesure. » *Sagesse*, XI, 21.

soient issus des mêmes conditions que les autres. Le devoir de l'expérimentation est de chercher à démêler en quoi les conditions déterminantes des uns diffèrent de celles des autres. Si malgré tous les efforts et toutes les recherches on ne peut trouver la raison matérielle de l'erreur, il faut suspendre son jugement et conserver les deux résultats en attendant que plus tard la lumière se fasse.

Claude Bernard a donné deux exemples remarquables de l'application de ce principe, corollaire du déterminisme; le premier, dans les résultats d'abord contradictoires qu'il obtint en essayant de rendre les lapins diabétiques; le second, dans la démonstration définitive de la sensibilité récurrente des racines antérieures des nerfs (nerfs du mouvement). Magendie et Longet avaient, en effet, obtenu des résultats tantôt négatifs, tantôt positifs [1].

IV° — LES FAITS IRRATIONNELS, ÉTANT INDÉTERMINABLES, DOIVENT ÊTRE ABSOLUMENT BANNIS

Un fait qui se présente n'acquiert de valeur qu'après que son déterminisme est connu. Tant que la détermination de ses conditions d'existence n'a pas été faite,

---

[1]. *Phénomènes de la vie*, tome Ier, 62-2. Introduction, 302 et suivantes.
Physiologie opératoire, 50. « L'expression de fait contradictoire doit disparaître; un fait ne peut pas être contradictoire d'un autre fait; chacun d'eux existe dans ses conditions déterminées, et l'affirmation de l'un ne saurait être la négation de l'autre. La nature ne se contredit pas; c'est l'observateur qui se trompe, soit qu'il ne détermine pas exactement les conditions

il doit être tenu à l'écart de la science et gardé en réserve comme fait brut; un fait brut n'est pas scientifique.

Quant aux faits irrationnels, ils doivent être absolument bannis; c'est la conséquence nécessaire du principe fondamental du déterminisme. En effet, étant irrationnels, ils sont indéterminables; les admettre dans la science serait rien autre chose qu'admettre le merveilleux, l'occulte ou le surnaturel; ce serait la négation même de la science, laquelle est naturelle. En soumettant la raison à l'indéterminable, dit Claude Bernard, l'expérimentation éteindrait le flambeau de son seul critérium intérieur, la Raison. Le critérium extérieur, ce sont les sens. La première condition pour un expérimentateur, c'est d'avoir confiance dans ses sens; il ne doit douter que de ses interprétations [1].

V° — LE PROGRÈS DE LA SCIENCE EXIGE LE CONCOURS DE TOUTES LES PARTIES DE LA MÉTHODE.

La science expérimentale ne saurait faire de progrès par un seul des côtés de la méthode pris séparément; elle ne marche que par la réunion de toutes les parties de la méthode concourant vers un but commun :

1° Ceux qui recueillent des observations ne sont utiles que parce que ces observations sont ultérieure-

---

du fait, soit qu'il substitue au fait un jugement qui alors pourra être en contradiction avec un autre jugement. Admettre des faits contradictoires, ce serait par cela même nier absolument toute science. »

1. Introduction, 310, 313.

ment introduites dans le raisonnement expérimental; autrement l'accumulation indéfinie d'observations ne conduirait à rien;

2° Ceux qui émettent des hypothèses à propos des observations recueillies par les autres ne sont utiles qu'autant que l'on cherchera à vérifier ces hypothèses en expérimentant; autrement ces hypothèses non vérifiées ou non vérifiables par l'expérience n'engendreraient que des systèmes et nous reporteraient à la scolastique;

3° Ceux qui expérimentent, malgré toute leur habileté, ne résoudront pas les questions s'ils ne sont inspirés par une hypothèse heureuse fondée sur des observations exactes et bien faites;

4° Enfin ceux qui généralisent ne pourront faire des théories durables qu'autant qu'ils connaîtront par eux-mêmes tous les détails scientifiques que ces théories sont destinées à représenter.

On voit donc que tous les termes de la méthode expérimentale sont solidaires les uns des autres [1].

1. Introduction, 46. — *Physiologie opératoire*, 52. « A l'aide des sens nous recueillons et amassons des faits; avec les sens nous reconnaissons les conditions de ces faits; mais ensuite par le jugement nous rattachons ces faits à ces conditions dites déterminantes, et nous en tirons une notion générale. Ce sont donc les constatations faites par nos sens qui sont la source première de nos connaissances, et l'observation simple ou expérimentale est d'autant plus rigoureuse que nous avons simplement recueilli les impressions faites sur nos sens, et non cherché à voir ce que des jugements antérieurs, des hypothèses préconçues, nous présentaient comme plus ou moins vraisemblables. »

III° — LES TROIS RÈGLES DE LA MÉTHODE EXPÉRIMENTALE

Toute expérience doit être contrôlée par une contre-épreuve : ce principe est d'une rigueur absolue. Même dans les cas qui paraissent les plus clairs et les plus rationnels, la contre-épreuve doit être exécutée comme une sorte de *consigne* qu'il faut suivre aveuglément. C'est à cette règle inflexiblement observée que Claude Bernard a dû son admirable découverte de la glycogénie du foie [1].

Les règles de la méthode sont au nombre de trois ; elles peuvent se formuler ainsi :

1° *Positâ causâ, ponitur effectus*, la cause étant posée, l'effet est posé ;

2° *Sublatâ causâ, tollitur effectus*, la cause étant supprimée, l'effet est supprimé ;

3° *Variante causâ, variatur effectus*, la cause variant, l'effet varie.

La première règle constitue la preuve ; la seconde et la troisième, les deux contre-épreuves. L'exécution de la première contre-épreuve, *sublatâ causâ, tollitur effectus*, est seule d'une nécessité absolue. Il est clair que si l'expérimentateur débute par le *sublatâ causâ*, c'est le *positâ causâ* qui devient la contre-épreuve [2].

---

1. *Phénomènes de la vie*, I, 230.
2. Lorsque le *Positâ causâ* devient la contre-épreuve, il se modifie en la formule suivante : *Redintegratâ causâ, redintegratur effectus*, la cause étant rétablie, l'effet est rétabli.

L'une des plus belles expériences du XIXᵉ siècle, celle des Trois Poules, exécutée par M. Pasteur, nous donne un modèle parfait de l'application des trois règles. On sait que la maladie connue vulgairement sous le nom de Charbon ou de Sang de rate est due à l'introduction dans le sang d'un végétal microscopique, en forme de bâtonnet, la *Bactéridie.* Or la Bactéridie charbonneuse, mortelle aux troupeaux et à l'homme, n'atteint jamais les poules; d'où peut provenir cette immunité? En comparant la physiologie des poules à celle des moutons et de l'homme, M. Pasteur conçut l'idée que l'immunité contre la Bactéridie pouvait provenir de la différence de température entre le sang des poules et celui des mammifères. Le sang des moutons et de l'homme oscille de 37°, 5 à 38°; le sang des oiseaux peut s'élever jusqu'à 45°; celui des poules en particulier n'est jamais inférieur à 42°. Voilà l'hypothèse préconçue; il fallait la soumettre au contrôle de l'expérience.

M. Pasteur prend trois poules offrant des conditions identiques de vigueur et de santé; puis il prépare une liqueur renfermant des Bactéridies très virulentes. Les inoculations seront faites en quantités identiques.

1ʳᵉ *Expérience.* — A une première poule, M. Pasteur inocule une quantité définie de la solution riche en bactéridies; puis il abandonne la poule à elle-même.

2ᵉ *Expérience.* — Il prend la deuxième poule, lui met les pieds dans l'eau glacée; puis, lorsque la température du sang s'est abaissée à 35°, il inocule à la poule ainsi refroidie la même quantité de la liqueur bactéridienne. Au bout de quelque temps, la poule offre les symptômes de l'empoisonnement bactéridien; finalement elle meurt. Son sang examiné au microscope était infecté de bactéridies; inoculées à un lapin, ces bactéridies le tuent.

3° *Expérience.* — M. Pasteur prend la troisième poule, lui met les pieds dans l'eau glacée, et l'y maintient jusqu'à ce que la température du sang s'abaisse à 35°; puis il lui fait une inoculation de la liqueur bactéridienne. Au bout d'un certain temps, les symptômes de l'empoisonnement bactéridien se manifestent; sur-le-champ, M. Pasteur enlève la poule de son bain de glace; il la réchauffe; le sang revient à 42°; les symptômes de l'empoisonnement disparaissent graduellement; la poule renaît à la vie; finalement elle va rejoindre la première poule qui picorait tranquillement les grains sans avoir ressenti la moindre incommodité de la terrible inoculation qu'on lui avait fait subir.

Résumons l'expérience au point de vue des règles de la méthode :

1° Étant donné un sang chaud de 42°, il y a immunité contre la Bactéridie ; *positâ causâ, ponitur effectus*; c'est le cas de la première poule;

2° Étant donné un sang à qui l'on supprime la chaleur de 42° (abaissement à 35°), l'immunité contre la Bactéridie est supprimée; *sublatâ causâ, tollitur effectus;* c'est le cas de la deuxième poule ;

3° Étant donné un sang à 42°, qu'on abaisse à 35°, puis qu'on relève à 42°, l'immunité contre la Bactéridie tend à être supprimée à 35°, puis reparaît à 42°; *variante causâ, variatur effectus*; c'est le cas de la troisième poule.

Donc l'immunité des poules contre la Bactéridie est due aux 42° de chaleur de leur sang [1].

IV° — LES PROCÉDÉS OPÉRATOIRES

A l'esprit d'expérimentation, à l'application rigoureuse de la méthode et de ses règles, il faut joindre les procédés opératoires. Claude Bernard insiste avec une grande énergie sur ce point important. « Dans l'investigation scientifique, les moindres procédés sont de la plus haute importance. Le choix heureux d'un animal, un instrument construit d'une certaine façon, l'emploi d'un réactif au lieu d'un autre, suffisent souvent pour résoudre les questions générales les plus élevées. Chaque fois qu'un moyen nouveau et sûr d'analyse expérimentale surgit, on voit toujours la science faire des progrès dans les questions auxquelles ce moyen peut être appliqué. Par contre, une mauvaise méthode et des procédés défectueux peuvent entraîner dans les erreurs les plus graves et retarder la science en la fourvoyant. En un mot, les plus grandes vérités scien-

---

[1]. Académie de médecine, séance du 13 mars 1883. M. Bouley : « Au-dessous d'une certaine température, la bactéridie ne se développe pas; l'organisme de la grenouille ne lui offre pas un milieu assez chaud; la grenouille en l'état normal est réfractaire au charbon. Mais chauffez le corps du batracien, le microbe charbonneux y pullulera; laissez enfin refroidir l'animal, la pullulation virulente sur-le-champ s'arrête. »

tifiques ont leurs racines dans les détails de l'investigation expérimentale qui constituent en quelque sorte le sol sur lequel ces vérités se développent.

« Je suis convaincu que dans les sciences expérimentales en évolution, et particulièrement dans celles qui sont aussi complexes que la biologie, la découverte d'un nouvel instrument d'observation ou d'expérimentation rend beaucoup plus de services que beaucoup de dissertations systématiques ou philosophiques. En effet, un nouveau procédé, un nouveau moyen d'investigation, augmente notre puissance et rend possibles des découvertes et des recherches qui ne l'auraient pas été sans son secours. C'est ainsi que les recherches sur la formation du sucre chez les animaux n'ont pu être faites que lorsque la chimie a eu donné, pour reconnaître le sucre, certains réactifs plus sensibles que ceux que l'on avait auparavant [1]. »

Ainsi, sans l'invention des réactifs cupro-potassiques connus sous le nom de « liqueur de Barreswill, liqueur de Trommer, liqueur de Fehling », Claude Bernard, malgré son génie, malgré la rigueur de sa méthode, fût resté peut-être impuissant à déceler la formation du sucre dans le foie [2].

Les procédés opératoires employés sont les suivants :

1° *La lésion d'une partie;* on observe quels sont les troubles apportés dans les fonctions;

2° *L'ablation d'une partie;* on observe quelle est la fonction supprimée.

---

1. Claude Bernard, Introduction 27, 301-3.
2. *Phénomènes de la vie*, II, 43.

Une infinité de lésions pathologiques sont de véritables expériences dont le médecin et le physiologiste tirent profit sans que cependant il y ait de leur part une préméditation pour provoquer ces lésions qui sont le fait d'une maladie ou d'un accident. Exemples :

A. Si un physiologiste coupe intentionnellement le nerf facial, il en résultera une paralysie du mouvement.

B. Si une maladie telle que la carie de l'os appelé Rocher; si un accident tel qu'un coup de sabre ou une balle viennent à couper ou à détruire le nerf facial, il en résultera *fortuitement* la même paralysie du mouvement qu'après l'opération intentionnelle du physiologiste.

Un autre exemple célèbre nous est donné par le docteur américain Beaumont et le jeune chasseur canadien Alexis Saint-Martin, qu'il avait attaché à son service. Le canadien avait reçu, à la chasse, un coup de fusil dans l'estomac ; il guérit, mais il conserva une plaie fistuleuse de 40 millimètres de circonférence par laquelle, comme par une fenêtre naturelle, le docteur Beaumont put regarder et étudier toutes les phases de la digestion. Le mémoire que le docteur Beaumont publia en 1834 a fait époque dans l'histoire de la digestion [1].

En 1852, M. Blondlot de Nancy pratiquait intentionnellement des fistules à l'estomac de plusieurs animaux ; l'introduction de ces fistules *artificielles* acheva l'étude

---

1. Cl. Bernard, la *Science expérimentale*, 378.

de la digestion si bien commencée par la fistule *accidentelle* du chasseur canadien.

Ces exemples montrent que les lésions pathologiques et les maladies accidentelles sont aussi utiles à l'observation que les lésions intentionnelles. Car, ainsi que le fait remarquer Claude Bernard, peu importe que la perturbation soit produite par accident ou autrement, l'esprit de l'expérimentateur n'en compare pas moins bien. « Ainsi, pour contrôler une idée, il n'est pas toujours nécessaire de faire soi-même une expérience ou une observation; on sera seulement forcé de recourir à l'expérimentation quand l'observation qu'on doit provoquer n'existe pas toute préparée dans la nature. Mais si une observation est déjà réalisée, soit naturellement, soit accidentellement, alors on la prendra toute faite, et on l'invoquera simplement pour servir de vérification à l'idée expérimentale [1].

Les poisons les plus communément employés comme moyens de séparation sont les suivants :

1° Le *curare*; il agit exclusivement sur les *nerfs moteurs*, en laissant intacts les nerfs sensitifs, les muscles et tous les autres tissus de l'organisme [2].

2° La *strychnine*; elle abolit les fonctions des *nerfs sensitifs*, en laissant intacts les nerfs moteurs et le système musculaire.

3° L'*éther* et le *chloroforme*; ils abolissent la *sensi-*

---

1. Introduction, 19, 20, 36.
2. Comptes rendus de l'Académie des Sciences, 13 novembre 1882, nouvelles expériences sur la strychnine et le curare faites par M. Couty. *Revue scientifique*, 4 novembre 1882; 17 février et 14 avril 1883. *Leçons sur le curare*, par M. Couty.

bilité consciente (action sur la fonction propre du cerveau) ; ils respectent la motricité ;

4° Le *sulfocyanure de potassium*; il détruit la *contractilité* musculaire sans affecter, primitivement du moins, le système nerveux.

L'emploi des poisons comme moyens de séparation et d'isolement qui a rendu de si merveilleux services à la science physiologique est dû à Claude Bernard [1].

RÉSUMÉ

1° — L'EXPÉRIMENTATEUR

1° L'expérimentateur doit avoir l'esprit libre et douteur ;

2° Il doit être dirigé par une hypothèse préconçue ; mais il doit être prêt à l'abandonner si le résultat de l'expérimentation lui est contraire ;

3° Il doit être au courant de la science ; il doit prendre son hypothèse dans la réalité ;

4° Le point de départ des recherches expérimentales doit être, soit une observation, soit une hypothèse ou une théorie ;

5° L'expérimentateur passe par quatre phases : 1° Il constate un fait ; 2° à propos de ce fait, il conçoit une hypothèse ; 3° il vérifie son hypothèse ; 4° les expériences qu'il a faites lui suggèrent de nouvelles idées, et ainsi de suite.

---

1. Voir à l'Appendice, notice sur *l'éther et le chloroforme*.

II° — LA MÉTHODE EXPÉRIMENTALE

1° La méthode expérimentale ne reconnaît d'autre autorité que celle des faits et de la raison réunis.

2° Le principe fondamental de la méthode est le déterminisme absolu des phénomènes.

3° Les faits négatifs, quelque nombreux qu'ils soient, ne détruisent jamais un seul fait positif; ils doivent être mis à l'écart jusqu'à ce qu'ils soient déterminés.

4° Les faits irrationnels, étant indéterminables, doivent être absolument bannis.

5° Le progrès de la science exige le concours de toutes les parties de la méthode.

III° — LES TROIS RÈGLES DE LA MÉTHODE

1re Règle. — *Positâ causâ, ponitur effectus*, la cause étant posée, l'effet est posé;

2e Règle. — *Sublatâ causâ, tollitur effectus*, la cause étant supprimée, l'effet est supprimé;

3e Règle. — *Variante causâ, variatur effectus*, la cause variant, l'effet varie.

IV° — LES PROCÉDÉS OPÉRATOIRES

A. Les procédés opératoires au moyen de vivisections sont :

1° La *lésion d'une partie;* on observe quels sont les troubles apportés dans les fonctions;

2° *L'ablation d'une partie;* on observe quelle est la fonction supprimée.

On doit tenir grand compte des lésions et des ablations accidentelles; elles ont autant de valeur que les lésions et les ablations intentionnelles.

B. Les procédés opératoires au moyen des poisons suivants :

1° Le *curare;* il abolit l'action des *nerfs moteurs;*

2° La *strychnine;* elle abolit l'action des nerfs sensitifs;

3° L'*éther et le chloroforme;* ils abolissent la *sensibilité consciente;*

4° Le *sulfocyanure de potassium;* il abolit la *contractilité musculaire.*

CHAPITRE III

LES CONDITIONS VITALES DU CERVEAU ET DE SA FONCTION SONT LES MÊMES QUE CELLES DES AUTRES ORGANES ET DE LEURS FONCTIONS

PREMIÈRE SECTION

CONDITIONS VITALES DES ORGANES CORPORELS ET DE LEURS FONCTIONS

Les conditions de la vie du cerveau sont les mêmes que les conditions vitales des autres organes corporels ; les rapports réciproques du cerveau et de sa fonction sont les mêmes que les rapports entre les autres organes corporels et leurs fonctions respectives. Cette identité de conditions vitales dans tous les organes du corps sans exception constitue l'*unité substantielle de l'individu*.

C'est en vain que se fondant sur l'ignorance où l'on fut jusqu'au milieu du XIX° siècle de la structure intime du cerveau et des effets consécutifs produits sur ses fonctions par l'altération de telle ou telle région, on s'est obstiné, dans des vues d'utilité théologique ou même sociale, à faire du cerveau une exception physiologique entre les autres organes corporels; dans la seconde moitié de ce siècle, les études anatomiques et histologiques, poussées à un haut degré de précision, grâce à l'invention de microscopes puissants et de réactifs délicats, les observations cliniques et les autopsies multipliées, enfin les expérimentations méthodiques et rigoureuses faites durant ces quinze dernières années, si elles sont loin d'avoir soulevé tous les voiles et donné l'explication de tous les phénomènes, ont du moins à jamais ruiné l'hypothèse du cerveau, organe qui doit rester en dehors de la physiologie. « La vérité scientifique, dit Claude Bernard, ne peut pas se fractionner. Comment comprendre, en effet, qu'il soit donné au physiologiste de pouvoir expliquer les phénomènes qui s'accomplissent dans tous les organes du corps, excepté une partie de ceux qui se passent dans le cerveau? De semblables distinctions ne peuvent exister dans les phénomènes de la vie. Ces phénomènes présentent sans doute des degrés de complexité très différents; mais ils sont tous, au même titre, accessibles ou inaccessibles à nos investigations; et le cerveau, quelque merveilleuses que nous paraissent les manifestations métaphysiques dont il est le siège, ne saurait constituer une exception parmi les autres organes du corps[1]. »

Un examen comparatif entre les conditions de la

---

1. Cl. BERNARD, la *Science expérimentale*, 372.

vie du cerveau et celles de la vie des autres organes corporels mettra cette vérité dans tout son jour.

1° — LE SANG OXYGÉNÉ ET L'ACTIVITÉ VITALE

1° — IL N'Y A PAS DE VIE POSSIBLE SANS OXYGÈNE CHEZ LES ANIMAUX A SANG CHAUD

Il est absolument nécessaire :
1° Que l'oxygène du sang soit renouvelé au fur et à mesure qu'ont lieu les oxydations dans les tissus organiques ;
2° Que l'acide carbonique, produit de ces oxydations, soit éliminé [1].

« L'expérience démontre que chez tous les animaux les centres nerveux et les muscles perdent toute leur excitabilité du moment où ils cessent de recevoir le sang artériel. Si, à l'exemple de Sténon, on interrompt la circulation dans le train postérieur et dans la partie postérieure de la moelle épinière, en liant l'aorte en avant des artères rénales, l'animal se tient d'abord dans une attitude normale ; il marche en se servant des quatre membres. Mais bientôt le train postérieur est complètement paralysé du mouvement et du sentiment ; l'animal marche avec les deux membres postérieurs inertes ; l'irritation de la queue et des extrémités digitales ne provoque plus ni douleur, ni mouvements réflexes. Dans la région où elle a cessé de recevoir du sang artériel, la substance grise de la

---

[1]. Cl. Bernard, la *Chaleur animale*, leçon VII.

moelle a donc perdu son excitabilité. Il suffit alors d'enlever la ligature de l'aorte pour rendre, en quelques minutes, aux nerfs et aux muscles des membres postérieurs leur excitabilité et leur motilité volontaire. La substance grise de la moelle recouvre donc toutes ses propriétés du moment où l'afflux du sang artériel recommence.

« M. Brown-Séquard a expérimenté sur le train postérieur d'un mammifère complètement séparé du train antérieur. Il a attendu que l'excitabilité de la moelle épinière eût complètement disparu ; puis il a injecté dans l'aorte du sang oxygéné et défibriné. Sous l'influence de cette irritation sanguine suffisamment prolongée, la substance grise de la moelle reprend toutes ses propriétés ; l'irritation de la peau provoque des mouvements réflexes dans les membres postérieurs[1]. »

11° — LORSQUE L'OXYGÈNE CONTENU DANS LE SANG DÉPASSE UNE CERTAINE QUANTITÉ MAXIMUM, IL AGIT COMME UN POISON VIOLENT.

Si la vie n'est pas possible sans une certaine quantité d'oxygène dans le sang, en revanche la vie est détruite lorsque le sang contient une quantité d'oxygène supérieure à un certain maximum; dans cette condition l'oxygène agit comme un poison des plus violents.

« On sait que le sang artériel contient en moyenne

1. GAVARRET, les *Phénomènes physiques de la vie*, 229.

20 centimètres cubes de gaz oxygène pour 100 centimètres cubes de sang. Or, lorsqu'on arrive à porter cette dose à 30 centimètres cubes environ, les accidents toxiques se manifestent avec énergie, et la mort survient lorsque la quantité de ce gaz atteint 35 centimètres cubes ; c'est-à-dire que la dose mortelle n'est pas même le double de celle qui existe nécessairement dans le sang.

« Pour atteindre ces proportions d'oxygène, la respiration du gaz pur est loin de suffire. Elle ne peut guère, en effet, augmenter que de 3 à 4 centièmes la quantité d'oxygène contenue dans le sang. Il faut soumettre les animaux à l'influence de l'air ou de l'oxygène comprimés.

« L'action toxique de l'oxygène s'exerce également sur les végétaux. La germination ne se fait plus dans l'air comprimé à 10 atmosphères ; et les grains qui ont été soumis à cette pression sont complètement morts[1]. »

On voit par ces faits que les conditions de la vie, sous le rapport de l'oxygène, oscillent entre deux limites, un minimum et un maximum.

II° — LE TRAVAIL DE L'ORGANE ET LA PRODUCTION DE CHALEUR

Tous les organes, quels que soient les tissus qui les constituent, dégagent du calorique au moment où ils travaillent, c'est-à-dire où leurs fonctions s'accomplis-

---

[1]. RABUTEAU, *Toxicologie*, 301.

sent; à l'état de repos, ils n'en dégagent pas sensiblement ou peut-être même en absorbent-ils dans certains cas.

I° MUSCLES. — Le fonctionnement des muscles produit de la chaleur; c'est un fait d'observation vulgaire que l'on s'échauffe par le mouvement et l'exercice musculaires. L'élévation de la température se manifeste dans l'appareil des muscles et elle s'étend ensuite dans les autres parties de l'organisme [1].

A l'aide d'aiguilles thermo-électriques, MM. Becquerel et Breschet, expérimentant sur l'homme, ont constaté que pendant le repos et l'activité les muscles ne présentent pas la même température. Ils ont trouvé que la température du muscle biceps du bras, qui au repos est de 36°,5, s'élevait par la flexion répétée du bras de 0°,5 est même de 1° après des efforts énergiques. Dans le bras soumis à un violent exercice tel que celui de scier du bois, la température s'est même élevée, après quelques minutes, de 1° et plusieurs dixièmes. Ces faits ont été confirmés par les expériences de Helmholtz, de J. Béclard et de Claude Bernard.

II° NERFS. — A l'aide des aiguilles thermo-électriques, on a constaté que la mise en activité d'un nerf produit de la chaleur; la déviation de l'aiguille du galvanomètre traduit le développement calorifique qui correspond à l'activité du nerf.

[1]. L'augmentation de température générale par le mouvement a été observée chez un grand nombre d'animaux; les expériences sur les insectes ont été faites par Réaumur, Newport, Hubert, Dutrochet, Lecoq, Maurice Girard.

III° GLANDES. — Le tissu glandulaire est une source constante, mais inégale, de chaleur ; source constante, car il y a un certain nombre de sécrétions dont le travail n'est jamais interrompu ; mais source inégale, car beaucoup de sécrétions sont intermittentes, et parmi celles qui sont continues beaucoup éprouvent des alternatives de renforcement et d'affaiblissement. L'activité du rein ne subit pour ainsi dire jamais d'arrêt ; mais elle s'exagère au moment des digestions. Les oscillations sont encore plus considérables pour la sécrétion salivaire qui est presque exclusivement limitée au moment de l'excitation sensorielle de la gustation. On peut même la regarder comme franchement intermittente. De même pour les sécrétions intestinales. Aussi la chaleur baisse-t-elle pendant l'abstinence, c'est-à-dire pendant le non-travail ou repos.

Le système musculaire est également une source à la fois constante et intermittente de chaleur. Pendant l'immobilité, à l'état de demi-contraction ou de *tonus* de la fibre musculaire correspond une production constante de chaleur. Pendant le mouvement, qui est intermittent comme l'action de la volonté, il y a suractivité de la fonction calorifique. C'est pourquoi pendant le sommeil la température baisse, et pendant la marche ou tout autre mouvement actif, elle s'élève [1].

En résumé, tout organe qui travaille produit de la chaleur ; telle est la loi.

1. Cl. BERNARD, la *Chaleur animale*, pages 140, 141, 163, 183.

III° — INFLUENCE DE LA FONCTION SUR L'ÉTAT DE L'ORGANE

A. C'est un fait d'expérience universelle que l'exercice bien réglé de la fonction, non seulement maintient la santé de l'organe, mais encore l'accroît et le fortifie.

B. C'est un fait d'expérience universelle que l'abolition de la fonction amène l'atrophie de l'organe. Telle est généralement la cause productrice des organes rudimentaires chez un grand nombre d'animaux. Un des faits les plus saisissants est l'atrophie de l'œil chez certains poissons et chez des crabes qui vivent constamment dans l'obscurité. Darwin, dans l'*origine des espèces*, chapitre V, en donne de nombreux exemples.

« Chez quelques crabes, dit-il pittoresquement, le pédoncule oculaire demeure, quoique l'œil soit enlevé. Le support du télescope est encore là, mais le télescope avec ses verres est perdu. »

Dans ses draguages sous-marins, à 1 ou 2 kilomètres de profondeur, M. Alphonse Milne-Edwards a trouvé des crustacés, les Galathodes, qui sont aveugles : l'œil existe, mais il manque de pigment.

IV° — INFLUENCE DE L'ÉTAT DE L'ORGANE SUR LA FONCTION

A. C'est un fait d'expérience universelle que plus un organe est sain et vigoureux, mieux la fonction s'accomplit.

B. C'est un fait d'expérience universelle que les perturbations de l'organe, œuvre de lésions ou de maladies, produisent des perturbations dans la fonction ; enfin que la destruction de l'organe entraîne fatalement la destruction de la fonction.

V° — ACTION DE LA TEMPÉRATURE SUR L'ORGANE ET SA FONCTION

§ 1° **Le froid.** 1° Effets du froid sur l'ensemble des organes. — « Le froid engourdit les animaux à sang froid ; si pendant l'hiver ils ne peuvent être soustraits à son influence, la vie s'atténue, la respiration se ralentit, la digestion se suspend, les mouvements deviennent faibles ou nuls. Chez les mammifères, cet état est appelé état d'*hibernation ;* la marmotte, le loir nous en fournissent des exemples.

« Lorsque le milieu intérieur (sang, lymphe, etc.), c'est-à-dire l'ensemble des liquides circulants se refroidit, chaque élément en contact avec le sang s'engourdit *pour son propre compte*, révélant ainsi son autonomie et les conditions de son activité propre. En un mot, chaque système organique, chaque élément est de lui-même influencé par le froid comme l'individu tout entier ; il a les mêmes conditions d'activité ou d'inactivité que l'ensemble.

« Les animaux engourdis ne font plus de mouvements ; leurs muscles ne subissent plus qu'une légère combustion ; ils ont le sang veineux aussi rutilant que le sang artériel ; de même les combustions sont considérablement réduites dans les autres tissus ; la chaleur produite est faible ; l'acide carbonique est excrété en petite quantité. C'est donc la manifestation vitale fonctionnelle (destruction organique) qui est atténuée en premier lieu. La vie créatrice subit une réduction parallèle ; on peut même dire qu'elle est entièrement suspendue quant à la formation des principes immédiats qui constituent les réserves [1]. »

II° EFFETS DU FROID SUR LE SANG. — « L'influence de la température sur la dépense que fait le sang en oxygène et par suite sur sa couleur est très remarquable. Le froid ralentit la propriété physiologique du globule sanguin. Les animaux hibernants dépensent très peu d'oxygène et par conséquent produisent peu d'acide carbonique [2]. »

« En abaissant la température d'un animal au moyen de la glace, on agit sur le sang comme si on le défibrinait, c'est-à-dire qu'il se coagule très difficilement et contient très peu de fibrine ; il est d'ailleurs rutilant [3]. »

III° EFFETS DU FROID SUR LES MUSCLES DE LA VIE VÉGÉTATIVE. — « Lorsque la température d'un animal s'abaisse, les battements du cœur diminuent d'énergie et de nombre. Ce phénomène est frappant chez les animaux hibernants pendant les froids de l'hiver ; le cœur bat à peine de loin en loin. Quand le printemps renaît ; quand la chaleur revient, le cœur se réveille

1. Cl. BERNARD, *Phénomènes de la vie*, I, pages 103, 106, 109.
2. Cl. BERNARD, *Chaleur animale*, 374.
3. *Liquides de l'organisme*, I, 438.

avant l'animal lui-même; ses pulsations deviennent plus rapides et finissent peu à peu par atteindre leur rhythme normal, la vie animale réapparaît dans toute son énergie.

« Si l'on soumet les intestins à l'action graduée du froid, les contractions diminuent d'abord et finissent par s'arrêter [1]. »

IV° EFFETS DU FROID SUR LE SYSTÈME NERVEUX PÉRIPHÉRIQUE. — « Le froid agit primitivement sur le système nerveux périphérique; secondairement les mouvements respiratoires sont ralentis, et l'animal tombe dans l'engourdissement [2]. »

V° SUSPENSION DE LA FONCTION GLYCOGÉNIQUE DU FOIE. — « Quand on expose un animal au froid, le sucre disparaît dans le foie. A mesure que la température s'abaisse, le sucre diminue dans le foie, et quand le thermomètre n'indique plus que 18 à 20 degrés, on n'en trouve plus du tout. La production de la matière sucrée ne recommence que quand l'animal a repris sa température initiale de 38° [3]. »

VI° ARRÊT DU MOUVEMENT DES CILS VIBRATILES. — « A l'état normal, les mouvements vibratiles ne sont jamais interrompus; ils jouent sans doute un rôle important dans l'accomplissement de beaucoup d'actes physiologiques; ils existent du reste dans un grand nombres d'organes, notamment dans la plupart des muqueuses et aussi dans certaines cavités closes,

1. *Chaleur animale*, 367, 396.
2. *Chaleur animale*, 397.
3. *Physiologie expérimentale*, I, 190.

comme les ventricules du cerveau, l'arachnoïde, etc. L'abaissement de la température diminue l'intensité et la durée des mouvements des cils vibratiles ; son élévation produit l'effet contraire. Ainsi l'œsophage d'une grenouille ne présente aucun mouvement vibratile à 0 degré ; lorsqu'on élève progressivement la température, ces mouvements ciliaires croissent également pendant l'hibernation [1]. »

VII° LE FROID ANESTHÉSIE LES ORGANES. — Le froid anesthésie les organes sur lesquels il agit. L'anesthésie locale qu'on obtient en dirigeant un jet de vapeur d'éther sur les parties qu'on veut insensibiliser est une anesthésie due au froid produit par la vaporisation de l'éther. Ce qui le prouve, c'est qu'on obtient le même résultat en employant la glace [2].

VIII° LE FROID ET LA VIE ; LIMITE MINIMUM. — Dans un milieu refroidi la température d'un animal baisse. Lorsque le sang est descendu à 25 ou 30°, abandonnez l'animal dans ce milieu froid, alors la température continue à s'abaisser, et l'animal périra. Mais on peut le rappeler à la vie si à ce moment on élève graduellement, et pas trop brusquement, sa température [3].

Chez les animaux à sang chaud dont la température normale est de 38° à 40°, la température ne peut pas dépasser 45° à 50°, ni descendre de 15° à 20° sans

---

1. Cl. BERNARD, *Tissus vivants*, 145.
2. *Anesthésiques*, 90.
3. *Liquides de l'organisme*, 1, 51.

amener des troubles physiologiques et même la mort quand ces variations sont rapides. Chez les animaux hibernants l'abaissement de la température, arrivant graduellement, peut descendre beaucoup plus bas en amenant la disparition progressive des manifestations de la vie jusqu'à la léthargie ou vie latente, laquelle peut durer un temps très long si la température ne varie pas [1].

IX° TRANSFROMATION DES ANIMAUX A SANG CHAUD EN ANIMAUX A SANG FROID. — Claude Bernard a transformé le lapin en véritable animal à sang froid, soit en le soumettant à une réfrigération énergique et continue, très longtemps prolongée, soit en coupant la presque totalité des muscles respiratoires, de manière à ralentir énormément la respiration et par suite la circulation du sang et tous les phénomènes chimiques de l'organisme qui sont la source de la chaleur animale. Quand un lapin est placé dans cet état, il prend tous les caractères d'un animal à sang froid ; la vitalité de ses tissus acquiert la même persistance, et l'on peut répéter sur lui les expériences qu'on fait d'ordinaire sur la grenouille. Cependant c'est bien toujours un lapin, et, quand il a été refroidi, on peut le faire retourner à son état normal en le replaçant dans les conditions ordinaires de température. On observe les mêmes phénomènes chez la marmotte, dont les tissus pendant l'hibernation présentent tous les caractères des tissus des animaux à sang froid, tandis que pen-

---

1. *Introduction à la Médecine*, 209.

dant le réveil ils présentent les caractères ordinaires des tissus des animaux à sang chaud [1].

§ II° **La chaleur**. I° LA CHALEUR ET LA VIE; LIMITE MAXIMUM. — « Généralement la température du sang est plus élevée que celle du milieu ambiant; chez l'homme et les mammifères, elle varie ordinairement entre 38° et 41° centigrades. Ses oscillations, assez faibles, sont sous la dépendance de l'accomplissement des fonctions, on la voit baisser chez l'animal à jeun pendant le repos et durant le sommeil; elle s'échauffe pendant la veille sous l'influence du mouvement et durant la digestion [2].

Condition essentielle de la vie, la chaleur exerce une influence nuisible ou toxique sur les êtres vivants lorsqu'elle dépasse certaines limites. En effet, les animaux ne peuvent vivre indéfiniment dans une température plus élevée que celle de leur corps. Ils finissent tous par y mourir, mais dans des temps inégaux; en thèse générale, la mort survient d'autant plus rapidement que l'animal offre une masse plus grande. D'un autre côté, la classe des animaux a de l'influence; les oiseaux sont plus sensibles à cette influence toxique de la chaleur que les mammifères. La mort arrive :

1° Vers 37° à 39° chez les animaux à sang froid;

2° Vers 43° à 44° chez les mammifères;

3° Vers 48° à 50° chez les oiseaux;

---

1. Cl. BERNARD, *Pathologie expérimentale*, 554.
2. *Liquides de l'organisme*, I, 50. — Voir comptes-rendus, 13 novembre 1882, page 932, les expériences de Ch. Richet.

C'est-à-dire, en général, à une température de 4 à 5 degrés plus élevée que la température normale de l'animal.

On peut remarquer ce fait singulier que la température de 45° environ, qui est normale pour les oiseaux, représente précisément la température mortelle d'un mammifère.

Par une chaleur *humide*, la mort survient dans un temps beaucoup plus court que par une chaleur *sèche*; elle survient en outre à une température plus basse, pourvu que cette température soit plus élevée que celle du corps de l'animal.

1° Un lapin, mis dans une étuve sèche à 100°, meurt en 10 minutes;

Dans une étuve humide à 80°, il meurt en 2 minutes.

2° Un lapin, mis dans une étuve sèche à 65°, meurt en 25 minutes.

Dans une étuve humide à 45°, il meurt en 10 minutes.

II° EFFETS TOXIQUES DE LA CHALEUR. — Lorsqu'un animal éprouve les effets toxiques de la chaleur, il présente une série de symptômes caractéristiques. Il est d'abord un peu agité; bientôt la respiration et la circulation s'accélèrent; l'animal ouvre la bouche, il est haletant; et bientôt il devient impossible de compter les mouvements respiratoires; enfin l'animal tombe en convulsions; il meurt, le plus souvent, subitement, en poussant un cri. La rigidité cadavérique survient avec une très grande rapidité, comme cela arrive dans l'emploi des poisons dits poisons musculaires ou poisons du cœur.

III° EFFETS SUR LES MUSCLES DE LA VIE ORGANIQUE OU VÉGÉTATIVE. — La chaleur est très évidemment un excitant pour le système musculaire de la vie organique [1]. Prenons pour exemple les battements du cœur. Lorsque la température d'un animal s'abaisse, ils diminuent d'énergie et de nombre. Engourdissez une grenouille par le froid, les battements du cœur deviendront de plus en plus rares; ils se réduiront jusqu'à cinq ou six par minute. Rendez-lui la chaleur, vous verrez bientôt le cœur battre plus vite à mesure que vous élevez la température.

Mais ce n'est pas le cœur seul, parmi les muscles de la vie végétative, qui est sensible à l'action de la chaleur; les fibres musculaires de l'intestin, de l'estomac, des uretères, etc., sont dans le même cas. Dans un vase, placez à côté d'un thermomètre les intestins d'un lapin récemment mort, mais dont les mouvements péristaltiques ont cessé à la température ambiante; dès qu'on fait arriver de l'air chaud dans le vase, on voit qu'à une température déterminée les mouvements péristaltiques réapparaissent avant que le thermomètre ait indiqué la variation de la température; ce qui

---

1. Les muscles de la vie organique ou végétative sont ceux qui donnent leur concours aux fonctions végétatives, digestion, respiration, circulation, nutrition, sécrétions, exhalation, absorption, calorification. Ils dépendent particulièrement du Grand sympathique. Comme ils sont soustraits à l'action de la volonté, on les appelle aussi *muscles involontaires*.

Les muscles de la vie animale ou extérieure ou vie de relation concourent à la locomotion, à la préhension, à la voix, etc. Ils dépendent particulièrement du système cérébro-spinal. Comme ils obéissent à l'action de la volonté, on les appelle aussi *muscles volontaires*.

revient à dire que les muscles de l'intestin sont plus sensibles à l'action de la chaleur que le thermomètre lui-même [1].

La chaleur agit donc comme un excitant sur les fibres musculaires de la vie végétative; et de plus, cette action est directe, c'est-à-dire qu'elle ne s'exerce pas par l'intermédiaire du système nerveux, mais qu'elle peut se produire immédiatement par le sang.

Il n'en est point de même pour le système musculaire de la vie animale. Jamais on n'a observé que la chaleur eût la propriété de mettre en contraction les muscles des membres.

Cette action excitante de la chaleur sur l'élément musculaire a nécessairement une limite. Ici, comme toujours, ce qui est un agent physiologique vital devient agent toxique lorsqu'on pousse son action à l'extrême. C'est ainsi que si la température s'élève trop, les battements du cœur, après être devenus de plus en plus rapides, finissent par cesser subitement. De même, les mouvements péristaltiques de l'intestin cessent complètement si l'on dépasse certaines limites de température. Dans ce cas-là, c'est la mort, la mort complète, absolue, inévitable, qui saisit le tissu musculaire; la rigidité cadavérique s'établit avec une prodigieuse rapidité [2].

« En soumettant le tissu musculaire à une tempéra-

---

[1]. Expérience instructive, qui explique l'extrême impressionnabilité de l'intestin aux variations de température, et qui par cela en même temps nous avertit des précautions hygiéniques que l'on doit prendre.

[2]. Cl. Bernard, *Chaleur animale*, 17ᵉ et 18ᵉ leçons.

ture plus élevée que sa température normale et jusqu'à une limite qui variera avec les espèces animales, on trouvera que d'abord l'irritabilité musculaire est augmentée, mais on arrivera bientôt à un certain degré où elle disparaît entièrement. Pour les mammifères vivants, l'irritabilité semble disparaître de 56° environ à 60° centigrades, dans un milieu sec ; une chaleur humide la ferait disparaître avant d'atteindre ce degré d'élévation. Sous l'influence de la chaleur, tous les muscles ne perdent pas leurs propriétés également vite ; les extenseurs résistent moins que les fléchisseurs [1]. »

IV° Action de la chaleur sur le sang. — Chez les animaux tués par excès de température, le sang présente une coloration noirâtre particulière, comme si l'animal avait été asphyxié. Cette coloration noirâtre est due à ce que le sang, lorsque la température s'élève, jouit de la propriété de transformer l'oxygène en acide carbonique avec une très grande rapidité ; il devient veineux. Mais ce sang noirâtre n'a rien perdu de ses propriétés. Il est dans son état naturel, il possède toutes ses qualités vitales essentielles ; il est capable de réabsorber de l'oxygène et de reprendre sa couleur rutilante. La seule modification que nous reconnaissions en lui est due à une sorte d'exagération de ses propriétés physiologiques, laquelle se trouve liée à l'élévation de sa température et amène une consommation trop rapide de l'oxygène par ses globules.

[1]. Cl. Bernard, *Système nerveux*, I, 209.

Toutefois il y a une limite de température où le sang perd pour toujours ses propriétés physiologiques.

A 45° chez les mammifères, les globules sanguins ne perdent pas leurs qualités vitales, tandis que les muscles, au contraire, les perdent d'une manière définitive; ce qui autorise à conclure que l'animal ne meurt pas par une altération du sang ou au moins par une altération des globules sanguins.

L'agent calorifique, quel que soit d'ailleurs son mode d'application, tue le système musculaire de la vie végétative d'une manière complète, définitive; il produit ainsi la mort de l'organisme par l'arrêt de la circulation et de la respiration.

En second lieu, l'élévation de la température ne produit dans le sang, chez un animal tué par la chaleur, aucune altération du même genre, mais seulement une suractivité de ses fonctions vitales, qui a pour effet de lui faire consommer avec une très grande rapidité l'oxygène qu'il contient et de lui donner la coloration noirâtre caractéristique du sang veineux.

V° Effets de la chaleur sur les nerfs moteurs et les nerfs sensitifs. — Les nerfs moteurs ne sont pas altérés au moment où la destruction du système musculaire est effectuée et amène la mort de l'animal. Le nerf moteur résiste plus à la chaleur que les muscles; le nerf sensitif résiste moins que le nerf moteur.

Par la chaleur, comme par le froid, comme par beaucoup d'agents toxiques, on peut distinguer l'autonomie des propriétés physiologiques des muscles, des nerfs sensitifs et des nerfs moteurs [1].

VI° Effets de la chaleur sur le foie. — Si on soumet un animal à sang chaud à une température un peu supérieure à la température normale du sang, les fonctions du foie paraissent exaltées et en particulier la formation de la bile; celle du sucre ne semble pas augmentée. Mais cette surexcitation a des limites; car si on élève la température de l'étuve de 10 à 15 degrés, l'excitation générale fait place à un effet opposé; le sucre disparaît, et l'animal meurt au bout d'une heure à une heure et demie sans présenter la moindre trace de sucre dans le tissu hépatique. Il faut noter encore que sous l'influence de la chaleur les respirations sont accélérées, tandis que le contraire a lieu avec le froid : et cependant, avec ces deux états opposés de la respiration, le sucre disparaît dans le foie [2].

VII° Effets de la chaleur fébrile. — Nous avons vu que la chaleur portée à un certain degré peut amener la mort de l'animal. Il n'est pas douteux aujourd'hui que la chaleur de la fièvre puisse produire le même résultat fatal : il suffit, pour s'en convaincre *à priori*, de considérer jusqu'à quel degré peut s'élever la température dans certaines maladies. Dans les rhumatismes, par exemple, on a observé des températures de 42°,7 et même de 44°. L'expérience clinique nous apprend que dans les maladies aiguës, la progression continue de la température indique une issue fatale.

1. Cl. Bernard, *Chaleur animale*, 19° leçon.
2. Cl. Bernard, *Physiologie expérimentale*, I, 196.

De l'aveu de tous les médecins, on a vu rarement la température dépasser 41°,9 pendant plusieurs jours sans qu'une terminaison fatale soit venue montrer l'importance et l'extrême gravité de cet excès de chaleur [1].

VIII° ANESTHÉSIE DES ANIMAUX A SANG FROID PAR LA CHALEUR. — L'anesthésie se produit par le froid; elle se produit encore mieux par la chaleur. Claude Bernard a découvert ce fait d'une manière tout accidentelle en faisant des expériences sur des grenouilles pendant l'été. Pour anesthésier les grenouilles par la chaleur, il faut les plonger dans l'eau à 37° ou 38° centigrades. L'anesthésie par la chaleur ne peut être pratiquée que sur les animaux à sang froid. En réalité, elle est due chez ces animaux à un commencement d'asphyxie : le sang est très noir [2].

La chaleur est un agent indispensable à l'activité de la vie; mais il arrive un moment où l'excès de la chaleur agit sur l'organisme comme un agent toxique. Comme tous les agens toxiques, la chaleur attaque un seul des éléments essentiels de cet organisme, à savoir l'élément musculaire. C'est donc la perte des propriétés vitales de cet élément qui, en produisant la rigidité, l'arrêt de la circulation et de la respiration, amène fatalement la mort [3].

En résumé, on voit que le froid et la chaleur exercent chacun une action propre sur les organes et leurs

---

1. Cl. BERNARD, *Chaleur animale*, 427.
2. *Anesthésiques*, 91.
3. *Chaleur animale*, 386.

fonctions. En outre, l'action utile du froid et de la chaleur est comprise entre deux limites, minimum ou maximum, au delà desquelles ils deviennent mortels, comme le devient l'oxygène.

VI° — ACTION DES POISONS SUR LES ORGANES ET LEURS FONCTIONS

Tous les poisons finissent par amener la mort; c'est là leur caractère propre; mais si le but atteint est le même, il s'en faut beaucoup qu'il en soit ainsi de la marche suivie; bref, les poisons ont un lieu d'élection. Chaque système d'organes a le sien qui, agissant sur les éléments anatomiques composants, abolit la fonction tout en respectant, à l'origine du moins, les autres organes et leurs fonctions. Par exemple :

1° Le *curare* tue les nerfs moteurs; il laisse intacts les nerfs sensitifs et les muscles;

2° La *strychnine* abolit la fonction des nerfs sensitifs; elle laisse intacts les nerfs moteurs et le système musculaire;

3° Le *sulfocyanure de potassium* détruit la contractilité musculaire sans affecter primitivement le système nerveux.

Le curare abolit d'abord les nerfs des mouvements volontaires, puis ceux des mouvements involontaires, par conséquent ceux de la respiration; on trouve alors tous les signes de l'asphyxie. Ainsi le sang devient noir, ce qui n'est pas dû à l'action du curare sur lui, mais bien à l'insuffisance des mouvements respiratoires. Il est facile de le prouver en ayant recours à la respiration artificielle qui le fait bientôt devenir rouge. Un seul organe continue ses fonctions, c'est le cœur; mais le cœur tout seul est insuffisant à entretenir la vie, et la cessation des mouvements respiratoires, lorsqu'elle a lieu, entraîne d'une façon plus ou moins éloignée, mais nécessaire, l'asphyxie et la perte des pulsations du cœur [1].

Le curare tue les animaux à sang chaud par l'*asphyxie* ou suspension des phénomènes de la respiration.

Le sulfocyanure de potassium les tue par *syncope* ou suspension des battements du cœur.

La *syncope* ou suspension de l'action du cœur est suivie de l'interruption de la respiration (action des poumons), des sensations et des mouvements volontaires (action du cerveau). Le cœur cessant de se contracter énergiquement et le sang n'arrivant plus au cerveau, l'action du cerveau s'anéantit, faute de son excitant naturel. La sensation, la locomotion et la voix, qui sont ainsi que la respiration sous la dépendance immédiate de l'encéphale, se trouvent interrompues.

L'*apoplexie* est une paralysie soudaine du sentiment et du mouvement produite dans le plus grand nombre des cas par un épanchement de sang dans les méninges, dans les ventricules du cerveau ou dans la substance même de l'encéphale. On donne le nom

---

1. Cl. Bernard, *Substances toxiques*, 371

d'*apoplexie séreuse* à un épanchement de sérosité dans l'arachnoïde ou dans les ventricules du cerveau.

La syncope, l'apoplexie, l'asphyxie aboutissent au même résultat, mais elles diffèrent par l'ordre dans lequel se succèdent les divers phénomènes. L'action *la première interrompue :*

1° Dans la syncope, c'est l'action du *cœur;*

2° Dans l'apoplexie, c'est l'action du *cerveau;*

3° Dans l'asphyxie, c'est l'action des *poumons.*

Voici la classification des poisons que donne M. Rabuteau dans sa *Toxicologie :*

1re Classe — Les poisons du sang ou *Poisons hématiques.*

Ils portent leur action primitive, les uns sur le globule, les autres sur le plasma; de là deux divisions, les poisons *globulaires* et les *poisons plasmiques.*

Le type des poisons globulaires est l'oxyde de carbone, si bien étudié par Claude Bernard. L'oxyde de carbone chasse l'oxygène de l'hémoglobine et forme avec celle-ci une combinaison stable; le sang artériel ne peut plus devenir veineux; la suppression de l'hématose entraîne la suppression de la vie.

L'acide cyanhydrique ou acide prussique HC^2Az agit sur les globules à peu près comme l'oxyde de carbone; seulement il ne chasse pas l'oxygène, il se combine sur-le-champ avec l'hémoglobine oxygénée, et la combinaison est stable. En outre, il paraît exercer une action directe sur le système nerveux et sur le système musculaire. Il abolit la sensibilité dans les parties qu'il touche; appliqué directement sur les nerfs moteurs, il en abolit la conductibilité. Les muscles sont paralysés, ce qui nous explique l'arrêt immédiat du cœur lorsque le poison est absorbé en grande quantité.

II⁰ Classe. — Les poisons des nerfs ou *Poisons neurotiques*.

A. Les uns paralysent les nerfs, ce sont les *paralyso-moteurs*, dont le curare est le type.

B. Les autres agissent sur la moelle épinière, dont ils exagèrent au plus haut degré le pouvoir réflexe ; ce sont les *spinaux*, qui correspondent en thérapeutique aux excitateurs réflexes : telle est la strychnine.

C. D'autres agissent sur les cellules du cerveau et de la moelle, ce sont les *cérébraux-spinaux* ; tels sont l'éther et le chloroforme.

III⁰ Classe. — Les poisons qui agissent à la fois sur le système nerveux et le système musculaire ou *poisons névro-musculaires*.

Tels sont les alcaloïdes extraits des solanées vireuses ; par exemple, l'*atropine*, extraite de la belladone, la *nicotine*, extraite du tabac. Dans cette classe est aussi compris l'acide carbonique.

IV⁰ Classe. — Les poisons qui détruisent l'irritabilité des muscles ou *poisons musculaires*.

Tels sont le sulfocyanure de potassium, la vératrine, extrait de l'ellébore blanc, etc.

V⁰ Classe. — Les poisons qui corrodent et détruisent tous les tissus, ou *poisons irritants et corrosifs*.

Tels sont l'acide sulfurique ou huile de vitriol, l'acide azotique, etc. ; la potasse, la soude, etc.

Iʳᵉ Classe. — Poisons hématiques.

1° Oxyde de carbone ;
2° Acide cyanhydrique ;
3° Acide sulfhydrique ;
4° Phosphore ;
5° Arsenic, etc.

IIᵉ Classe. — Poisons neurotiques.

A. Paralyso-moteurs :

1° Curare ;
2° Fève de Calabar ;
3° Aconitine, alcaloïde de l'aconit ;
4° Cicutine, alcaloïde de la ciguë.

B. Spinaux :

1° Strychnine ;
2° Oxygène comprimé ;
3° Cantharides.

C. Cérébro-spinaux :

1° Chloroforme ;
2° Éther ;
3° Opium ;
4° Alcool ;
5° Absinthe.

IIIᵉ Classe. — Poisons névro-musculaires.

1° Belladone ;
2° Datura stramonium ;

3° Jusquiame;
4° Tabac;
5° Morelle;
6° Digitale;
7° Acide carbonique.

IV° Classe. — Poisons musculaires.

1° Vératrine;
2° Sulfocyanure de potassium;
3° Les sels de potassium;
4° Les sels de baryum;
5° Cuivre;
6° Étain et Plomb;
7° Mercure, etc.

V° Classe. — Poisons corrosifs.

A. Acides :

1° Acide sulfurique;
2° Acide azotique;
3° Acide chlorhydrique;
4° Acide oxalique, etc.

B. Alcalis :

1° Potasse;
2° Soude;
3° Ammoniaque;
4° Sulfures alcalins.

C. Métalloïdes :

1° Iode;
2° Brome;
3° Chlore, etc.

VII° — DIFFÉRENCE DES PHÉNOMÈNES DE CIRCULATION DANS LES ORGANES SELON QU'ILS SONT EN ÉTAT D'ACTIVITÉ OU EN ÉTAT DE REPOS.

Tous les organes du corps nous offrent alternativement un état de repos et un état de fonction dans lesquels les phénomènes circulatoires sont essentiellement différents. Des observations nombreuses prises dans les appareils organiques les plus divers ont mis ces faits hors de doute.

Lorsqu'on examine le canal alimentaire d'un animal à jeun, on trouve la membrane muqueuse qui revêt la face interne de l'estomac et des intestins pâle et peu vascularisée; pendant les digestions, au contraire, on constate que la même membrane est très colorée et gonflée par le sang, qui y afflue avec force. Ces deux phases circulatoires, à l'état de repos et à l'état de fonction, ont pu être vérifiées directement dans l'estomac chez l'homme vivant. Un médecin américain, William Beaumont, a conservé à son service, pendant sept ans, un jeune chasseur américain qui avait à l'estomac une large ouverture due à un coup de fusil. Le docteur Beaumont a fait, par cette sorte de fenêtre accidentelle, un grand nombre d'observations du plus haut intérêt pour la physiologie.

En regardant dans l'intérieur de l'estomac lorsque le Canadien était à jeun, on apercevait distinctement la membrane interne; elle formait des replis irréguliers; la surface, d'un rose pâle, n'était animée d'aucun mouvement et n'était absolument lubréfiée que par du mucus.

Aussitôt que les matières alimentaires descendaient dans l'estomac et touchaient la membrane muqueuse, la circulation s'y accélérait, la couleur s'y avivait, et des mouvements péristaltiques s'y manifestaient. Les papilles nerveuses versaient alors le suc gastrique, fluide clair et transparent, destiné à dissoudre les aliments.

Le même phénomène s'observe pour tout l'intestin et pour tous les organes glandulaires annexés à l'appareil digestif. Les glandes salivaires, le pancréas, pendant l'intervalle des digestions, c'est-à-dire à l'état de repos, présentent un tissu pâle et exsangue, dont les sécrétions sont entièrement suspendues. Pendant la période digestive, au contraire, les mêmes glandes sont gorgées de sang, rutilantes, comme érectiles; et leurs conduits laissent écouler les liquides sécrétés en abondance.

Il faut donc reconnaître dans les organes deux ordres de circulation :

1º La circulation *générale*, connue depuis Harvey, en 1628;

2º Les circulations *locales*, découvertes et étudiées seulement dans ces derniers temps.

Dans les phénomènes de circulation générale, le sang ne fait en quelque sorte que traverser les parties pour passer des artères dans les veines.

Dans les phénomènes de la circulation locale, qui est la *vraie circulation fonctionnelle*, le fluide sanguin pénètre dans tous les replis de l'organe et s'accumule autour des éléments anatomiques pour réveiller et exciter leur mode d'activité spéciale [1].

Ce qui vient d'être dit sur les circulations locales ou fonctionnelles ne s'applique pas seulement aux organes sécréteurs où s'opère la séparation d'un liquide à la formation duquel le sang doit plus ou moins concourir; il s'agit là d'un phénomène général qui s'observe *dans tous les organes*, quelle que soit la nature de leurs fonctions.

1° Le système musculaire, qui ne produit qu'un travail mécanique, est dans le même cas que les glandes, qui agissent chimiquement. Au moment de la fonction du muscle, le sang circule avec une plus grande activité, laquelle se modère quand l'organe est en repos.

2° Le système nerveux périphérique, la moelle épinière et le cerveau (comme on le verra plus loin), qui

---

1. Les mouvements réflexes produits par un désir font suinter les glandes comme le fait le contact des aliments. Voici une expérience :

Prenant un cheval à jeun, on découvre sur le côté de la mâchoire le canal excréteur de la glande parotide; on divise ce conduit, rien n'en sort, la glande est au repos. Si alors on fait voir au cheval de l'avoine, ou même, si sans rien lui montrer, on exécute un mouvement qui indique à l'animal qu'on va lui donner son repas, aussitôt un jet continu de salive s'écoule du conduit parotidien, en même temps que le tissu de la glande s'injecte et devient le siège d'une circulation plus active.

Le docteur Beaumont a observé sur son canadien des phénomènes analogues. L'idée d'un mets succulent déterminait, non seulement un appel de sécrétion dans les glandes salivaires (faire venir l'eau à la bouche), mais provoquait encore un afflux sanguin immédiat sur la membrane muqueuse de l'estomac.

servent à la manifestation des phénomènes de l'innervation et de l'intelligence n'échappent pas non plus à cette loi [1].

VIII° — MÉTHODE DE DÉTERMINATION DE LA FONCTION D'UN ORGANE

« La science moderne, dit Claude Bernard, a montré d'une manière irréfutable que les phénomènes de la vie se reproduisaient les mêmes dans toute matière vivante [2]. »

Le principe directeur de l'esprit sur lequel est fondé la science tout entière, est le *Déterminisme*.

Les règles de la Méthode expérimentale sont au nombre de trois :

1re *Règle*. — *Positâ causâ, ponitur effectus*, la cause étant posée, l'effet est posé. Sous une autre forme, cette règle peut s'énoncer ainsi :

Redintegratâ causâ, redintegratur effectus, la cause étant rétablie, l'effet est rétabli.

2° *Règle*. — *Sublatâ causâ, tollitur effectus*, la cause étant supprimée, l'effet est supprimé.

3° *Règle*. — *Variante causâ, variatur effectus*, la cause variant, l'effet varie.

Selon la règle prise pour point de départ, les deux autres servent de contre-épreuve.

Les procédés opératoires sont les suivants :

1. Cl. BERNARD, *Science expérimentale*, 376 et suivantes.
2. *Pathologie expérimentale*, 427; voir aussi 173.

I. MÉTHODE DE VIVISECTION. — A. L'ablation ou la section d'un organe : *sublatâ causâ*

On observe quelle est la fonction supprimée.

B. Ses lésions : *variante causâ*.

On observe quelles perturbations sont produites dans les fonctions.

Lorsque la guérison se fait, au *variante causâ* s'ajoute le *redintegratâ causâ* ou rétablissement de la cause et de la fonction : c'est une contre-épreuve.

Lorsque la mort suit la lésion, au *variante causâ* s'ajoute le *sublatâ causâ* ou suppression de la cause et de la fonction : c'est une autre contre-épreuve.

II. MÉTHODE DES POISONS. — Les poisons opèrent la séparation des fonctions avec une précision à laquelle n'atteindraient ni les sections ni les lésions.

Bien entendu, les expériences de séparation faites avec les poisons sont astreintes rigoureusement aux trois règles de la Méthode expérimentale.

III. MÉTHODE ÉLECTRIQUE. — On a vu précédemment que le froid et la chaleur peuvent devenir des procédés de séparation, comme le sont les poisons spéciaux. Claude Bernard a su employer l'électricité au même usage. Il a reconnu qu'il faut une quantité d'électricité plus considérable :

1° Pour faire contracter directement un muscle que pour l'exciter par l'intermédiaire d'un nerf. L'irritabilité musculaire et l'excitabilité nerveuse sont donc deux choses distinctes;

2° Pour exciter un nerf sensitif que pour exciter un nerf moteur;

3° Pour exciter un nerf moteur de la vie animale que pour exciter un nerf moteur de la vie végétative [1].

En multipliant les moyens d'analyse, le génie des physiologistes ouvre des voies nouvelles pour atteindre sûrement la vérité.

IV. PATHOLOGIE NATURELLE; *Maladies, lésions accidentelles.* — A. Les maladies sont des expériences précieuses qui, loin d'être inférieures en valeur physiologique aux expériences faites intentionnellement par la main de l'homme, leur sont souvent très supérieures; car la cause inconnue, qu'on a l'habitude de décorer du nom de Nature ou de hasard, établit l'expérience avec une délicatesse et donne aux manifestations pathologiques une originalité que le brutal scalpel du physiologiste est impuissant à produire.

B. Les lésions accidentelles, chutes, blessures, si fréquentes et si variées dans les batailles, sont pour le physiologiste un champ d'expériences toutes faites, aussi variées que l'imagination peut le désirer.

Il est permis de dire que la pathologie (maladies, lésions accidentelles) constitue une quatrième méthode opératoire, égale, sinon supérieure aux trois autres.

C'est à l'aide de ces quatre genres de procédés opératoires qu'en appliquant avec rigueur les règles de la méthode expérimentale, le physiologiste est parvenu à discerner les fonctions de chaque organe. Il s'en faut beaucoup que l'édifice scientifique soit achevé; mais ce que l'on sait, on le doit aux règles

---

1. Cl. BERNARD, *Système nerveux*, II, 465 et suivantes.

et aux procédés opératoires de la méthode expérimentale.

Application de la méthode de détermination. — C'est par l'application des règles et des procédés de la méthode expérimentale qu'on a déterminé les propriétés et les fonctions des muscles, des glandes, des nerfs, des globules rouges du sang, de tous les tissus et de tous les organes du corps [1].

I° MUSCLES. — Les muscles ont une propriété, celle de se contracter : la *contractilité*.

II° GLANDES. A. Le *pancréas*. — Les fonctions du pancréas sont au nombre de trois :

1° La conversion des féculents en glucose ;

2° L'émulsion des corps gras ;

3° La digestion des albuminoïdes.

B. Le *foie*. — Le foie a deux fonctions de la nature des sécrétions :

1° L'une, *sécrétion externe*, produit la bile, qui s'écoule au dehors ;

2° L'autre, *sécrétion interne*, forme le sucre, qui entre immédiatement dans le sang de la circulation générale.

Et ces deux fonctions sont indépendantes l'une de l'autre [2].

Et ainsi de suite pour les autres glandes.

---

1. Il s'agit, bien entendu, de ceux dont la fonction a pu être découverte ; on sait qu'il y a plusieurs glandes dont la fonction est encore inconnue ; par exemple, la glande pinéale, la rate, etc.

2. Cl. BERNARD, *Physiologie expérimentale*, I, 101, 107.

III° Nerfs. — Les nerfs se rattachent à deux systèmes, à savoir, le système cérébro-spinal ou cérébro-rachidien et le système ganglionnaire ou grand sympathique.

Ces deux systèmes sont en relation par la moelle épinière où le grand sympathique a ses racines.

A. *Système cérébro-spinal.* — Il y a, selon leurs fonctions, deux classes de nerfs :

1° Les nerfs sensitifs;
2° Les nerfs moteurs.

Les nerfs moteurs du système cérébro-spinal obéissent à la volonté (nerfs moteurs volontaires); ils appartiennent à ce qu'on appelle la vie animale ou vie de relation.

Les nerfs moteurs et les nerfs sensitifs du système cérébro-spinal président aux fonctions des organes.

B. *Système ganglionnaire du grand sympathique.* — Les nerfs du grand sympathique sont vaso-moteurs; ce sont eux qui resserrent les vaisseaux sanguins. Comme le sang est le grand nourricier du corps, il s'ensuit que le grand sympathique préside à la nutrition des organes; il reste étranger à leurs fonctions.

C. *Résultats comparés de la section des nerfs de l'un et de l'autre système.* — 1° La section des nerfs du système cérébro-spinal amène un refroidissement dans les régions du corps où ces nerfs se ramifient, refroidissement variant de 4 à 5 degrés centigrades.

La section des nerfs du système *sympathique* amène un échauffement variant de 5 à 10 degrés centigrades, sans que toutefois la température totale puisse excéder 40°.

2° La section des nerfs du système *cérébro-spinal* amène, ici l'abolition de la sensibilité, là l'abolition du mouvement.

La section des nerfs du système *sympathique* ne produit ni abolition de la sensibilité ni abolition du mouvement, mais uniquement et constamment une élévation considérable de température [1].

IV° GLOBULES SANGUINS. — Les globules rouges du sang ont la propriété d'aborder l'oxygène et de le céder aux tissus avec lesquels ils sont en contact; ils deviennent noirs après avoir traversé les capillaires. Cette fonction appelée *hématose* est reconnue et déterminée à l'aide de l'oxyde de carbone qui, formant une combinaison stable avec l'hémoglobine, détruit la fonction des globules rouges et amène ainsi la mort.

Et ainsi de suite pour tous les tissus et tous les organes dont la physiologie a pu découvrir les fonctions.

1. Cl. BERNARD, *Pathologie expérimentale*, 20° leçon.

SECONDE SECTION

CONDITIONS VITALES DU CERVEAU ET DE SA FONCTION

I° — LE SANG OXYGÉNÉ ET L'ACTIVITÉ DU CERVEAU

L'oxygène, indispensable aux organes corporels et à leurs fonctions, ne l'est pas moins au cerveau et à son activité fonctionnelle.

I° ANÉMIE CÉRÉBRALE. — Quand l'anémie est totale, la perte des fonctions cérébrales est instantanée. Dès que le sang ne circule plus dans le cerveau, la conscience, la sensibilité, la motilité, disparaissent aussitôt. On a un exemple très net d'anémie cérébrale dans la syncope. Dès que le cœur s'arrête, la conscience disparaît aussitôt, et l'insensibilité est complète [1].

Souvent chez les vieillards on voit survenir des troubles cérébraux plus ou moins passagers : la perte de la connaissance, l'étourdissement, le coma (assoupissement profond dans lequel tombe le malade dès

---

[1]. La connaissance de ce mécanisme résout aisément une question qui émeut beaucoup les âmes sensibles, celle de savoir si les guillotinés sentent encore, lorsque la tête a été tranchée. Même en négligeant le fait de la commotion violente, la perte du sang et la suppression instantanée de l'afflux sanguin irritateur abolissent entièrement la conscience; l'anesthésie est absolue.

qu'il cesse d'être excité). C'est à tort qu'on les attribue à la congestion cérébrale; il faut bien plutôt, avec M. Vulpian, les regarder comme dus à l'anémie. Ces coups de sang, comme on les appelle vulgairement, sont, selon toute vraisemblance, des coups d'anémie.

L'anémie est caractérisée au début par une excitation intellectuelle plus grande. Les idées se pressent en foule, mais elles sont désordonnées, et l'attention ne parvient point à les fixer ou à les conduire.

On sait que les hémorragies abondantes sont suivies aussi bien d'une excitation intellectuelle très vive que d'une dépression extrême des forces intellectuelles. Les animaux hémorragiés sont bien plus sensibles à la douleur qu'avant d'avoir perdu du sang. A cet égard, les centres nerveux se comportent comme les nerfs, les muscles et la moelle. Avant de périr par la privation du sang, ils subissent une période de suractivité, d'excitabilité plus grande. En même temps, il y a du vertige, des bourdonnements d'oreilles, un nuage devant les yeux, de l'étourdissement, de la céphalalgie.

On sait que la mort ne détruit pas instantanément la vie dans les muscles; les muscles survivent quelques minutes à la mort; le foie continue à convertir le glycogène en sucre, etc. Il en est de même du cerveau. Si après la décapitation d'un animal supérieur l'on n'attend que quelques instants (on ne doit pas attendre plus de 10 à 15 minutes), le tissu cérébral n'est pas mort, quoiqu'il ait tout à fait l'apparence de la mort. Il est en état de vie latente, et la fonction reparaît dès qu'on a rendu le sang au tissu. Aussi l'injection de sang oxygéné suffit à rétablir la sensibilité, l'intelligence et l'excito-motricité qui avaient disparu. C'est ce qu'avait très nettement vu Legallois dans un mémoire célèbre qui date du commencement de ce siècle : « Si l'on pouvait suppléer au cœur par une sorte d'injection, et si en même temps on avait, pour fournir à l'injection d'une manière continue, une provision de sang artériel, on parviendrait sans peine à entretenir la vie indéfiniment dans quelque tronçon que ce soit; et par conséquent, après la décapitation, on l'entretiendrait dans la tête elle-même avec toutes les fonctions qui sont propres au cerveau [1]. »

M. Brown-Séquard a réalisé l'expérience indiquée par Legallois sur la tête, après décollation. Sur un chien, M. Brown-Séquard sépare la tête du tronc; il attend huit ou dix minutes jusqu'à ce que le bulbe rachidien et le reste de l'encéphale aient bien évidemment perdu toute trace appréciable d'excitabilité; puis il pratique des injections réitérées de sang défibriné et oxygéné à la fois dans les artères carotides et dans les vertébrales. Quelques mouvements désordonnés apparaissent au bout de deux ou trois minutes, puis les muscles des yeux et de la face exécutent des mouvements coordonnés, véritables manifestations de la vie, qui tendent à faire admettre que les fonctions cérébrales se sont rétablies dans cette tête complètement séparée du tronc.

L'expérience suivante, devenue célèbre, est encore

---

[1]. Cité par GAVARRET. *Phénomènes physiques de la vie.* 235.

plus démonstrative. A un chien familier, élevé dans son laboratoire, M. Brown-Séquard tranche la tête; puis dans les vaisseaux vidés de cette tête, il injecte du sang défibriné, saturé d'oxygène. Au moment où le sang oxygéné avait ramené les manifestations de la vie, M. Brown-Séquard appela le chien par son nom. Les yeux de cette tête séparée du tronc se tournèrent vers lui, comme si la voix du maître avait été entendue et reconnue. « Si l'expérience était tentée sur un homme décapité, dit M. Vulpian, on assisterait peut-être à un grand et terrible spectacle [1]. »

II° HYPERÉMIE CÉRÉBRALE. — L'hyperémie (surabondance de sang) cérébrale est, au dire de tous les médecins, accompagnée de vertiges, d'étourdissements, d'obnubilation; et à un degré plus avancé, de coma et de stupeur.

Il est facile de comprendre pourquoi l'anémie et l'hyperémie ou congestion ont les mêmes symptômes; c'est que le résultat de ces états tout à fait opposés est, au point de vue de l'irrigation cérébrale, tout à fait le même. Supposons que le cours d'un fleuve soit arrêté par suite d'un barrage qui empêche l'écoulement des eaux de manière que le débit soit presque nul; ce barrage, au point de vue de la circulation liquide, aura les mêmes effets que si la source est tarie. C'est ce qui se passe pour la congestion. En effet, par suite de l'impossibilité du retour du sang veineux, le sang

---

[1]. Voir Charles RICHET, *Des conditions de la vie du cerveau*, Revue scientifique 24 décembre 1881. — GAVARRET. *Phénomènes physiques*, 237. — LUYS. *Traité des maladies mentales*, 187.

stagne dans le cerveau; l'échange gazeux interstitiel est altéré par cette accumulation de sang qui ne peut circuler, tout autant que si la quantité de sang arrivant au cerveau était minime. Dans l'un et dans l'autre cas, il y a une circulation défectueuse, et c'est précisément le trouble circulatoire qui est la cause des phénomènes d'excitation, puis de stupeur dont on a parlé ci-dessus [1].

Conclusion. — La véritable raison de tous les phénomènes d'anémie et d'hyperémie est, en somme, la *privation d'oxygène*. Ce qui le prouve, c'est l'identité des phénomènes psychiques qui se produisent à la suite de l'anémie cérébrale, comme de l'asphyxie.

Lorsqu'un individu ne peut plus introduire de l'oxygène dans son sang (peu importe d'ailleurs le mécanisme de cette insuffisance respiratoire), bientôt les yeux se voilent, les oreilles bourdonnent, l'étourdissement et le vertige gagnent; puis, après un état d'anxiété et d'agitation plus ou moins prolongé, la mémoire disparaît complètement. A ce moment, il y a encore des mouvements réflexes accompagnés d'une agitation générale presque convulsive de tous les membres; mais la conscience de tous les phénomènes extérieurs a disparu. Si l'on peut alors restituer de l'oxygène au patient, il se réveillera au bout d'un cer-

---

[1]. Le chirurgien M. Richet a donné une preuve remarquable de ce mécanisme de l'hyperémie. Une congestion au cerveau avait déterminé chez un malade une somnolence invincible. Une saignée, en faisant disparaître cet état congestif, amena la cessation du coma.

Voir dans FLOURENS, *Recherches expérimentales sur le système nerveux*, ses concluantes expériences sur les épanchements cérébraux; surtout pages 286, 293.

tain temps, déclarant qu'à un certain moment il a *perdu connaissance*; en tous cas, il n'a aucun souvenir des faits qui se sont passés pendant la dernière période de son asphyxie.

Dans l'asphyxie brusque, la mort du cerveau n'est pas aussi rapide que dans l'anémie brusque; cela tient à ce que, pendant les premiers moments de l'asphyxie, le sang circule encore, et que chaque systole du cœur amène dans le cerveau une certaine quantité d'oxygène qui devient de plus en plus faible. Bientôt cette quantité d'oxygène devient tout à fait insuffisante; alors il y a mort du cerveau par *privation d'oxygène*.

Ces symptômes s'observent aussi dans l'empoisonnement par l'oxyde de carbone. Ce gaz, comme on sait, se combine à l'hémoglobine du globule sanguin, de sorte que ses effets sont ceux de l'hémorragie, de l'anémie, de la syncope, de l'asphyxie. Dans tous ces cas, il y a défaut d'oxygène dans le cerveau et conséquemment excitation avec céphalalgie et vertiges, puis coma, stupeur, sommeil profond et perte de conscience.

Le mal des montagnes et celui qu'éprouvent les aéronautes aux altitudes élevées s'expliquent de la même manière [1].

En résumé, sous le rapport du sang oxygéné, les conditions de la vie du cerveau sont les mêmes que celles de la vie des autres organes corporels.

---

[1]. Ch. RICHET, *Revue scientifique* 24 décembre 1881, pages 807 et suivantes.

II° — LE TRAVAIL DU CERVEAU ET LA PRODUCTION DE LA CHALEUR

1° ÉCHAUFFEMENT DU CERVEAU A LA SUITE DU TRAVAIL INTELLECTUEL. — Au pont de vue du travail et de la production corrélative de chaleur, les conditions de la vie du cerveau sont les mêmes que celles de la vie de tous les autres tissus vivants de l'organisme. Il est démontré aujourd'hui que lorsque le cerveau travaille, il développe de la chaleur, et que ce développement de la chaleur est inégalement réparti; il est plus fort dans les régions où l'animation est le plus vive. A l'aide d'appareils thermo-électriques, le docteur Lombard a fait sur ce sujet des expériences très intéressantes : Les variations de la température, dit-il, paraissent liées aux différents degrés de l'activité cérébrale. Le travail actif du cerveau ne dépasse jamais un vingtième de degré centigrade. Toute cause attirant l'attention, un bruit, la vue d'un objet, ou d'une personne, produit l'élévation de la chaleur. Une élévation de température a lieu également sous l'influence d'une émotion ou pendant une lecture intéressante à haute voix[1].

Broca, en France, a fait des recherches de thermométrie crânienne; à l'aide d'une couronne de thermomètres appliquée sur le crâne, il a pu suivre le développement de la température chez les sujets en

---

1. Cité par Luys, *Traité des maladies mentales*, 191, voir aussi Gavarret, 240.

expérience à mesure qu'il sollicitait la mise en activité de leur cerveau. C'est ainsi qu'en faisant lire quelqu'un à haute voix, il a pu constater une élévation de température se manifestant tout d'abord dans le lobe cérébral gauche; puis continuant son observation, il a reconnu que la température s'équilibrait avec celle du lobe droit, qui entrait ainsi en action [1].

II° L'ÉCHAUFFEMENT DE LA SUBSTANCE CÉRÉBRALE COMMENCE LA OU EST LE CENTRE NERVEUX DE L'IRRITATION. — Le célèbre physiologiste Schiff, dans une série de recherches du plus haut intérêt sur l'échauffement des centres nerveux, est parvenu à démontrer que, non seulement le cerveau s'échauffait sous l'influence des incitations sensorielles, en général, mais encore que cet échauffement de la substance nerveuse entrant en action était réparti inégalement dans des régions différentes de l'écorce. En excitant le cerveau, tantôt par des impressions sensitives, tantôt par des incitations lumineuses, et tantôt par des incitations sonores et gustatives, Schiff a constaté que des régions isolées du cerveau étaient, à tel ou tel moment, mises successivement en activité et s'échauffaient isolément. Cette chaleur était un phénomène spécial, indépendant de l'afflux du sang, et une véritable réaction vitale de certaines régions de l'écorce. Les expériences étaient faites à l'aide d'aiguilles thermo-électriques. Schiff a ainsi démontré que la transformation de l'incitation purement sensorielle en incitations psychiques

---

1. LUYS. *Traité des maladies mentales*, 191. Voir DAGONET. *Nouveau traité des maladies mentales*, 131.

s'accomplissait sur place avec dégagement de chaleur [1].

III° RAPPORT ENTRE LE TRAVAIL CÉRÉBRAL ET L'OXYDATION CHIMIQUE. — De même que le travail musculaire est en rapport avec l'oxydation du muscle, de même le travail cérébral est lié à une oxydation de la matière cérébrale. Les expériences de Byasson ont montré :

1° Que les cellules cérébrales en activité s'oxydaient ;

2° Que le résidu de cette oxydation passait dans les urines sous forme de sulfates et de phosphates ;

3° Que la proportion de ces sulfates et de ces phosphates pouvaient servir à doser l'intensité du travail accompli [2].

Des expériences récentes faites par M. Mendel, avec plus de précision encore ont confirmé les résultats obtenus par Byasson. Il est certain que les graisses phos-

---

1. Cité par LUYS, 191. Voir dans GAVARRET, 243, 250, *l'analyse des procédés de Schiff*.

2. LUYS, *Maladies mentales*, 192 : « Pour arriver à constater ces résultats, Byasson s'est soumis pendant plusieurs jours à un régime alimentaire spécial, et, en même temps, il est resté inactif au point de vue intellectuel. Il a dosé exactement ainsi la quantité des phosphates et des sulfates qui entraient dans son alimentation, ainsi que celle des phosphates et des sulfates excrétés. Au bout d'un certain temps que ces données fondamentales étaient acquises, il s'est livré au travail intellectuel. Au fur et à mesure que son cerveau se mettait en activité, la nature des substances ingérées restant la même, Byasson a pu constater l'augmentation proportionnelle de phosphates et de sulfates d'origine cérébrale qui passaient dans l'urine. »

Voir GAVARRET, 239-240. — Le travail de Byasson a été inséré dans la *Revue scientifique*, 1868, n° 37, p. 609.

phorées de l'encéphale s'oxydent et donnent des phosphates, et que l'excitation intellectuelle provoque une élimination plus abondante de phosphates.

IV° Conclusion. — Il y a donc pour la substance cérébrale, comme pour la substance musculaire, un rapport entre la dépense et la production de force. Ce qui est dépensé en énergie chimique se retrouve :

1° En partie, en énergie intellectuelle ;
2° En partie, en électricité et en chaleur.

De même qu'il y a un équivalent chimique du travail musculaire, de même il y a probablement un équivalent chimique du travail intellectuel[1]. C'était l'opinion de Lavoisier opinion que M. le professeur Gavarret appelle l'une des vues les plus profondes que le génie de Lavoisier, ait introduites dans la science : « Ce genre d'observation, dit Lavoisier[2], conduit à comparer des emplois de force entre lesquels il semble n'exister aucun rapport. On peut connaître par exemple, à combien de livres, en poids, répondent les efforts d'un homme qui récite un discours, d'un musicien qui joue d'un instrument. On pourrait même évaluer ce qu'il y a de mécanique dans le travail du philosophe qui réfléchit, de l'homme de lettres qui écrit, du musicien qui compose. Ces efforts considérés comme purement moraux, ont quelque chose de physique et de matériel qui permet, sous ce rapport, de les comparer à ce que fait l'homme de peine. Ce

---

1. Ch. Richet, article cité dans la *Revue scientifique*, 24 décembre 1881, pages 811 et 812.
2. Cité par Gavarret, *Phénomènes physiques*, page 259.

n'est donc pas sans quelque justesse que la langue française a confondu sous la dénomination commune de travail les efforts de l'esprit comme ceux du corps, le travail du cabinet et le travail du mercenaire. »

III° — INFLUENCE DE LA FONCTION DU CERVEAU SUR L'ÉTAT DU CERVEAU

1° ACCROISSEMENT DU CERVEAU A LA SUITE DE L'EXERCICE DE LA FONCTION. — A l'état normal, dit M. Luys, les émotions succèdent aux émotions; cette mutabilité incessante est une des conditions favorables de l'intégrité du cerveau. Il en est de même de la diversité des occupations intellectuelles; l'exercice intellectuel et moral est une des conditions *sine quâ non* de l'intégrité de l'appareil cérébral.

On n'est pas fondé, dans l'état présent de la science, à juger de la valeur de l'intelligence d'après le volume du cerveau. Cependant la capacité du crâne, à défaut de la certitude, peut donner d'excellentes indications. D'après les recherches de Broca, les crânes recueillis au cimetière des Innocents à l'époque de Philippe Auguste, XIII° siècle, présentent une capacité de 1407 centimètres cubes, tandis que les crânes recueillis au cimetière de l'Ouest au commencement du XIX° siècle, jaugent 1,461 centimètres cubes, soit 52 centimètres cubes de plus que les premiers. La capacité crânienne des Parisiens, depuis 600 ans, se serait donc accrue de 4 centimètres cubes par siècle. Cette augmentation de capacité crânienne a été sans doute le résultat des progrès intellectuels qui se sont accomplis avant et après la Renaissance [1].

L'examen de la structure de l'écorce cérébrale après la naissance, donne les plus utiles indications sur cette question.

M. le professeur Rouget (de Montpellier) et Otto Soltmann ont prouvé par de nombreuses expériences sur le chien que les centres moteurs n'existent pas chez ces animaux au moment de leur naissance, et qu'ils se développent avec l'âge et l'exercice fonctionnel.

Arndt signale l'absence des centres moteurs dans la couche corticale des nouveau-nés; d'après Betz les cellules pyramidales géantes seraient en très petit nombre chez les jeunes enfants, et leur accroissement ne s'effectuerait qu'avec l'âge et l'exercice fonctionnel, occasionnant plus tard la prédominance du lobe gauche sur le lobe droit chez les droitiers.

Ces particularités sont très remarquables, surtout si on les fait suivre de l'examen histologique du cerveau des idiots. Cette étude montre, en effet, que la substance corticale se compose presque exclusivement de *myélocytes*, d'un petit nombre de cellules incomplètement développées, la plupart avec peu de protoplasma, un cylindre-axe petit, et des prolongements secondaires tout à fait élémentaires. Cette structure est absolument analogue à celle du cerveau du fœtus, de l'enfant nouveau-né ou en bas âge. Le cerveau a donc

---

1. Luys, *Maladies mentales*, 117, 206, la note.

subi un arrêt de développement qui a laissé ses éléments histologiques dans l'état où ils étaient lorsque l'évolution a été interrompue [1].

II° ATROPHIE DE CERTAINES RÉGIONS DU CERVEAU A LA SUITE DE LA PERTE DE LA FONCTION. — C'est une loi physiologique que l'abolition d'une fonction détermine l'atrophie de l'organe qui préside à cette fonction. Puisqu'il existe des *centres moteurs* à la surface corticale des hémisphères, on est fondé à supposer que la perte d'un membre ou de son usage, pendant un temps suffisamment long, amènera l'atrophie de la portion du cerveau occupée par le centre moteur qui innerve ce membre :

Premier cas : **Atrophie du lobule paracentral à la suite de la perte de l'usage du côté gauche** [2].

Un enfant qui mourut à l'âge de quinze ans avait été frappé, dans le cours de sa troisième année, de paralysie spinale. Cette affection avait atteint plus ou moins tous les membres, surtout ceux du côté gauche. A l'autopsie, un examen minutieux du cerveau fit voir que les deux circonvolutions ascendantes sur la face externe étaient beaucoup plus courtes que dans l'état normal. *Le lobule paracentral était tout à fait rudimentaire*, et contrastait sous ce rapport avec toutes les

---

1. GAVOY, *Atlas du cerveau et des localisations cérébrales*, page 48.

2. Ce cas et les suivants sont empruntés à l'ouvrage de M. Gavoy; les sources et les autorités y sont indiquées avec le plus grand soin... Tous les cas cités sont d'une exactitude et d'une authenticité absolues.

autres circonvolutions qui avaient acquis un développement parfait. Enfin les lésions étaient plus prononcées dans l'hémisphère droit que dans le gauche, ce qui est en rapport avec cette circonstance, que les lésions spinales étaient plus accusées à gauche qu'à droite. M. Sander, à qui l'on doit cette observation, émet l'opinion que, dans ce cas, les membres ayant été de bonne heure complètement paralysés par suite d'une lésion spinale profonde, les centres psycho-moteurs, frappés d'inertie à une époque où ils sont en voie d'évolution ont été, en conséquence, frappés d'arrêt de développement.

Deuxième cas : **Atrophie de circonvolutions à la suite de la perte du membre inférieur droit.**

A l'âge de neuf ans et demi, une femme avait, à la suite d'une chute, perdu l'usage du membre inférieur droit : sa jambe s'était ployée à angle droit sur la cuisse. Cette femme resta dans cet état jusqu'à sa mort qui eut lieu à l'hospice d'Ivry, en juillet 1876 ; elle était âgée de 76 ans. A l'autopsie, on constata l'atrophie des circonvolutions qui sont en relation avec la jambe droite.

Troisième cas : **Atrophie de la circonvolution pariétale ascendante, d'une partie du bulbe et de la protubérance, à la suite de la perte de l'usage de la jambe droite.**

Un homme mort âgé de quarante-cinq ans, dans le service de M. Hardy avait perdu à l'âge d'un an et demi, à la suite d'une blessure, l'usage de la jambe droite. A l'autopsie, on constata que l'hémisphère gauche pesait moins que l'hémisphère droit ; il y avait une atrophie de la circonvolution pariétale ascendante, une atrophie de la protubérance et du bulbe du même côté. Frappés d'inertie à une époque où ils étaient en évolution, les centres moteurs avaient subi un arrêt de développement.

Quatrième cas : **Atrophie du lobule paracentral et de la circonvolution pariétale ascendante à la suite de la perte d'un bras.**

Un soldat de Reischoffen amputé du bras mourut cinq ans après d'une fièvre typhoïde, dans le service de M. Duguet (hôpital temporaire). A l'autopsie on constata, du côté droit, une atrophie de la circonvotion pariétale et du lobule paracentral.

Cinquième cas : **Atrophie d'une partie de la circonvolution frontale ascendante à la suite de la perte d'une jambe.**

Une femme morte à la Salpêtrière en 1875, âgée de 75 ans, avait été amputée de la jambe depuis plus de trente-cinq ans. A l'autopsie, on constata une atrophie du tiers supérieur de la circonvolution frontale ascendante.

III° RELATIONS DU CŒUR ET DU CERVEAU. — « A mesure, dit Claude Bernard, que l'organisation animale s'élève, le cœur devient un réactif de plus en plus délicat pour trahir les impressions sensitives qui se passent dans le corps, et il est naturel de penser que l'homme doit être au premier rang sous ce rapport. Chez lui le cœur n'est pas seulement l'organe central de la circulation du sang, mais il est devenu en outre un centre où viennent retentir toutes les actions nerveuses sensitives. Ses influences nerveuses qui réagissent sur le cœur arrivent :

1° Soit de la périphérie (monde extérieur) par le système cérébro-spinal;

2° Soit des organes intérieurs par le grand sympathique;

3° Soit du centre cérébral lui-même.

Car, au point de vue physiologique, il faut considérer le cerveau comme la surface nerveuse la plus délicate de toutes : d'où il résulte que les actions sensitives qui proviennent de cette source sont celles qui exercent sur le cœur les influences *les plus énergiques*.

Comment est-il possible de concevoir le mécanisme physiologique à l'aide duquel le cœur se lie aux manifestations de nos sentiments? Rappelons-nous que le cœur ne cesse jamais d'être une pompe foulante, c'est-à-dire un moteur qui distribue le liquide vital à tous les organes de notre corps. S'il s'arrête, il y a nécessairement suspension ou diminution dans l'arrivée du liquide vital aux organes, et par suite suspension ou diminution de leurs fonctions. Si au contraire l'arrêt léger du cœur est suivi d'une intensité plus grande dans son action, il y a distribution d'une plus grande quantité du liquide vital dans les organes, et par suite surexcitation de leurs fonctions.

Cependant tous les organes du corps et tous les tissus organiques ne sont pas également sensibles à ces variations de la circulation artérielle qui peuvent diminuer ou augmenter brusquement la quantité du liquide nourricier qu'ils reçoivent. Les organes nerveux et surtout le cerveau, qui constituent l'appareil dont la texture est la plus délicate et la plus élevée dans l'ordre physiologique, reçoivent les premiers les atteintes de ces troubles circulatoires.

Les sentiments que nous éprouvons sont toujours accompagnés par des actions réflexes du cœur ; c'est du cœur que viennent les conditions de manifestation des sentiments, quoique le cerveau en soit le siège exclusif. Dans les organismes élevés, la vie n'est qu'un échange continuel entre le système sanguin et le système nerveux. L'expression de nos sentiments se fait par un échange entre le cœur et le cerveau, les deux rouages les plus parfaits de la machine vivante. Cet échange se réalise par des relations anatomiques très connues, par les nerfs pneumo-gastriques, qui portent les influences nerveuses au cœur, et par les artères carotides et vertébrales, qui apportent le sang au cerveau.

La science physiologique nous apprend que d'une part, le cœur reçoit réellement l'impression de tous nos sentiments ; et que d'autre part, le cœur réagit pour renvoyer au cerveau les conditions nécessaires de la manifestation de ces sentiments.

A. *Impressions douloureuses.* — Quelquefois un mot, un souvenir, la vue d'un événement, éveillent en nous une douleur profonde ; ce mot, *ce souvenir ne sauraient être douloureux par eux-mêmes*, mais seulement par les phénomènes qu'ils provoquent en nous. Quand on dit que *le cœur est brisé par la douleur*, il y a des phénomènes réels dans le cœur. Le cœur a été arrêté, si l'impression douloureuse a été trop soudaine ; le sang n'arrivant plus au cerveau, la syncope ou des crises nerveuses en sont la conséquence. On a donc bien raison, quand il s'agit d'apprendre à quelqu'un une de ces nouvelles terribles qui bouleversent notre âme, de ne la lui faire connaître qu'avec ménagement.

Quand on dit qu'on a le *cœur gros*, après avoir été longtemps dans l'angoisse et après avoir éprouvé des émotions pénibles, cela répond encore à des conditions physiologiques particulières du cœur. Les impressions douloureuses prolongées, devenues incapables d'arrêter le cœur, le fatiguent et le lassent, retardent *ses battements*, prolongent la diastole, et font éprouver dans la région précordiale un sentiment de plénitude et de resserrement.

B. *Impressions agréables.* — Les impressions agréables répondent aussi à des états déterminés du cœur. Quand une femme est surprise par une douce émotion, les paroles qui ont pu la faire naître ont traversé l'esprit comme un éclair, sans s'y arrêter ; le cœur a été *atteint immédiatement* et avant tout raisonnement et toute réflexion. Le sentiment commence à se manifester après un léger arrêt du cœur, imperceptible pour tout le monde, excepté pour le physiologiste ; le cœur, aiguillonné par l'impression nerveuse, réagit par des palpitations qui le font bondir et battre plus fortement dans la poitrine, en même temps qu'il envoie plus de sang au cerveau, d'où résultent la rougeur du visage et une expression particulière des traits correspondant au sentiment du bien être éprouvé. Ainsi, dire que *l'amour fait palpiter le cœur* n'est pas seulement une forme poétique, c'est aussi une réalité physiologique.

Quand on dit à quelqu'un *qu'on l'aime de tout son cœur*, cela signifie physiologiquement que sa présence ou son souvenir éveille en nous une impression nerveuse, qui transmise au cœur par les nerfs pneumogastriques, fait réagir notre cœur de la manière la plus convenable pour provoquer dans notre cerveau un sentiment ou une émotion affective. Je suppose ici, bien entendu, que l'aveu est sincère; sans cela, le cœur n'éprouverait rien, et le sentiment ne serait que sur les lèvres. Chez l'homme, le cerveau doit, pour exprimer ses sentiments, avoir le cœur à son service.

Deux *cœurs unis* sont des cœurs qui battent à l'unisson sous l'influence des mêmes impressions nerveuses, d'où résulte l'expression harmonique de sentiments semblables.

Les philosophes disent *qu'on peut maîtriser son cœur et faire taire ses passions*. Ce sont encore des expressions que la physiologie peut interpréter. On sait que par sa volonté l'homme peut arriver à dominer beaucoup d'actions réflexes dues à des sensations produites par des causes physiques. La raison parvient sans doute à exercer le même empire sur les sentiments moraux, L'homme peut arriver par la raison à empêcher les actions réflexes sur son cœur; mais plus la raison tendrait à triompher, plus le sentiment tendrait à s'éteindre (prouvé par l'exemple des stoïciens).

La puissance nerveuse capable d'arrêter les actions réflexes est en général moindre chez la femme que chez l'homme : c'est ce qui lui donne la suprématie dans le domaine de la sensibilité physique et morale, c'est ce qui a fait dire *qu'elle a le cœur plus tendre que l'homme.*

En résumé, chez l'homme, le cœur est le plus sensible des organes de la vie végétative; il reçoit le premier de tous l'influence nerveuse cérébrale. Le cerveau est le plus sensible des organes de la vie animale, il reçoit le premier de tous l'influence de la circulation du sang. De là résulte que ces deux organes culminants de la machine vivante sont dans des rapports incessants d'action et de réaction [1]. »

« Les excitations morales, dit encore Claude Bernard, sont au point de vue physiologique des phénomènes de sensibilité. Elles réagissent sur l'organisme de la même manière que les stimulations de la douleur ou des sensations spéciales. Le sentiment de la peur agit comme une impression douloureuse; la colère, comme la honte, a pour première conséquence une action sur la pupille, sur les vaisseaux, sur le cœur.

La réaction du moral sur le physique, longtemps considérée comme inexplicable, n'est qu'un phénomène

---

1. Cl. Bernard, *Science expérimentale*, 352 et suivantes.

physiologique ordinaire et dont l'intelligence ne présente pas plus de difficultés que tous ceux auxquels nous avons appliqué notre recherche. La douleur psychique retentit sur l'économie comme l'excitation mécanique douloureuse d'un nerf : comme celle-ci, elle a toujours le sympathique pour instrument de son action, et elle peut entraîner par un même mécanisme, des troubles de la nutrition, des lésions organiques, et les maladies les plus variées [1]. »

IV° Perturbations du cerveau causées par les influences morales. — « C'est le sang, dit M. Luys, qui apporte la vie aux cellules cérébrales en leur apportant à tout instant les matériaux de leur activité propre. C'est lui qui avec ses canaux ramifiés à l'infini dans la trame nerveuse suscite, suivant qu'il arrose tel ou tel territoire des cellules, ici les forces motrices dans les régions psychomotrices, là les manifestations émotives dans les régions du *sensorium*, là les réactions de l'intellect dans les départements de l'intelligence proprement dite. En un mot, il donne à chaque région sa vie propre et tient sous sa dépendance l'énergie fonctionnelle de tout l'ensemble. Aussi suffit-il de quelques modifications, soit en plus, soit en moins, survenues dans l'irrigation sanguine des réseaux du *sensorium*, pour que les manifestations fonctionnelles changent de face, du tout au tout, et passent successivement des phases de la dépression extrême aux phases extrêmes de l'excitation la plus franche. Toute

---

1. Cl. Bernard, *Chaleur animale*, 313.

stimulation produit un afflux sanguin. Tantôt c'est l'afflux direct du sang qui sollicite et entretient l'éréthisme de l'élément nerveux; tantôt c'est l'élément nerveux lui-même qui tout d'abord sollicité réagit sur la circulation et appelle à son aide les courants sanguins.

A. *Émotions persistantes; peines, chagrins.* — Que se passe-t-il, en effet, lorsqu'à la suite d'un choc moral d'un accès d'ébranlement dépressif, les cellules cérébrales ont été profondément remuées? La physiologie expérimentale nous répond que là où il y a des émotions qui saisissent, là se fait un afflux de sang concomitant. Ce n'est pas tout, cet ébranlement d'origine morale, n'est pas un acte transitoire, fugitif et qui passe; la peine morale, le chagrin avec toutes ses amertumes ne s'éteint pas chez l'homme adulte avec rapidité, pour peu qu'il soit profond. Il est entretenu par toutes les incitations multiples qui alimentent la sensibilité morale; il est nourri par les souvenirs qui l'avivent sans cesse et lui donnent une intensité nouvelle. Aussi le choc moral primitif devient-il un ébranlement persistant; et comme il a appelé avec lui un afflux de sang concomitant, ce mouvement fluxionnaire s'éternise avec lui et finit par amener la destruction des éléments nerveux. C'est le sang qui fait vivre les éléments nerveux, mais c'est aussi le sang qui, arrivant en excès, les consume et devient l'agent de leur destruction.

Lorsqu'il est réparti en excès dans les réseaux de l'encéphale, il devient pour les cellules nerveuses une cause d'excitation continue ; cette phase persistante d'éréthisme leur fait brûler en peu de temps leurs réserves. Une fois la fluxion sanguine devenue chronique, ces conditions nouvelles de la circulation interstitielle deviennent l'occasion de désordres irrémédiables. Avec l'accélération des courants sanguins, avec leur stagnation persistante, c'est tantôt l'exsudation plastique, tantôt l'exsudation granulo-graisseuse, qui s'ensuivent fatalement. Plongée dans un milieu nouveau impropre à sa vie nutritive, la cellule cérébrale subit fatalement les influences nuisibles qui l'entourent ; elle commence sa phase régressive, dont le dernier terme est la dissociation élémentaire.

C'est ainsi que sous une formule générale l'évolution des psychopathies peut se résumer en une série de *processus* qui se succèdent régulièrement à la suite les uns des autres, et qui, commençant de la même manière, arrivent aux mêmes phases terminales, à savoir : l'usure de la cellule nerveuse et la démence.

1° Dans les premiers temps, c'est un ébranlement des cellules du *sensorium* qui donne le signal (peines, chagrin, etc.) ;

2° Dans une seconde phase, apparaît l'hyperémie avec toutes les perturbations qu'elle traîne à sa suite ;

3° Enfin arrive, comme conséquence ultime, le délabrement profond, consécutif à l'excès de travail, et la mortification partielle des éléments de la sphère psycho-intellectuelle.

B. *Travaux intellectuels purs*. — Les travaux prolongés de l'esprit, les veilles, sont susceptibles, ainsi que les émotions et les chagrins, d'entraîner avec eux des congestions concomitantes qui, passagères d'abord, finissent par devenir chroniques. En vertu du même mécanisme, il n'est pas rare de rencontrer, chez certains sujets prédisposés qui ont dépassé leurs forces cérébrales naturelles et se sont ainsi surmenés, des troubles congestifs à marche envahissante suivis d'hébétude progressive et souvent même de la paralysie générale [1].

IV° — INFLUENCE DE L'ÉTAT DU CERVEAU SUR SA FONCTION

I° SANTÉ DU CERVEAU DONNANT L'EXCELLENCE DE LA FONCTION. — Lorsque le cerveau est sain, l'âme est saine ; cette vérité universellement reconnue n'a pas besoin d'être démontrée.

II° PERTURBATION ET DESTRUCTION DE L'ORGANE AMENANT LES PERTURBATIONS ET LA DESTRUCTION DE SA FONCTION. — Les faits seront donnés dans le chapitre consacré à la pathologie cérébrale. Il suffira d'indiquer ici les deux états généraux du cerveau qui engendrent les perturbations et même la destruction de la fonction, ce sont l'anémie ou ischémie (ἴσχειν arrêter, αἷμα, le sang), et l'hyperémie.

§ I. **Anémie.** — A. *Dans les régions intellectuelles,*

---

[1]. Luys, *Maladies mentales*, 186 et suivantes — M. Luys cite plusieurs cas ; il accuse surtout les études abstraites et en particulier les mathématiques comme ayant une action éminemment congestive.

l'anémie détermine des amnésies partielles ou totales, temporaires ou permanentes.

B. *Dans les régions émotives* elle détermine des vertiges, des éblouissements avec sentiment de terreur vague et d'inquiétude sans motif.

§ II. **Hyperémie.** — A. *Dans les régions intellectuelles*, l'hyperémie détermine des associations d'idées nouvelles, évoque subitement des souvenirs anciens et des récits dramatiques qui sont racontés avec emphase et avec une intarissable loquacité.

B. *Dans les régions émotives*, elle suscite des mouvements d'expansion, de satisfaction, de pétulance, de joie immodérée ou bien des mouvements de tristesse, des anxiétés actives, des terreurs avec agitation intense.

C. *Dans les régions motrices*, elle fait naître des besoins incessants de locomotion, des tendances désordonnées à l'agitation, etc.

Lorsque l'état d'hyperémie du cerveau persiste, l'état des cellules cérébrales devient parallèlement persistant. Elles travaillent sans cesse, sans trêve ni merci, sous l'influence de la surexcitation hyperémique, et passent ainsi à un état d'éréthisme continu. Il en résulte que les délires produits par cette perturbation du cerveau; que les excitations, les émotions lypémaniaques et les états hallucinatoires s'établissent et passent insensiblement à la chronicité.

Dans les premières périodes, la cellule cérébrale trahit cette suractivité fonctionnelle par une augmentation de volume; elle s'hypertrophie, elle présente une masse plus volumineuse; mais peu à peu un travail morbide de désorganisation s'empare d'elle, et au bout d'un temps variable, elle arrive à la dissociation définitive. Avec elle est détruite la fonction [1].

V° — ACTION DE LA TEMPÉRATURE SUR LE CERVEAU ET SA FONCTION

1° LE FROID SUPPRIME LA FACULTÉ DE PENSER. — Quand le froid extérieur est extrêmement vif, il y a certainement abaissement de quelques dixièmes de degré dans la température de nos organes. Il en résulte presque toujours une dépression profonde de l'énergie. Quiconque a ressenti les effets prolongés d'un froid interne reconnaît qu'il est alors impossible de penser. L'intelligence est comme supprimée, anéantie [2].

A l'aide de mélanges réfrigérants, Richardson a fait des expériences intéressantes de congélation sur différentes régions du système nerveux. En particulier, il a vu que les lobes cérébraux d'un animal pouvaient être congelés, et que, dans cet état, si les forces de la vie organique persistaient, l'animal perdait le sentiment et tombait dans une sorte de stupeur. Ainsi

---

1. LUYS, *Maladies mentales*, 187.
2. Sans aller chercher des exemples chez les voyageurs au pôle nord, on n'a qu'à interroger ses propres souvenirs du terrible hiver de 1879-1880; on reconnaîtra combien il était difficile de penser au moment des fortes gelées de décembre, lorsque le corps était placé dans un milieu insuffisamment chauffé.

réfrigéré, l'animal entrait dans un état d'hibernation artificielle analogue à ces états similaires que l'on rencontre si souvent dans le domaine de la pathologie mentale, à savoir : la lypémanie avec stupeur. Cette phase torpide de la cellule cérébrale, qui entraînait la torpeur de la fonction, faisait place, en disparaissant, à une nouvelle période d'activité fonctionnelle ; il semblait que l'animal sortît d'un profond sommeil [1].

II° LA CHALEUR SUPPRIME LA FACULTÉ DE PENSER. — La chaleur extérieure, lorsqu'elle dépasse la moyenne à laquelle le corps est acclimaté, produit un affaiblissement général des facultés intellectuelles. La température torride qui a sévi en juillet 1881 a déterminé chez un grand nombre de personnes une perte passagère de la mémoire.

On sait que les insolations dans les régions chaudes de l'Afrique et de l'Asie, déterminent le délire et quelquefois une folie persistante. Enfin le délire et souvent la mort suivent l'élévation de température du sang dans les fièvres violentes.

« Nous savons, dit Claude Bernard, que la chaleur par elle-même constitue le principal danger des fièvres graves ; qu'élevée à un degré extrême elle peut tuer rapidement par un mécanisme identique à celui qui a fait périr devant nos yeux des animaux placés dans une étuve ; nous savons qu'à des degrés moins élevés, mais longtemps soutenus, elle peut amener dans les éléments des tissus certaines dégénérescences dont

---

1. Luys, *Maladies mentales*, 188.

l'effet n'est pas moins funeste sur l'économie. Il s'agit donc de ramener la température à l'état normal, de soustraire autant que possible la chaleur au fur et à mesure de sa formation, de telle sorte que le processus fébrile, quels qu'en soient la cause et le mécanisme, ayant suivi son évolution, l'organisme se trouve cependant garanti contre les effets rapidement ou lentement mortels de l'excès de calorification. Hâtons-nous de le dire par avance, cette méthode de traitement par réfrigération a donné les plus éclatants succès, et par cela même a fourni la contre épreuve des théories précédemment présentées sur l'excès de production de chaleur pendant la fièvre et sur l'influence fatale de cette chaleur même, en tant qu'agent physique modifiant les conditions normales du milieu intérieur [1]. »

VI° — ACTION DES POISONS SUR LE CERVEAU ET SA FONCTION

Les poisons qui agissent le plus énergiquement sur la fonction du cerveau et qui pour ce motif sont appelés les poisons de l'intelligence sont les anesthésiques (éther et chloroforme), le haschisch, l'opium et l'alcool.

I° ANESTHÉSIQUES. — On sait que l'éther et le chloroforme introduits dans le sang, abolissent entièrement le moi conscient, la faculté de penser, puis la

---

1. Cl. BERNARD, *Chaleur animale*, 448.

sensibilité totale. « Sur un animal on enlève avec soin une partie de la paroi osseuse du crâne, et on met à nu le cerveau de manière à observer la circulation à la surface de cet organe. C'est alors qu'on fait respirer du chloroforme pour opérer l'anesthésie. La première période de l'action du chloroforme est excitante ; on voit le cerveau se congestionner et faire hernie au dehors. Mais dès que la période du sommeil anesthésique arrive, la substance cérébrale s'affaisse, pâlit, en présentant un affaiblissement de la circulation capillaire qui persiste autant que dure l'état de sommeil ou de repos cérébral [1]. »

« Il y a donc deux phases successives et parfaitement distinctes ou plutôt opposées dans l'état de circulation cérébrale sous l'influence des anesthésiques.

1° L'hyperémie correspond à l'agitation qui marque le commencement de l'administration de l'agent anesthésique ; mais ce n'est point un état spécial puisqu'on peut le produire autrement, par exemple en faisant tout simplement crier l'animal. Cette agitation observée aux premières atteintes du chloroforme ou de l'éther tient, en effet, à une irritation spéciale tout à fait distincte de l'influence anesthésique ; il en résulte, dans cette première période, des phénomènes étrangers à l'anesthésie.

2° Au contraire, pendant la période de résolution et d'insensibilité complète qui est celle de la véritable anesthésie, on observe une anémie plus marquée qu'à

---

1. Cl. Bernard, *Science expérimentale*, 385.

l'état normal. Ce résultat concorde parfaitement avec l'état relatif de la circulation dans les organes selon qu'ils sont en fonction ou en repos. Pendant leur période d'activité, les organes reçoivent beaucoup de sang; pendant leur période de repos, ils en reçoivent beaucoup moins. L'anesthésie, étant la suppression de la sensibilité, représente certainement, pour le système nerveux sensitif, une période de repos absolu; il est dès lors naturel qu'elle soit accompagnée d'une anémie du cerveau [1].

En résumé, les anesthésiques, éther et chloroforme, abolissent graduellement la fonction du cerveau à partir du moi conscient jusqu'à la sensibilité inclusivement. Le mécanisme de cette abolition est la production artificielle de l'anémie du cerveau.

II° HASCHISCH. — Le Haschisch est le nom de la plante dont le principe actif forme la base des diverses préparations enivrantes usitées en Égypte, en Syrie et généralement dans presque toutes les contrées orientales. Cette plante est commune dans l'Inde et dans l'Asie méridionale où elle vient sans culture. C'est une espèce de chanvre, *cannabis indica*, qui diffère très peu de notre chanvre d'Europe.

Le premier phénomène physique que produit l'ingestion du haschisch est un sentiment de bonheur moral. Puis vient une période d'excitation; les idées se dissocient; on se trompe dans l'évaluation du temps et de l'espace. L'ouïe acquiert une sensibilité extraor-

---

1. *Anesthésiques*, 122.

dinaire ; la musique plonge le mangeur de haschisch dans l'extase ; si les doses de haschisch sont croissantes, l'action sur le cerveau aboutit à des illusions et à des hallucinations [1]. On sait que les mangeurs de haschisch sont les *haschischim*, en italien *assassini*, d'où le mot français *assassin*.

III° Opium. — L'opium, dont l'usage est si répandu en Orient, produit chez les mangeurs un état hallucinatoire ; finalement, il conduit à la démence et à la mort.

IV° Alcool. — Par l'abus invétéré, l'alcool produit des effets désastreux. Le délire qui en est la suite affecte les formes les plus variées. Les illusions et les hallucinations sont au nombre des symptômes les plus constants et les mieux caractérisés. A l'autopsie, chez les individus empoisonnés par l'alcool, on trouve plus d'alcool dans le cerveau que dans les autres tissus [2].

En résumé, le cerveau et sa fonction ont leurs poisons, comme ont les leurs, le cœur, les muscles, les nerfs sensitifs et les nerfs moteurs.

VII° — DIFFÉRENCE DES PHÉNOMÈNES DE CIRCULATION DANS LE CERVEAU SELON QU'IL EST EN ÉTAT D'ACTIVITÉ OU DE REPOS.

« C'est une loi physiologique que tous les organes du corps aient alternativement un état de fonction et

---

[1]. Moreau de Tours, *Du haschisch et de l'Aliénation mentale*. Le docteur Moreau a fait les expériences sur lui-même.

[2]. Les effets de l'alcool sur le cerveau et sa fonction sont

un état de repos dans lesquels les phénomènes circulatoires sont opposés. Il en est de même du cerveau ; lorsqu'il fonctionne, le sang afflue et donne aux réseaux vasculaires un aspect rosé ; lorsqu'il est en repos, la surface est pâle et exsangue ; c'est l'anémie. Le repos du cerveau est le *sommeil*[1]. »

Depuis l'antiquité jusqu'en 1860, on croyait que le sommeil était un état d'hyperémie du cerveau ; en 1860, un médecin anglais, M. Durham, soutint au contraire que le sommeil était caractérisé par une anémie du cerveau ; il le prouva expérimentalement[2].

« Pour observer le cerveau pendant le sommeil naturel, on a pratiqué sur les chiens des couronnes de trépan en remplaçant la pièce osseuse par un verre de montre. En observant leur cerveau par cette sorte de fenêtre, pendant la veille et pendant le sommeil, on constate que lorsque le chien dort, le cerveau est toujours plus pâle ; et qu'un nouvel afflux sanguin se manifeste constamment au réveil, lorsque les fonctions cérébrales reprennent leur activité.

Des faits analogues à ceux observés chez les animaux ont été vus directement sur le cerveau de l'homme :

1er *Cas.* — Sur un individu victime d'un épouvantable accident de chemin de fer, on eut l'occasion d'observer une perte de substance considérable. Le

---

exposés *in extenso* au chapitre suivant : La *Pathologie cérébrale et l'âme.*

1. Cl. BERNARD, *Science expérimentale*, 378.
2. Cl. BERNARD, *Anesthésiques*, 114.

cerveau apparaissait dans une étendue de trois pouces de long sur six de large. Le blessé présentait de fréquentes et graves attaques d'épilepsie et de coma, pendant lesquelles le cerveau s'élevait invariablement. Après ces attaques, le sommeil survenait, et la hernie cérébrale s'affaissait graduellement. Lorsque le malade était réveillé, le cerveau faisait de nouveau saillie et se mettait de niveau avec la surface de la table externe de l'os.

2° *Cas.* — A la suite d'une fracture du crâne, on observa chez un autre blessé la circulation cérébrale pendant l'administration des anesthésiques. Au début de l'inhalation, la surface cérébrale devenait arborescente et injectée ; l'hémorragie et les mouvements du cerveau augmentaient ; puis, au moment du sommeil, la surface du cerveau s'affaissait peu à peu au-dessous de l'ouverture en même temps qu'elle devenait relativement pâle et anémiée.

En résumé, le cerveau est soumis à la loi commune qui régit la circulation du sang dans tous les organes. En vertu de cette loi, quand les organes sommeillent et que les fonctions en sont suspendues, la circulation y devient moins active ; elle augmente au contraire dès que la fonction vient à se manifester. Le cerveau ne fait pas exception à cette loi générale, comme on l'avait cru ; car il est prouvé aujourd'hui que l'état du sommeil coïncide, non pas avec la congestion, mais au contraire avec l'anémie du cerveau [1]. »

---

1. Cl. Bernard, *Science expérimentale.* 380.

VIII° — MÉTHODE DE DÉTERMINATION DE LA FONCTION DU CERVEAU

Les fonctions de chaque organe de l'encéphale se déterminent de la même manière que les fonctions des autres organes du corps, c'est-à-dire selon les règles et les procédés opératoires de la méthode expérimentale.

I° MÉTHODE DE VIVISECTION. — On a appliqué à l'encéphale les trois procédés de la vivisection, à savoir : l'ablation, la section et la lésion. Les expériences sur les hémisphères cérébraux ont été faites principalement sur les oiseaux et les jeunes mammifères, parce que chez ces animaux le sang se coagule facilement ; cette propriété les préserve de la mort par hémorragie. Flourens, « cet éminent physiologiste, dit Ch. Bastian, qui nous a initiés aux recherches expérimentales [1] », a opéré sur des poules, des pigeons, des souris, des lapins, des cochons d'Inde, des chiens, des chats, etc. Il a conservé vivantes pendant plus de quinze mois des poules à qui il avait retranché les lobes cérébraux.

A. *Ablation des hémisphères cérébraux*. — Les expériences suivantes sont extraites du célèbre ouvrage de Flourens, *Recherches expérimentales sur les propriétés et les fonctions du système nerveux dans les animaux vertébrés*, 2° édition 1842.

1re *Expérience*, page 33. — Flourens enlève les deux

---

1. Ch. BASTIAN, *Le Cerveau et la Pensée*, II, 148.

lobes cérébraux à un pigeon. Dès lors tous les mouvements volontaires furent abolis sans retour, la vue fut perdue des deux yeux, quoique les deux iris restassent pourtant mobiles. L'animal était calme et comme assoupi ; il se tenait parfaitement d'aplomb sur ses pattes. Si on le jetait en l'air, il volait ; si on pinçait avec force ses narines, que, comme tous les animaux de son espèce, il avait fort délicates, il se remuait et faisait quelques pas sans but ni détermination, mais avec un parfait équilibre, et s'arrêtait dès qu'on ne l'irritait plus. On avait beau le piquer, le pincer, le brûler, il remuait, s'agitait, marchait, mais toujours sur la même place, il ne savait plus fuir. S'il rencontrait un obstacle, il le heurtait et revenait le heurter sans cesse, sans jamais songer à l'éviter ; or il n'est pas de pigeon qui, dans l'état naturel, bien qu'on lui ait bandé les yeux, ne finisse, d'un ou d'autre biais, par échapper à l'obstacle qu'on lui oppose.

On sait que les animaux, surtout les carnassiers, ont l'habitude, en courant de côté et d'autre, de flairer partout ; dès qu'ils ont perdu leurs lobes, ils ne flairent plus.

On sait que les oiseaux essaient presque toujours leur nourriture par le bout du bec avant de la porter dans l'arrière-bouche ; non seulement les oiseaux privés de leurs lobes cérébraux ne font plus de pareils essais, mais ils ne la mangent plus, ils ne becquètent même plus.

On juge qu'un animal ne jouit plus d'un sens quand il n'use plus de ce sens :

1° Un animal ne voit plus, quand il va se heurter contre tout ce qu'il rencontre ;

2° Il n'entend plus, quand aucun bruit ne l'émeut ;

3° Il n'odore plus, quand aucune odeur ne l'attire ou le repousse ;

4° Il ne goûte plus, quand aucune saveur ne le flatte ou ne le chagrine ;

5° Il ne tâte, il ne palpe, il ne touche plus enfin, quand il ne distingue plus aucun corps, se heurte obstinément contre tous, et marche ou s'avance sur tous indifféremment. Un animal qui touche réellement un obstacle, le juge ; un animal qui ne juge plus, ne touche donc plus.

Les animaux privés de leurs lobes cérébraux n'ont donc plus ni perceptions, ni jugement, ni souvenir, ni volonté ; car il n'y a volonté qu'autant qu'il y a jugement ; jugement, qu'autant qu'il y a souvenir ; souvenir, qu'autant qu'il y a eu perception. Les lobes cérébraux sont donc le siège exclusif de toutes les perceptions et de toutes les facultés intellectuelles.

2° *Expérience.* — Comme exemple de la finesse du goût et de l'odorat chez les oiseaux, Flourens cite une de ses poules qui aimait beaucoup le café au lait : « *Recherches*, 168. Aussi dès que l'odeur du café commençait à se répandre dans l'appartement, la poule accourait-elle aussitôt. Elle accourait à l'odeur du café, elle odorait donc. Elle aimait aussi beaucoup le beurre, mais seulement le beurre frais. Dès qu'on lui jetait un morceau de beurre, elle l'avalait brusquement s'il était frais ; mais s'il n'était pas frais, au lieu de l'avaler, elle secouait le bec et le rejetait. Elle distinguait donc, *par le goût*, le beurre frais du beurre qui ne l'était pas ; *elle goûtait* donc. » C'est cette poule qui a fait le sujet de la deuxième expérience.

Flourens enlève les deux lobes cérébraux à la poule au beurre frais. Voici ce que Flourens relate cinq mois après l'opération :

« Je n'ai jamais vu de poule plus grasse ni plus fraîche que celle-ci. Je l'ai laissée jeûner à plusieurs reprises jusqu'à trois jours entiers. Puis j'ai porté de la nourriture sous ses narines, j'ai enfoncé son bec dans le grain, je lui ai mis du grain dans le bout du bec ; j'ai plongé son bec dans l'eau, je l'ai placée sur un tas de blé. Elle n'a point odoré, elle n'a point avalé, elle n'a point bu, elle est restée immobile sur ces tas de blé, et y serait assurément morte de faim si je n'eusse pris le parti de revenir à la faire manger moi-même.

Vingt fois, au lieu de grain, j'ai mis des cailloux dans le fond de son bec ; elle a avalé ces cailloux comme elle eût avalé du grain.

Enfin, quand cette poule rencontre un obstacle sur ses pas, elle le heurte, et ce choc l'arrête et l'ébranle ; mais heurter un corps n'est pas le toucher. Jamais la poule ne palpe, ne tâtonne, n'hésite dans sa marche ; elle est heurtée et heurte, mais ne touche pas.

Ainsi donc, la poule sans lobes a réellement perdu, avec la vue et l'ouïe, l'odorat, le goût, le tact. Cependant nul de ces sens ou, pour mieux dire, nul organe de ces sens n'a été directement atteint. L'œil est parfaitement clair, net ; et son iris est mobile. Il n'a été touché ni à l'organe de l'ouïe, ni à celui du goût, ni à celui du tact. Chose admirable ! tous les organes des sens subsistent, et toutes les perceptions sont perdues. Ce n'est donc pas dans ces organes que résident les perceptions.

Finalement, la poule sans lobes a perdu *tous ses sens*; car elle ne voit, ni n'entend, ni n'odore, ni ne goûte, ni ne touche absolument rien.

Elle a perdu *tous ses instincts*, car elle ne mange plus d'elle-même, à quelque jeûne qu'on la soumette ; elle ne se remise plus, à quelque intempérie qu'on l'expose ; jamais elle ne se défend contre les autres poules, elle ne sait plus ni fuir ni combattre ; il n'y a plus d'attrait pour la génération, les caresses du mâle sont ou indifférentes ou inaperçues.

Elle a perdu *toute intelligence*, car elle ne veut, ni ne se souvient, ni ne juge plus.

Les lobes cérébraux sont donc le réceptacle unique des *perceptions*, des *instincts*, de l'*intelligence*[1]. »

3° *Expérience*, page 124. — Sur une poule, Flourens enlève les deux lobes cérébraux ; la poule devint sourde et aveugle ; elle ne donna plus aucun signe de volonté manifeste. Les caresses du mâle étaient indifférentes ; elle ne savait ni s'abriter ni manger d'elle-même. Vainement approchait-on la nourriture de son bec ou de ses narines ; vainement la lui mettait-on dans le bout du bec ; la poule n'odorait, ni ne goûtait,

---

1. FLOURENS, *Recherches*, 90 et suivantes

ni n'avalait; la nourriture restait dans le bout du bec.

S'il se rencontrait quelque obstacle sur sa route, l'animal ne savait ni l'éviter, ni s'en détourner. Digérer ce qu'on lui faisait manger; dormir en digérant; faire de temps en temps quelques pas sans but; changer machinalement de place; opérer, de loin en loin, quelques mouvements déterminés par la seule fatigue de ses jambes (mouvements réflexes); voilà ce qui composait toute son existence.

Mais cet animal destitué de toute perception, de toute intelligence, n'en conservait pas moins toutes ses facultés locomotrices; et pourvu qu'on l'y excitât, il courait, volait, sautait, marchait, avec une régularité parfaite.

La poule survécut plus de six mois et demi à la perte de ses lobes; mais, à cette époque, Flourens l'ayant mise avec d'autres poules dans le dessein de voir comment elle s'y prendrait pour vivre avec elles, celles-ci la maltraitèrent tellement qu'elle en mourut bientôt.

Voici les conclusions que Flourens tire de cette expérience :

1° L'animal privé de ses lobes cérébreux perd l'usage de *tous ses sens,* car, quelque temps qu'il survive à l'opération, il est bien constant qu'il n'use plus d'aucun;

2° D'un autre côté, si durant les mois entiers qu'il survit à l'opération, l'animal ne donne plus aucun signe de volonté; s'il ne sait pas même manger, s'abriter, fuir ou se défendre, il a perdu *toute intelligence.*

3° S'il reste constamment assoupi ; si sa stupidité va jusqu'à ne plus bouger qu'autant qu'on l'y excite ; mais si, quand on l'excite, il se meut avec la plus parfaite régularité, les *facultés perceptives et intellectuelles* sont bien essentiellement distinctes des facultés locomotrices. Au reste, cette indépendance complète des facultés locomotrices et des facultés intellectuelles ressort de toutes mes expériences.

J'ai dit ci-devant que l'animal privé de ses lobes cérébraux ne mange plus, même lorsqu'on lui met la nourriture sur la langue ou sur le bout du bec ; et, d'un autre côté, j'ai dit qu'il avale parfaitement la nourriture qu'on lui enfonce dans la bouche, cela demande une explication.

Lorsqu'on met un grain de blé dans le bout du bec d'une poule, comme lorsqu'on lui met le bec dans l'eau, si elle happait le grain ou humait l'eau, ce serait une preuve qu'elle a *perçu* et qu'elle a *voulu :* aussi ne boit-elle ni ne mange-t-elle alors. Mais au contraire, quand on lui verse de l'eau ou qu'on lui enfonce l'aliment dans le fond de la bouche, elle avale, parce que l'action d'avaler, en soi, ne dépend ni de la volonté ni d'un sentiment raisonné, et qu'il suffit qu'un corps touche le pharynx pour qu'aussitôt la déglutition s'opère. Ce n'est donc encore ici qu'un mouvement commencé qui s'achève ; il a commencé sans la volonté de l'animal, puisque c'est une main étrangère qui a porté l'aliment dans sa bouche ; il s'achève sans sa volonté puisque, en soi, le phénomène de déglutition ne dépend pas de la volonté. »

Les mouvements qu'exécute un animal privé de ses lobes cérébraux sont des mouvements réflexes. La moelle épinière est le centre des mouvements réflexes. Dans la moelle allongée, le bulbe est le centre réflexe :

1° Des mouvements de la respiration, par le pneumo-gastrique ;

2° Des mouvements du cœur, par le pneumo-gastrique ;

3° Des mouvements de déglutition ; l'excitation produite dans l'isthme du gosier par le bol alimentaire est portée au bulbe par les filets sensitifs du nerf glosso-pharyngien et du nerf pneumo-gastrique. Elle se réfléchit dans les parties grises du bulbe et produit des mouvements du pharynx par l'intermédiaire des filets moteurs des nerfs qui naissent du sillon latéral du bulbe.

Autant de nerfs moteurs dans le bulbe, autant de centres réflexes.

Au centre réflexe de la respiration se rattachent tous les mouvements dérivés de la respiration tels que le bâillement, le cri, etc. Ce fait est important, car si on l'ignorait, on pourrait interpréter d'une manière tout à fait erronée les résultats d'une expérience. On pourrait prendre le cri *réflexe* pour le *cri douloureux*, plaintif, que le cerveau a perçu et dont il a conscience. Le cri réflexe est un mouvement purement mécanique, identique à celui que poussent les poupées à ressorts.

Le *cri douloureux* est la manifestation extérieure de la sensibilité consciente ; il n'y a qu'un animal possesseur d'un cerveau qui puisse le pousser.

Le cri réflexe est sec ; le cri de la sensibilité consciente est prolongé, avec un accent propre tel que personne ne s'y trompe. Tout le monde, en effet, sait nettement quelle différence il y a entre le cri du chien dont la patte est écrasée, et le cri du même chien qui appelle son maître ou menace un étranger.

Le cri que poussent les animaux privés des lobes cérébraux [1], lorsqu'on les pince, qu'on les pique ou qu'on les brûle, est un cri réflexe, purement mécanique, absolument dénué de douleur. L'excitation a été transmise par les filets sensitifs au bulbe, qui la réfléchit et la transforme en mouvement laryngien par les filets moteurs des nerfs qui font mouvoir les muscles du larynx.

Si l'on coupe la moelle allongée, le cri réflexe ne peut plus avoir lieu.

1re *Expérience*, page 183. — Flourens retranche sur un lapin toutes les parties cérébrales, à l'exception de la moelle allongée ; non seulement cet animal respirait bien encore, mais quand on le pinçait fortement, il s'agitait et criait.

Sur un autre lapin, Flourens retranche la moelle allongée. L'animal perdit aussitôt les facultés de respirer, de crier. Quelque violence que l'on mit à le pincer, il s'agitait bien encore, mais il ne criait plus. C'est au moyen de la respiration artificielle qu'on prolonge la vie de l'animal pendant un certain temps, ce qui permet de faire des observations [2].

1. D'après Longet et Vulpian, cela ne suffit pas, il faut qu'on enlève la protubérance.
2. Voir FLOURENS, page 210, même expérience sur un petit

Communément les mouvements de la respiration, du cri, du bâillement, etc., sont appelés *involontaires* par opposition aux mouvements de locomotion, qu'on appelle alors *volontaires.* Il s'en faut beaucoup que le mot « volontaires » appliqué à certains mouvements soit absolument exact.

La volonté n'est jamais que la cause provocatrice, éloignée, occasionnelle de ces mouvements ; mais enfin elle peut les provoquer, en régler l'énergie, en déterminer le but. Ainsi un animal peut, à son gré, se mouvoir ou non, lentement ou vite, dans telle ou telle direction qu'il lui plaît. Il est donc maître absolu, *non pas du mécanisme de sa marche*, mais de sa marche.

Il en est de même de la course et du saut, qui ne sont qu'une marche précipitée ; du vol, du nagement, de la reptation, qui ne sont que différentes espèces de marche ; de la station, qui n'est qu'une partie de la marche ; en un mot, de tous les mouvements de locomotion ou de translation.

La respiration, le cri, le bâillement, certaines déjections, etc., au contraire, ne dépendent que, jusqu'à un certain point, et dans certains cas, de la volonté. En général, tous ces mouvements ont lieu sans qu'elle s'en aperçoive, sans qu'elle s'en mêle, sans qu'elle y par-

---

chien et même contre épreuve. Voir Cl. Bernard, *Tissus vivants*, page 371, même expérience sur un jeune chat. « Voici un jeune chat nouveau-né qui a subi l'ablation du cerveau ; les cris aigus qu'il pousse ne doivent pas vous induire en erreur, car eux aussi sont dus à des actions réflexes qui mettent en jeu les muscles du larynx. »

C'est aux mouvements réflexes qu'est dû le *tonus musculaire* ou demi contraction des muscles.

ticipe, souvent même quelque opposée qu'elle y soit. Enfin les mouvements du cœur et des intestins sont totalement et absolument étrangers à la volonté.

Sous le rapport de la volonté, comme sous le rapport du mécanisme, comme sous le rapport des organes du mouvement, il y a donc trois ordres de mouvements essentiellement distincts :

1° Les uns sont totalement soumis à la volonté ;

2° Les autres n'y sont soumis qu'en partie ;

3° Les autres n'y sont point soumis du tout [1].

B. *Rédintégration des hémisphères cérébraux.* — Flourens, en 1842, ne croyait pas à la régénération de la substance cérébrale : « ce qui, sans doute, a pu faire imaginer une pareille régénération, c'est la tuméfaction énorme qu'éprouvent d'abord les parties cérébrales blessées : tuméfaction telle qu'on dirait, au premier aspect, que plus on retranche de ces parties, plus il en pousse. Mais au bout de quelque temps, la tuméfaction disparaît ; les parties reviennent à leur volume naturel ; et l'on voit bien alors que tout ce qui a été enlevé manque et ne se reproduit plus, quelque temps que l'animal survive à l'opération [2]. »

La simple tuméfaction est sans contredit le cas ordinaire, mais aujourd'hui, en 1883, il est hors de doute que la substance cérébrale perdue se régénère. « Lorsqu'on enlève le cerveau chez les animaux inférieurs, dit Claude Bernard, la fonction de l'organe est nécessairement supprimée ; mais la persistance de la vie

---

1. FLOURENS, *Recherches*, 240.
2. FLOURENS, *Recherches*, 109.

chez ces êtres, permet au cerveau de se reformer, et à mesure que l'organe se régénère, on voit ses fonctions reparaître.

« Cette même expérience peut également réussir chez des animaux supérieurs tels que les oiseaux, chez lesquels l'intelligence est beaucoup plus développée. Les lobes cérébraux ayant été enlevés chez un pigeon, par exemple, l'animal perd immédiatement l'usage de ses sens et la faculté de chercher sa nourriture. Toutefois si on ingurgite la nourriture à l'animal, il survivra parce que les fonctions nutritives sont restées intactes tant que leurs centres nerveux spéciaux ont été respectés. Peu à peu le cerveau se régénère avec ses éléments anatomiques spéciaux et, à mesure que cette régénération s'opère, on voit les usages des sens, les instincts et l'intelligence de l'animal revenir. Ici l'expérience a été complète; il y a eu, en quelque sorte, analyse et synthèse de la fonction vitale, puisque la destruction successive des diverses parties du cerveau a supprimé successivement ses diverses manifestations fonctionnelles, et que la reproduction successive de ces mêmes parties a fait reparaître ces mêmes manifestations. Il est inutile d'ajouter que la même chose arrive pour toute les autres parties du corps susceptibles de rédintégration [1].

Un des exemples les plus nets de la rédintégration du cerveau, après ablation complète, a été donné, en 1869, par un pigeon à qui M. Voit, membre de l'acadé-

---

1. Cl. BERNARD, *Science expérimentale*, 397.

mie des sciences de Munich, avait enlevé les deux hémisphères. La rédintégration s'est faite au bout de cinq mois; le pigeon était revenu à son état normal. « Las d'observer ce pigeon plus longtemps, dit M. Voit dans une communication à l'Académie, je le sacrifiai au bout de cinq mois. Lorsque j'eus ouvert le crâne suivant la suture sagittale, je trouvai une masse blanche à l'endroit où j'avais enlevé le cerveau. Chez les pigeons que j'avais opérés antérieurement, cet espace était rempli d'un exsudat devenu fibreux ou d'un liquide séreux, ou bien enfin, le cervelet était passé en avant et la voûte du crâne s'était déprimée. Ici les choses étaient toutes différentes. La masse blanche avait complètement l'*aspect* et la consistance de la substance blanche du cerveau; elle présentait une fusion continue et insensible avec les pédoncules cérébraux, lesquels n'avaient pas été enlevés. Cette même masse blanche présentait la forme de deux hémisphères, dans chacun desquels on voyait une petite cavité remplie d'un liquide, et entre eux se trouvait un *septum*. Mais ce qu'il y eut de plus remarquable, c'est que la masse tout entière consistait en fibres primitives parfaites, à double contour, et qu'on y trouvait aussi dans sa trame, des cellules ganglionnaires manifestes, ce dont a pu se convaincre également M. le docteur Kollmann. Ce cas est le premier qui ait présenté une régénération de la masse cérébrale avec rétablissement de son activité; car je ne puis interpréter que de cette manière la guérison si surprenante de cet animal, tellement complète qu'il n'était guère possible de le distinguer d'un autre à l'état normal [1]. »

C. *Lésions des hémisphères cérébraux suivies de guérison.* — « Je mis à nu, dit Flourens, les deux lobes cérébraux à la fois sur une forte poule. Je fendis ensuite le droit en travers et le gauche en long; mais tous deux également dans toute leur étendue, dans toute leur profondeur, et tous deux également dans la région moyenne.

L'animal éprouva sur-le-champ les *mêmes phénomènes* que s'il eût été totalement privé de ses deux lobes, c'est-à-dire qu'il perdit aussitôt toute perception et toute faculté intellectuelle.

Durant les six premiers jours, il n'entendait, ni ne voyait, ni ne donnait aucun signe de volition. Presque toujours endormi ou assoupi, il ne bougeait qu'autant qu'on l'irritait. Les deux lobes étaient très tuméfiés.

Le septième jour, l'animal commençait à aller et venir de lui-même; il entendait déjà, quoique faiblement; il voyait un peu de l'œil droit c'est-à-dire de l'œil opposé au lobe fendu longitudinalement, mais il ne voyait point du gauche. La tuméfaction des lobes avait diminué beaucoup.

Le huitième jour, la poule reprend l'usage de ses sens et de ses facultés, avec une rapidité étonnante; elle entend déjà très bien; elle voit très bien de l'œil droit, mais non du gauche; elle marche beaucoup, est moins souvent et moins longtemps endormie : jus-

---

1. Voir, *Revue des Cours scientifiques*, 1869, 20 mars, n° 16, page 256.

qu'ici il avait fallu la nourrir, maintenant elle commence à chercher sa vie ; elle becquète et boit. La tuméfaction des lobes est dissipée.

Le douzième jour, la poule a repris tous ses sens et toutes ses facultés, hors la vue de l'œil gauche.

Le cinquantième jour, *la poule ne diffère en rien d'une poule qui n'aurait subi aucune opération.* Une seule chose lui manque toujours, c'est la vue de l'œil gauche ; vue, qu'elle n'a jamais recouvrée, bien qu'elle ait survécu plus de six mois à l'opération [1]. »

Il est impossible d'imaginer une application plus exacte, plus nette, et plus décisive de la 3ᵉ règle de la méthode expérimentale : *Variante causâ, variatur effectus;* les perturbations de l'organe et son retour graduel à l'état normal.

Le chapitre VIII des *Recherches expérimentales* de Flourens, renferme un assez grand nombre d'expériences qui reproduisent les phénomènes de perturbations et de rédintégration presque identiques à ceux de l'exemple précédent. Voici une expérience où l'évolution des phénomènes est exposée brièvement :

« Sur un jeune coq, je fendis longitudinalement et d'un bout à l'autre les deux lobes cérébraux.

Tout aussitôt ces deux lobes se tuméfièrent énormément, et l'animal perdit toutes ses facultés intellectuelles et perceptives.

Puis la tuméfaction se dissipa peu à peu ; l'animal reprit peu à peu toutes les facultés qu'il avait perdues :

[1]. FLOURENS, *Recherches*, 104.

au bout de sept à huit jours, il les eut toutes reprises [1]. »

Nous trouverons au chapitre consacré à la pathologie cérébrale, les mêmes effets produits chez l'homme par les maladies ou par les lésions accidentelles, au lieu de l'être par la main de l'homme lui-même.

D. *Distinction entre la volonté de se mouvoir, qui est une fonction du cerveau, et le mécanisme de la marche, lequel est une fonction d'autres organes de l'encéphale.* — Dans un paragraphe ci-dessus, Flourens a dit : « Par la volonté, l'animal est maître absolu de se mouvoir ou de rester en repos, mais le mécanisme de la marche n'est pas sous la dépendance des lobes cérébraux; il appartient à d'autres organes. » Au point de vue de la séparation exacte des fonctions et de la détermination des fonctions exclusives de chaque organe, il est utile de citer les expériences suivantes; elles ont été faites primitivement par Magendie et par Flourens, puis répétées par tous les physiologistes vivisecteurs.

1° *Recul.* — Lorsqu'on pique les pédoncules cérébelleux *postérieurs* d'un animal, l'animal se meut; mais il est contraint de se mouvoir en arrière, de reculer; le seul mouvement devenu possible est le recul.

2° *Progression.* — Lorsqu'on pique les pédoncules cérébraux d'un animal au point où les corps striés leur adhèrent, l'animal s'élance en avant. Le seul mouvement devenu possible, malgré la volonté, est la *progression.*

---

1. FLOURENS, *Recherches*, 106.

On obtient le même résultat avec l'asphyxie. « Nous avons vu, dit Claude Bernard, arriver ces mouvements de progression irrésistibles en avant, quand on asphyxie un animal en lui liant la trachée, par exemple, et en lui laissant la liberté des mouvements. »

3° *Manège circulaire.* — Lorsqu'on pique les pédoncules cérébraux d'un animal, l'animal se meut en cercle comme un cheval qui court dans un cirque. Le seul mouvement devenu possible, malgré la volonté, est le *manège circulaire.*

4° *Rotation sur l'axe du corps.* — Lorsqu'on pique le pédoncule cérébelleux inférieur d'un animal, l'animal tourne circulairement d'après l'axe de son corps. Le seul mouvement devenu possible, malgré la volonté, est la *rotation sur l'axe du corps* [1].

Les pathologistes ont signalé chez l'homme des faits analogues en grand nombre; en voici quelques uns :

« M. Serres a le premier remarqué des malades atteints de mouvements de *rotation* suivant l'axe de leur corps.

Magendie a cité le cas d'un de ses malades qui malgré lui marchait en avant; quand il voulait s'arrêter, il était obligé de fixer devant lui sa canne terminée par une pointe de fer. Pour se retourner, il était donc obligé de s'arrêter et de changer ainsi de direction; après quoi il marchait de nouveau devant lui [2].

---

1. Tous ces faits sont consignés dans Cl. Bernard, *Système nerveux*, I, 486-494; *Science expérimentale*, 393-396 avec figures; dans Flourens, *Recherches*, 489-491.
2. Cl. Bernard, *Système nerveux*, I, 491.

« Par une cruelle ironie, un brave et vieux général ne pouvait marcher qu'en reculant [1].

La volonté, qui part du cerveau, ne s'exerce donc pas sur nos organes locomoteurs eux-mêmes; elle s'exerce sur les centres nerveux secondaires qui doivent être pondérés par un équilibre physiologique parfait [2]. »

II° MÉTHODE DES POISONS. — « Il est une autre méthode plus délicate que la vivisection; elle consiste à introduire dans le sang des substances toxiques diverses destinées à porter leur action sur les éléments anatomiques des organes laissés en place et conservés dans leur intégrité. A l'aide de cette méthode, on peut éteindre isolément les propriétés de certains éléments nerveux et cérébraux de la même manière qu'on isole aussi les autres éléments organiques musculaires ou sanguins [3]. »

On a vu quels poisons déterminent la fonction de tel ou tel organe, de tel ou tel élément; ces poisons agissent comme le scalpel du vivisecteur; ils paralysent momentanément l'organe, et consécutivement ils suppriment ou paralysent momentanément la fonction.

A l'aide du *curare*, on détermine la fonction des nerfs moteurs : *motricité*.

A l'aide de la *strychnine*, celle des nerfs sensitifs; *sensibilité inconsciente* ou *réflexe*.

---

1. *Science expérimentale*, 395.
2. *Science expérimentale*, 395.
3. *Science expérimentale*, 396.

A l'aide du *sulfocyanure de potassium*, celle des muscles : *contractilité*.

Le cerveau a, lui aussi, comme les autres organes corporels, ses poisons spéciaux qui déterminent sa fonction en la supprimant momentanément, tandis qu'ils laissent intactes les fonctions de tous les autres organes de l'encéphale et du corps. L'éther et le chloroforme, en effet, abolissent la conscience et engourdissent la *sensibilité consciente* en laissant intactes la motricité, la sensibilité réflexe, la contractilité. Donc la perception consciente et la sensibilité consciente sont la fonction du cerveau. Or la conscience et la sensibilité consciente sont le produit de ce qu'on appelle en un seul mot : l'âme.

III° MÉTHODE ÉLECTRIQUE. — La méthode électrique est celle qu'emploient les expérimentateurs contemporains (Hitzig, H. Jackson, David Ferrier, etc.), non pour déterminer la fonction totale du cerveau, laquelle pour les physiologistes modernes n'a plus besoin de démonstration supplémentaire, mais pour déterminer la localisation des facultés particulières (mémoire, perception des sons, des images, etc.) qui composent la fonction totale.

La méthode électrique est, en général, employée concurremment avec la méthode de vivisection.

IV° PATHOLOGIE NATURELLE (*maladies, lésions accidentelles.*) — Comme un chapitre particulier est consacré à la pathologie cérébrale, il suffira de donner ici, en manière de préface, les considérations suivantes par lesquelles Claude Bernard démontre avec force que les maladies sont des moyens d'analyse et de détermination fonctionnelle. En altérant l'organe, les maladies altèrent la fonction; la guérison, en rétablissant l'organe dans son intégrité, rétablit la fonction dans son état normal. Pour être faites par la nature au lieu d'être faites par la main de l'homme, les expériences pathologiques n'en sont pas moins faites avec toute la rigueur de la méthode, preuves et contre épreuves.

« Les maladies, qui ne sont au fond que des perturbations vitales apportées par la nature au lieu d'être provoquées par la main du physiologiste, affectent le cerveau selon les lois ordinaires de la pathologie, c'est-à-dire en donnant naissance à des troubles fonctionnels qui sont toujours en rapport avec la nature et le siège de la lésion. En un mot, le cerveau a son anatomie pathologique au même titre que tous les organes de l'économie; et la pathologie cérébrale a sa symptomatologie spéciale comme celle des autres organes.

Dans l'aliénation mentale, nous voyons les troubles les plus extraordinaires de la raison, dont l'étude est une mine féconde où peuvent puiser le physiologiste et le philosophe; mais les diverses formes de la folie et du délire ne sont que des dérangements de la fonction normale du cerveau, et ces altérations de fonctions sont, dans l'organe cérébral comme dans les autres, liées à des altérations anatomiques constantes. Si, dans beaucoup de circonstances, elles ne sont point encore connues, il faut en accuser l'imperfection seule de nos moyens d'investigation.

D'ailleurs, ne voyons-nous pas certains poisons tels que l'opium, le curare, paralyser les nerfs et le cerveau sans qu'on puisse découvrir dans la substance nerveuse aucune altération visible ? Cependant nous sommes certains que ces altérations existent, car admettre le contraire serait admettre un effet sans cause. Quand le poison a cessé d'agir, nous voyons les troubles intellectuels disparaître et l'état normal revenir. Il en est de même quand les lésions pathologiques guérissent, les troubles de l'intelligence cessent, et la raison revient.

La pathologie nous fournit donc encore ici une sorte d'analyse et de synthèse fonctionnelle, comme cela se voit dans les expériences de rédintégration. La maladie, en effet, supprime plus ou moins complètement la texture de l'organe, et la guérison restitue la fonction en rétablissant l'état organique normal [1]. »

IX° — RÉSUMÉ ET CONCLUSION

L'examen comparatif entre le cerveau et les autres organes corporels prouve avec une irrésistible évidence :

A. Que les conditions de la vie chez l'un et chez les autres sont identiques ;

B. Que les rapports réciproques entre le cerveau et l'âme sont les mêmes qu'entre les autres organes corporels et leurs fonctions respectives.

[1]. Cl. Bernard, *Science expérimentale*, 399.

En effet :

1° Comme les autres organes et leurs fonctions, le cerveau et sa fonction sont subordonnés aux lois de la circulation et de l'oxygénation du sang ;

2° Comme les autres organes, le cerveau s'échauffe et s'oxyde lorsqu'il travaille ; la chaleur et l'oxydation sont proportionnelles au travail effectué ;

3° Comme chez les autres organes, l'exercice accroît le volume du cerveau, le non-exercice l'atrophie ; la loi est la même pour tous les organes ;

4° Les rapports réciproques entre l'état du cerveau et sa fonction sont les mêmes que les rapports entre l'état des autres organes et leurs fonctions ;

5° Comme les autres organes et leurs fonctions, le cerveau et sa fonction sont soumis à l'action de la température et selon les mêmes lois ;

6° Comme les autres organes, le cerveau, lorsqu'il agit, est en état d'hyperémie ; comme les autres organes, le cerveau, lorsqu'il se repose (sommeil) est en état d'anémie ;

7° Enfin on détermine la fonction du cerveau par la même méthode et avec les mêmes procédés qui servent à déterminer la fonction respective des autres organes :

1° *Positâ causâ, ponitur effectus;* étant donné un cerveau, il y a perceptions, jugements, mémoire, instincts, intelligence ;

2° *Sublatâ causâ, tollitur effectus;* lorsqu'on supprime le cerveau, on supprime les perceptions, les jugements, la mémoire, les instincts, l'intelligence.

Contre-épreuve : Redintegratâ causâ, redintegratur effectus; lorsque le cerveau est rétabli, il y a rétablissement des perceptions, des jugements, de la mémoire, des instincts, de l'intelligence;

3° *Variante causâ, variatur effectus;* lorsque le cerveau est lésé et passe par des phases successives de l'état morbide à l'état normal, les perceptions, les jugements, la mémoire, les instincts, l'intelligence, passent par les mêmes phases d'éclipse morbide et de retour à l'état normal.

La déduction évidente, nécessaire, de l'examen comparatif ainsi que de l'application des règles de la méthode expérimentale est la suivante : Le cerveau est l'organe dont le fonctionnement produit les perceptions, les jugements, la mémoire, les instincts et l'intelligence.

Or, les perceptions, les jugements, la mémoire, les instincts et l'intelligence sont, dans leur ensemble, la manifestation extérieure de ce que tout le monde, philosophes et savants, appellent l'*âme*.

Donc, *l'âme est la fonction du cerveau.*

« Il faut, dit Claude Bernard, renoncer à l'opinion que le cerveau forme une exception dans l'organisme; qu'il est le *substratum* de l'intelligence et non son organe. Cette idée est non seulement une conception surannée, mais c'est une conception anti-scientifique, nuisible aux progrès de la physiologie et de la psychologie. Comment comprendre, en effet, qu'un appareil quelconque du domaine de la nature brute ou vivante puisse être le siège d'un phénomène sans en être l'instrument? On est évidemment influencé par des idées préconçues dans la question des fonctions du cerveau, et on en combat la solution par des arguments de tendance. Les uns ne veulent pas admettre que le cerveau soit l'organe de l'intelligence, parce qu'ils craignent d'être engagés par cette concession dans des doctrines matérialistes; les autres, au contraire, se hâtent de placer arbitrairement l'intelligence dans une cellule nerveuse, ronde ou fusiforme, pour qu'on ne les taxe pas de spiritualisme.

« Quant à nous, nous ne nous préoccupons pas de ces craintes. La physiologie nous montre que, sauf la différence et la complexité plus grande des phénomènes, le cerveau est l'organe de l'intelligence au même titre que le cœur est l'organe de la circulation, que le larynx est l'organe de la voix. Nous découvrons partout une liaison nécessaire entre les organes et leurs fonctions; c'est là un principe général auquel aucun organe du corps ne saurait se soustraire.

« La physiologie doit donc, à l'exemple des sciences plus avancées, se dégager des entraves philosophiques qui gêneraient sa marche; sa mission est de rechercher la vérité avec calme et confiance; son but, de l'établir d'une manière impérissable sans avoir jamais à redouter la forme sous laquelle elle peut lui apparaître[1]. »

---

1. Cl. Bernard, *Science expérimentale*, 402.

TABLEAU COMPARATIF

CONDITIONS VITALES DES ORGANES CORPORELS ET DE LEURS FONCTIONS.

I° — LE SANG OXYGÉNÉ ET L'ACTIVITÉ DES ORGANES

1° La privation de sang oxygéné abolit l'activité propre de chaque organe.

2° La restitution du sang oxygéné rend aux organes leur fonction propre.

Expérience de Brown-Séquard sur le train postérieur d'un mammifère complètement séparé du train antérieur.

II° — LE TRAVAIL DE L'ORGANE ET LA PRODUCTION DE CHALEUR

1° Les muscles, les nerfs, les glandes, tous les organes ont, pendant qu'ils sont en repos, une température plus basse que lorsqu'ils travaillent.

2° L'oxydation de la substance des organes en activité est proportionnelle au travail que chaque organe effectue.

CONDITIONS VITALES DU CERVEAU ET DE SA FONCTION.

I° — LE SANG OXYGÉNÉ ET L'ACTIVITÉ DU CERVEAU.

1° La privation de sang oxygéné (soit par anémie, soit par hyperémie) abolit la fonction du cerveau; il perd la mémoire, toute connaissance.

2° La restitution du sang oxygéné rend au cerveau la mémoire, le jugement, la connaissance, bref sa fonction propre.

Expérience de Brown-Séquard sur la tête d'un chien décapité.

II° — LE TRAVAIL DU CERVEAU ET LA PRODUCTION DE CHALEUR

1° Le cerveau, lorsqu'il est en repos, c'est-à-dire durant le sommeil, a une température plus basse que lorsqu'il travaille; lorsqu'il travaille, il s'échauffe.

Expériences de Schiff, de Broca.

2° L'oxydation de la substance cérébrale en activité est en rapport avec le travail qu'effectue le cerveau.

Expériences de Byasson, de Mendel.

III° — INFLUENCE DE LA FONCTION SUR L'ÉTAT DE L'ORGANE	III° — INFLUENCE DE LA FONCTION DU CERVEAU SUR L'ÉTAT DU CERVEAU.
1° L'exercice bien réglé de chaque organe accroît cet organe et le fortifie.	1° L'exercice moral et intellectuel du cerveau, lorsqu'il est bien réglé, amène un accroissement du cerveau et le fortifie. Crânes parisiens du XIII° siècle (Broca).
2° L'exercice mal réglé de chaque organe le trouble et l'affaiblit; il peut même en amener la ruine totale.	2° L'exercice mal réglé du cerveau (passions, chagrins, abus des travaux intellectuels) trouble la substance cérébrale et l'affaiblit; il peut même en amener la ruine totale (ramollissement, sclérose).
3° Le non-exercice d'un organe en amène l'affaiblissement et même l'atrophie. Atrophie de l'œil chez des poissons, des crustacés; organes rudimentaires.	3° Le non-exercice de certaines régions motrices du cerveau à la suite de la perte de certains membres qui dépendaient de ces centres moteurs cérébraux, a amené l'atrophie de ces régions motrices. Cas empruntés à la clinique des hôpitaux.
IV° — INFLUENCE DE L'ÉTAT DE L'ORGANE SUR LA FONCTION	IV° — INFLUENCE DE L'ÉTAT DU CERVEAU SUR SA FONCTION
Plus un organe est sain et vigoureux, mieux la fonction s'accomplit. 2° Les perturbations de l'organe causées, soit par des lésions, soit par des maladies, produisent *des perturbations dans la fonction*.	1° Lorsque le cerveau est sain, sa fonction s'accomplit dans toute sa plénitude. 2° Les perturbations du cerveau causées, soit par des lésions, soit par des maladies, produisent des perturbations de la fonction (amnésies, vertiges, hallucinations, troubles dans les mouvements, etc.).

V° — ACTION DE LA TEMPÉRATURE SUR L'ORGANE ET LA FONCTION	V° — ACTION DE LA TEMPÉRATURE SUR LE CERVEAU ET SA FONCTION
§ Iᵉʳ. **Le froid.** — L'effet général du froid sur les organes est l'engourdissement de la fonction. Exemples : L'hématose du sang est ralentie ; les battements du cœur diminuent ; la fonction glycogénique du foie est suspendue, etc. Il y a une limite de froid qui ne peut être dépassée sans que l'on ne coure le risque de la mort.	§ Iᵉʳ. **Le froid.** — L'effet général du froid sur le cerveau est l'engourdissement de sa fonction (obtusion des facultés de penser, de sentir, de vouloir). Expériences de Richardson sur la congélation des lobes cérébraux ; suppression du sentiment ; l'animal tombe dans une sorte d'hibernation artificielle. Il y a une limite de froid que le cerveau ne peut dépasser sans danger de mort.
§ II. **La chaleur.** — L'effet général de la chaleur sur les organes est une stimulation de la fonction. Exemples : L'hématose s'accélère ; le cœur bat plus vite ; la fonction glycogénique du foie s'exalte, etc. Il y a une limite de chaleur qui ne peut être dépassée sans que l'on ne coure le risque de la mort.	§ II. **La chaleur.** — L'effet général de la chaleur sur le cerveau est une stimulation de la fonction ; les facultés intellectuelles et les facultés motrices s'exercent avec plus d'aisance. Il y a une limite de chaleur que le cerveau ne peut dépasser ; la fonction est supprimée totalement, et la mort survient.
VI° — ACTION DES POISONS SUR LES ORGANES ET LEURS FONCTIONS	VI° — ACTION DES POISONS SUR LE CERVEAU ET SA FONCTION
Les organes ont chacun leurs poisons qui suppriment leur fonction, mais respectent la fonction des autres organes. Exemples : Les nerfs moteurs ont pour	Le cerveau a ses poisons propres qui suppriment sa fonction, mais respectent les fonctions des autres organes. Les principaux poisons du cerveau sont l'éther et le chlo-

poison le curare, qui abolit la motricité;

Les nerfs sensitifs ont pour poison la strychnine, qui abolit la sensibilité;

Les muscles ont pour poison le sulfocyanure de potassium, qui abolit la contractilité.

VII° — DIFFÉRENCE DES PHÉNOMÈNES DE CIRCULATION DANS LES ORGANES SELON QU'ILS SONT EN ÉTAT D'ACTIVITÉ OU EN ÉTAT DE REPOS.

1° Lorsqu'un organe, glande, muscle, moelle épinière, etc., est en état de repos, il est pâle, exsangue; la circulation locale est très affaiblie.

2° Lorsqu'un organe, glande, muscle, moelle épinière, etc., est en travail, la circulation locale s'accélère; le sang afflue.

VIII° — MÉTHODE DE DÉTERMINATION DE LA FONCTION D'UN ORGANE

La détermination de la fonction de chaque organe se fait en appliquant les trois règles de la méthode expérimentale :

1° *Posita causa* ou *Redintegrata causa*;

2° *Sublata causa*;

3° *Variante causa*.

Les procédés opératoires sont les suivants :

roforme qui abolissent d'abord le moi conscient, puis la faculté de penser; enfin, la sensibilité totale.

Le haschisch et l'opium viennent après l'éther et le chloroforme.

VII° — DIFFÉRENCE DES PHÉNOMÈNES DE CIRCULATION DANS LE CERVEAU SELON QUE LE CERVEAU EST EN ÉTAT D'ACTIVITÉ OU EN ÉTAT DE REPOS.

1° Lorsque le cerveau est en état de repos, c'est-à-dire durant le sommeil, sa surface est pâle, exsangue; la circulation locale est très affaiblie.

Observations faites sur des hommes et des animaux trépanés.

2° Lorsque le cerveau est en activité, c'est-à-dire durant la veille, la circulation locale s'accélère; le sang afflue.

VIII° — MÉTHODE DE DÉTERMINATION DE LA FONCTION DU CERVEAU

La détermination de la fonction du cerveau se fait en appliquant les trois règles de la méthode expérimentale :

1° *Posita causa* ou *Redintegrata causa*;

2° *Sublata causa*;

3° *Variante causa*.

Les procédés opératoires sont les suivants :

TABLEAU COMPARATIF

1º *Méthode de vivisection* (ablation d'un organe, lésions d'un organe);	1º *Méthode de vivisection* (ablation des lobes cérébraux, lésion des lobes cérébraux). Expériences de Flourens.
2º *Méthode des poisons*;	2º *Méthode des poisons*; éther et chloroforme. Expériences de Cl. Bernard.
3º *Méthode électrique*;	3º *Méthode électrique*, courants faradiques. Expériences des physiologistes contemporains.
4º *Pathologie naturelle* (maladies, lésions accidentelles).	4º *Pathologie naturelle* (maladies du cerveau, lésions accidentelles).
C'est ainsi qu'on a déterminé la fonction des muscles, celle des nerfs, celle des glandes, celle des globules sanguins, etc.	C'est ainsi qu'on a démontré que le mémoire, le jugement, l'intelligence, la volonté, les instincts, la sensibilité consciente, en un seul mot, que l'âme est la fonction du cerveau.

CHAPITRE IV

LA PATHOLOGIE CÉRÉBRALE ET L'AME

Les faits concernant la pathologie cérébrale peuvent être groupés en deux sections :

La première contient :

1° L'aliénation mentale et ses différentes formes ;

2° Les empoisonnements, tels que l'alcoolisme et ses phases ;

3° Les états congénitaux, tels que l'idiotie, le crétinisme et leurs divers degrés.

La seconde section contient les lésions attestant dans le cerveau l'existence de centres moteurs et de centres perceptifs généraux, qui se subdivisent eux-mêmes en centres partiels (localisations cérébrales).

Dans un champ aussi vaste, nous ne prendrons que les faits strictement nécessaires à la démonstration du problème de l'Ame fonction du Cerveau. Nous n'aurons donc pas à nous immiscer dans les débats relatifs à la classification des maladies mentales. La seule chose que nous demanderons à la clinique sera une série de faits authentiques, bien observés, au-dessus de toute contestation, sur lesquels on puisse s'appuyer en toute sécurité. C'est sur ce solide fondement que reposera notre édifice.

PREMIÈRE SECTION

I° — L'ALIÉNATION MENTALE

§ I° Définitions. — Préalablement nous définirons les termes employés par les médecins, car il s'en faut beaucoup que le public attache aux mots folie, manie, démence, etc., le sens que leur donnent les pathologistes ; c'est le meilleur moyen de donner au récit la clarté, et à l'argumentation toute la force qu'elle peut avoir.

1° *La Folie.* — La folie est une affection cérébrale ordinairement chronique, sans fièvre, caractérisée par les désordres de la sensibilité, de l'intelligence et de la volonté ; en outre, le malade n'a pas conscience de son état [1].

2° *La Manie.* — La Manie est un délire général caractérisé par l'excitation. Lorsque le délire, au lieu d'être général, porte sur un seul point, il prend le nom de *monomanie* [2].

---

1. Marcé, *Traité pratique des maladies mentales*, p. 44.
2. Page 277.
Les faits contenus dans ce chapitre sont empruntés aux ouvrages suivants :
1° Marcé, *Traité pratique des maladies mentales*, 1862, in-8, 670 pages, chez J.-B. Baillière ;
2° Dagonet, *Nouveau traité élémentaire et pratique des maladies mentales*, 1876, in-8, 730 pages, chez J.-B. Baillière ;
3° Luys, *Traité clinique et pratique des maladies mentales*, 1881, in-8, 680 pages, chez Adrien Delahaye. Cet ouvrage a été couronné par l'*Académie des sciences* en 1882.
4° Ch. Bastian, *Le Cerveau organe de la Pensée chez l'homme et chez les animaux*, 2 volumes in-8, chez Ge... er Baillière, 1882. Les citations sont empruntées au second volume.

Lorsque la monomanie consiste en une impulsion violente, soit au meurtre, soit à l'incendie, soit au suicide, on lui donne aussi le nom de *Folie impulsive*.

3° La *Lypémanie ou mélancolie*. — La Lypémanie ou Mélancolie des Anciens est un délire partiel s'étendant sur un petit nombre d'objets; il est de nature triste (λύπη, tristesse, μανία, manie); il est caractérisé par la dépression.

Chez le lypémaniaque, on trouve les idées de persécution, le découragement, l'affaissement, l'inertie.

On donne le nom de *lypémanie anxieuse* à la lypémanie dans laquelle à la dépression morale s'ajoutent les angoisses, les inquiétudes vagues, les terreurs [1].

4° La *Paralysie générale des aliénés*. — Sous le nom de Paralysie générale des aliénés, on désigne une affection qui a pour caractère l'affaiblissement du mouvement, l'embarras de la parole, un délire plus ou moins accentué et la diminution progressive des facultés intellectuelles [2].

5° La *Démence*. — La démence est une affection cérébrale caractérisée par l'affaiblissement plus ou moins considérable des facultés morales et intellectuelles; on peut la considérer comme un abaissement de la vie dans l'ordre moral, intellectuel et physique.

La démence n'est jamais primordiale; elle est toujours consécutive à un état d'aliénation antérieure. Elle est incurable.

Dans le langage ordinaire, on confond dans la dé-

---

1. DAGONET, page 239.
2. DAGONET, 327.

nomination de démence toutes les variétés de folie : on se sert de cette désignation comme synonyme d'aliénation mentale ; c'est une confusion regrettable. En effet, les autres formes de la folie autres que la paralysie générale sont guérissables : la démence ne l'est pas. « La démence, dit Guislain, suit une marche croissante pendant laquelle on voit la dégradation des facultés intellectuelles s'opérer insensiblement jusqu'à ce qu'enfin le malade tombe dans un anéantissement moral plus ou moins complet ; l'intelligence s'use d'abord, puis l'instinct ; l'homme ainsi réduit finit par n'être plus qu'un estomac [1]. »

6° L'*Hallucination*. — L'Hallucination est la perception fictive d'un objet sans qu'aucun agent extérieur n'ait agi matériellement sur les sens de l'halluciné.

Voir courir des rats sur un mur, lorsqu'il n'y a pas de rats sur le mur, est une hallucination de la vue ; elle est fréquente chez les ivrognes.

7° L'*Illusion*. — L'Illusion diffère de l'hallucination en ce qu'elle nécessite toujours une impression réelle, modifiée ensuite par la réaction d'un cerveau en délire. C'est une impression vraie perçue d'une manière vicieuse.

Exemple historique : Théodoric, roi des Visigoths, poursuivi par ses remords, prit pour la tête du sénateur Symmaque la tête d'un poisson servi sur sa table.

Une loueuse de chaises d'une église de Paris, at-

---

[1]. DAGONET, page 358.

teinte d'une péritonite chronique, attribuait les douleurs qu'elle ressentait dans la région abdominale à la tenue d'un concile; elle prétendait sentir parfaitement les évêques marcher et gesticuler dans son ventre [1].

8° *Infirmités : l'Idiotie*. — L'idiotie, mot substitué à idiotisme par Esquirol, désigne l'arrêt de développement de l'intelligence lié à un vice congénital ou accidentel du cerveau. L'idiotie diffère donc radicalement de la folie; ce n'est pas une maladie, c'est une infirmité.

A. Les *idiots complets* sont ceux qui présentent le plus haut degré d'abrutissement et sont réduits à l'automatisme. Êtres inertes, dénués de sensibilité, sans idées morales, ils sont dépourvus même de l'instinct de la bête. Le regard est hébété et sans expression; ils n'ont ni goût ni odorat; ils ne savent pas manger seuls; il faut qu'on porte leurs aliments jusque dans la bouche et dans l'arrière-gorge pour provoquer la déglutition [2]. D'autres mangent avec moins de difficulté, mais avalent indistinctement tous les objets qui se trouvent à leur portée, de la terre, des cailloux, du linge, des matières fécales.

B. Les *idiots du deuxième degré* ne possèdent guère que des instincts; les facultés de comparer, de juger, de raisonner, sont à peu près nulles.

C. Les *imbéciles* sont ceux qui possèdent des in-

---

1. Dagonet, 83.
2. Comme chez les pigeons à qui Flourens a enlevé les hémisphères cérébraux.

stincts et des déterminations raisonnées. Incapables d'attention, entraînés par la mobilité de leurs idées et par leur bavardage incessant, ils peuvent imiter, mais ne produisent rien et sont incapables de s'élever à des notions générales ou abstraites.

Les sentiments affectifs, chez les imbéciles, sont très inégalement développés et se rattachent principalement à l'instinct et à l'habitude; ils ont peu de sens moral, se montrent crédules, faciles à tromper, et servent d'instruments dociles pour les actions les plus répréhensibles[1].

9° Le *Crétinisme*. — On désigne sous le nom de crétinisme une affection endémique caractérisée par un degré plus ou moins grand d'idiotie associé à une dégénérescence spéciale de l'espèce humaine, dégénérescence dont un des principaux caractères est le goitre.

On distingue trois classes de crétins, qui correspondent aux trois classes d'idiots :

1° Les *crétins complets* ou simplement *crétins*;

2° Les *demi-crétins*;

3° Les *crétineux*.

Les crétins complets, entièrement dépourvus de facultés intellectuelles ainsi que de langage articulé, sont doués exclusivement de facultés végétatives[2].

§ II° **Mécanisme de l'Aliénation.** — Dans un remarquable passage cité précédemment[3], Claude Ber-

---

1. MARCÉ, 426-493.
2. MARCÉ, 507.
3. V. page 178, conditions vitales.

nard affirmait avec énergie que les altérations des fonctions sont, dans l'organe cérébral comme dans les autres, liées à des lésions anatomiques constantes : « Si dans beaucoup de circonstances elles ne sont point encore connues, il faut en accuser l'imperfection seule de nos moyens d'investigation. D'ailleurs ne voyons-nous pas certains poisons tels que l'opium, le curare, paralyser les nerfs et le cerveau sans qu'on puisse découvrir dans la substance nerveuse aucune altération visible? Cependant nous sommes certains que ces altérations existent, car admettre le contraire serait admettre un effet sans cause. »

L'axiome soutenu par Claude Bernard au nom des physiologistes est également adopté par les aliénistes : « Il est des lésions, des modifications morbides, dit Dagonet, que l'autopsie ne saurait révéler, qui peuvent même disparaître au moment de la mort. Telles sont les altérations de la circulation, l'irritation, les vibrations, l'activité ou le ralentissement du flux nerveux, qui ne peuvent être appréciables ni au scalpel ni au microscope. Dans les formes essentielles de la manie récente et susceptible de guérison, il serait impossible de découvrir aucune lésion cérébrale caractéristique. Sans aucun doute le cerveau est le siège de la maladie, et si cet organe apparaît avec sa texture et sa composition normales, on n'en doit pas conclure que la lésion n'existe pas, mais seulement qu'elle échappe à nos moyens d'investigation [1]. » Ce sont les

---

[1] Dagonet, 130-204.

expressions mêmes dont s'était servi Claude Bernard.

Marcé avait déjà formulé en loi ce fait constant : « A un trouble de l'intelligence correspond *toujours* une modification maladive de l'encéphale[1]. »

Il y a donc unanimité parmi les savants; et c'est précisément la constance de cette loi qui soutient et guide les aliénistes dans leurs délicats et difficiles travaux.

Les désordres de l'encéphale peuvent être rattachés à trois mécanismes principaux :

1° Un afflux anormal de sang ou *hyperémie* (ὑπερ, en excès; αἷμα, sang);

2° Un arrêt du arrêt du sang ou *ischémie* (ἰσχειν, arrêter; αἷμα, sang);

3° Une hyperémie et une ischémie simultanées, celle-ci affectant une partie de l'encéphale, celle-là une autre partie.

Les arrêts de sang ou ischémies sont dus :

1° Soit à des caillots de sang qui voyagent ou *embolies*.

2° Soit à des caillots qui adhèrent aux parois des vaisseaux ou *thromboses;*

3° Soit à des granulations graisseuses qui se déposent sur les parois des vaisseaux.

1° HYPERÉMIE. — Dans l'hyperémie générale, tous les vaisseaux sont plus ou moins injectés, ce qui donne à la surface des diverses parties de l'encéphale un aspect rosé. Des plaques rouges, violacées, indiquent

---

1. MARCÉ, 130.

qu'il y a des infiltrations de sang plus ou moins étendues.

Les méninges sont épaissies, et la substance corticale quelquefois accompagnée d'induration.

Le cerveau tout entier est baigné dans une sérosité abondante. Son poids est notablement diminué.

A l'hyperémie correspondent les formes expansives (excitation, fureur) des divers genres d'aliénation mentale.

II° Ischémie. — Dans l'ischémie générale, les vaisseaux étant exsangues, la surface des diverses parties de l'encéphale est pâle, décolorée : l'écorce cérébrale est jaunâtre et blafarde; on y remarque des foyers isolés d'infiltration graisseuse.

Les parois des capillaires sont plus ou moins infiltrées de granulations graisseuses.

Tout l'encéphale est imbibé d'une sérosité abondante.

Le poids du cerveau est notablement diminué.

A l'ischémie correspondent les formes dépressives (tristesse, stupeur, effroi) des divers genres de l'aliénation mentale [1].

1° **Exsudats séreux.** — Les exsudats séreux sont produits, soit par l'hyperémie, soit par l'ischémie du cerveau. Ils produisent à leur tour :

1° L'adhérence des méninges;

2° Le ramollissement cérébral;

3° Un affaiblissement graduel des facultés intellectuelles.

---

[1]. Luys, 442-446; 472-477.

2° **Hémorragies.** — Les hémorragies sont dues :

1° Soit à une rupture des capillaires congestionnés, distendus, et dans lesquels arrive plus de sang qu'il ne s'en écoule : c'est le cas de l'hyperémie ;

2° Soit à un dépôt de granulations graisseuses dans les parois capillaires, ce qui diminue leur résistance, surtout dans les tissus à éléments mous, peu soutenus, comme le sont les tissus cérébraux : c'est le cas de l'ischémie ;

3° Soit à la mortification et à l'ulcération progressive de la surface des parois capillaires, d'où destruction et rupture : c'est le cas des exsudats séreux.

Les foyers hémorragiques peuvent déterminer toutes les lésions cérébrales ; ils sont une cause puissante du ramollissement cérébral.

3° **Ramollissement cérébral.** — Les causes les plus diverses peuvent produire le ramollissement du cerveau ; c'est une maladie presque toujours due à une lésion des vaisseaux. Ainsi, dans le cerveau, une oblitération complète d'une artère produit une modification partielle de la substance cérébrale ; elle amène à sa suite un ramollissement. La partie ramollie est réduite en une bouillie ou en un liquide blanchâtre analogue au lait de chaux. Ce qui domine dans les parties ramollies, c'est la graisse provenant des modifications de la myéline [1] et accumulée, sous forme de granulations fines, dans les corps granuleux [2].

---

1. La myéline est la substance diaphane, réfringente et visqueuse qui remplit la gaîne des tubes nerveux.
2. DAGONET, 148.

Voici, d'après Guislain, la succession des phénomènes qui constituent la formation du ramollissement cérébral chez les aliénés.

1° D'abord, excitation produite par les passions, les idées, l'usage des boissons alcooliques, peu importe ; appel permanent dans les capillaires des fluides circulatoires ;

2° Distension des capillaires, engorgement, stagnation des fluides dans les vaisseaux ;

3° Transsudation séreuse dans les aréoles organiques ; accumulation des fluides séreux dans le tissu de la pie-mère ; pénétration de ces fluides dans la substance grise ;

4° Déformation des cellules primitives ; distension considérable de ces cellules et déplacement de leurs nucléoles. Ces cellules se présentent dix fois plus grandes que dans l'état normal ; c'est qu'alors un fluide séreux échappé des vaisseaux a pénétré dans leur intérieur et provoqué leur distension.

C'est comme une macération de la substance cérébrale avec distension et rupture des cellules primitives.

D'après Guislain, l'indice le plus caractéristique du ramollissement cérébral consisterait dans les paralysies nettement dessinées. On le reconnaît généralement à une forte décomposition qui se manifeste dans les traits et qui est telle qu'on peut en quelque sorte préciser le moment où le ramollissement s'accomplit [1].

---

1. Dagonet, 151.

4° Épaississement et opacité des méninges.
— L'arachnoïde subit parfois de profondes altérations; ce que l'on rencontre le plus souvent, c'est un épaississement blanc, grisâtre de cette membrane.

Cette lésion ne se présente pas dans tous les cas avec les mêmes caractères : l'épaississement peut exister sans l'opacité; l'opacité, au contraire suppose l'épaississement.

Les épaississements opaques de l'arachnoïde appartiennent à l'état chronique de la folie. L'intelligence et les facultés morales subissent par le fait de cette dégénérescence un degré d'affaiblissement plus ou moins marqué. Mais on ne remarque pas les symptômes de la paralysie tant qu'il n'en résulte pas pour le cerveau une compression trop grande ou une atteinte profonde [1].

5° Fausses membranes ou Pachyméningite.
— On trouve souvent de fausses membranes dans la cavité de l'arachnoïde. Sont-elles le résultat d'anciennes hémorragies des méninges, ou bien sont-elles la cause de ces hémorragies, le problème n'est pas encore résolu.

Quoi qu'il en soit, la pachyméningite se rencontre principalement dans la paralysie générale, où M. Baillarger l'a notée une fois sur huit; on l'observe aussi dans les autres formes d'aliénation telles que la manie, la démence, etc., mais surtout dans les formes chroniques de la folie et surtout à la période ultime de cette maladie [2].

---

1. Dagonet, 140.
2. Dagonet, 146.

6° Adhérences des méninges au cerveau. — Une lésion grave et importante est celle qui consiste dans les adhérences contractées entre les méninges et la substance cérébrale. La pie-mère est alors intimement unie à la substance corticale, particulièrement à la région des lobes antérieurs. Lorsqu'on cherche à détacher cette membrane, on enlève en même temps des portions plus ou moins considérables de la couche superficielle de la substance grise. Cette dernière, dépouillée de la pie-mère, se présente comme parsemée de vastes ulcérations, à fond rugueux et rougeâtre.

Les adhérences se rencontrent surtout à une période avancée de la paralysie générale. On les observe particulièrement chez les individus dont l'intelligence a été rapidement obscurcie, qui ont été sujets à des attaques convulsives plus ou moins fréquentes ; qui ont enfin éprouvé des signes d'irritation cérébrale, tels que le grincement des dents, cris aigus, perçants [1].

7° Ossification de la dure-mère. — On trouve chez un certain nombre de malades des noyaux d'ossification ayant pour siège les replis de la dure-mère.

On les remarque dans les formes d'aliénation les plus variables ; toutefois elles s'observent plus fréquemment chez les individus atteints de démence, de paralysie générale et surtout de folie épileptique [2].

8° Sclérose cérébro-spinale. — La sclérose (σκληρός, dur, endurcissement) en plaques disséminées

---

1. DAGONET, 142.
2. DAGONET, 156.

envahit le cerveau, la protubérance, le cervelet, le bulbe, aussi bien que la moelle.

Suivant le siège des plaques indurées, on observe, entre autres signes morbides, les troubles de la vue, diplopie ou vue double, amblyopie ou affaiblissement de la vue, nystagmus ou clignotement spasmodique de l'œil; la parésie des membres ou paralysie légère avec privation des mouvements mais non de la sensibilité; le vertige giratoire, une disposition aux attaques apoplectiformes.

La sclérose cérébro-spinale a pu s'observer maintes fois sans déterminer des troubles intellectuels; cependant il est certain que la production de plaques scléreuses dans le cerveau est souvent la cause particulière du développement de l'aliénation mentale [1].

9° **Tumeurs du cerveau.** — S'il est incontestable qu'on rencontre souvent des tumeurs cérébrales chez les aliénés, il n'est pas moins avéré que l'intelligence peut rester absolument intacte chez des individus qui portent de vastes altérations des hémisphères. Les relevés statistiques nous apprennent que dans plus de la moitié des cas, l'intelligence a été troublée à des degrés divers.

Chez une malade décédée dans un état comateux, M. Dagonet a trouvé à l'autopsie une tumeur volumineuse qui se prolongeait dans tout le lobe antérieur de l'hémisphère gauche. On avait remarqué chez la malade, comme principaux symptômes, l'affaiblisse-

1. DAGONET, 153.

ment de l'intelligence, surtout de la mémoire; elle ne se rappelait plus le nom des objets, qu'elle désignait tous par le mot chose. Il existait de l'excitation maniaque avec perversion morale, des impulsions érotiques, etc. [1].

Il est utile d'insérer une remarque importante de M. Ball. Ce savant aliéniste fait observer que les manifestations délirantes sont plus souvent produites par l'*excitation* que par la destruction simple de l'organe. L'atrophie de certaines parties s'effectue avec les progrès de l'âge; nous perdons des cellules dans un âge avancé, on ne délire pas cependant. Les cellules qui restent peuvent jusqu'à un certain point suppléer à celles qui ont disparu; l'aliénation ne se développe que quand les éléments sont irrités [2].

10° **Atrophie cérébrale**. — L'atrophie cérébrale est générale ou partielle :

A. *Conditions de l'atrophie générale.* — L'atrophie peut être générale, c'est-à-dire s'étendre à peu près uniformément à la totalité du cerveau dans les conditions suivantes :

1° Lorsque le cerveau est arrêté dans un développement à une époque très peu avancée de la vie fœtale;

2° Lorsqu'en raison de l'état sénile ou par suite d'une maladie longue et grave, telle que la phthisie ou la fièvre typhoïde, la nutrition subit une atteinte assez profonde pour entraîner un grand amaigrissement. Le cerveau diminue de volume et s'amaigrit au même

---

1. Dagonet, 187.
2. Dagonet, 130.

titre et de la même façon que la plupart des autres organes;

3° Lorsqu'une affection chronique portant sur le cerveau modifie insensiblement les conditions de sa nutrition ou provoque des proliférations qui se terminent par le retrait des tissus et par une diminution de volume.

B. *Conditions de l'atrophie partielle.* — L'atrophie partielle localisée à une portion circonscrite du cerveau est habituellement secondaire et consécutive à des lésions diverses de cet organe. L'atrophie partielle se manifeste :

1° Là où l'on constate la présence de plaques jaunes qui dépendraient d'un ramollissement;

2° Là où l'on trouve des kystes (χύστος vessie, poche) remplis d'un liquide clair et entourés d'une zone ocrée, vestiges évidents d'un ancien foyer hémorragique; ou bien des cavités anfractueuses remplies d'un liquide laiteux qui attestent l'existence antérieure d'un foyer de ramollissement;

3° Là où la sclérose a envahi une partie de l'un des hémisphères.

Enfin, dans certains cas, on ne constate rien autre chose que la disparition complète de la substance nerveuse dans certains points de l'hémisphère.

L'état mental est très variable suivant les différentes formes que présente la lésion :

A. L'atrophie des deux lobes *postérieurs* peut coïncider avec une intelligence assez bien conservée;

B. L'atrophie des deux lobes *antérieurs* et en général

des deux hémisphères se manifeste par une *idiotie* portée à un très haut degré.

En définitive, l'atrophie cérébrale n'est pas une espèce morbide distincte, mais le terme auquel aboutissent diverses maladies cérébrales. On l'observe surtout dans la démence chronique [1].

III° Résumé systématique. — Pour rendre plus clair l'exposé des faits et pour mieux en faire comprendre l'enchaînement, on peut, en se bornant aux lignes principales, résumer ainsi les mécanismes qui produisent toutes les formes de l'aliénation mentale :

C'est le trouble de la circulation cérébrale qui domine toute la pathologie du cerveau.

A. **L'Ischémie et l'Hyperémie**, isolées ou simultanées, donnent naissance principalement :

1° A des exsudats séreux ;

2° A des hémorragies.

B. **Les Exsudats séreux et les Hémorragies** produisent :

1° Les altérations des méninges : épaississements, opacité, granulations, ossifications, fausses membranes, adhérences ;

2° Les altérations de la substance cérébrale : scléroses, ramollissement, atrophie.

C. **Les Altérations des Méninges et les Altérations de la substance cérébrale** déterminent :

1° Le trouble ou même la destruction totale de la *motricité;*

[1]. Dagonet, 154.

2° Le trouble ou même la destruction totale de l'*intelligence* et de la *moralité*.

Tel est, à grands traits, le tableau général du mécanisme et des effets de l'Aliénation mentale.

§ III° Causes Générales de l'Aliénation mentale. — Les causes de l'Aliénation mentale se divisent en deux classes :

I° Causes morales. — 1° Passions tristes ;

2° Passions religieuses et politiques ;

3° Abus des travaux intellectuels.

II° Causes physiques. — 1° Mauvaise hygiène, maladies, cachexie ;

2° Accidents, lésions, blessures, etc. ;

3° Empoisonnements, alcool, opium, haschisch, etc.

III° Quelle que soit la cause de l'aliénation mentale, le mécanisme de l'aliénation est toujours physique. — Quel que soit le point de départ, causes morales ou causes physiques, c'est toujours et invariablement un mécanisme physique qui désorganise la substance cérébrale et par suite la fonction psychique. Pour une cause physique, la chose est évidente ; pour une cause morale, le fait n'en est pas moins certain. En effet, toute cause morale, peine, chagrin, passion, travail intellectuel, amène une hyperémie ; la persistance de la cause morale rend persistante l'hyperémie ; avec celle-ci apparaissent les exsudats séreux, les hémorragies et leur inévitable cortège de désordres ; les désordres de la substance cérébrale entraînent fatalement les désordres de la fonction psychique, amnésies, hallucinations, délire, manie, démence. Il est certain que l'altération de l'âme a, dans ce cas, pour point de départ, une cause morale ; mais il n'est pas moins évident que les altérations psychiques apparaissent uniquement alors qu'il y a désorganisation matérielle de la substance cérébrale, c'est-à-dire qu'elles sont l'œuvre d'un mécanisme physique.

Si les causes morales, chagrin, passion, abus du travail intellectuel, n'amenaient pas une fluxion sanguine persistante ; ou bien encore, si la fluxion persistante ou soudaine n'était pas assez forte pour user, rompre ou enflammer les parois vasculaires ; en un mot, si la substance cérébrale n'est pas lésée par un mécanisme physique, les fonctions psychiques resteront inaltérées : il n'y aura ni amnésies, ni hallucinations, ni manie, ni démence.

§ IV° **Anatomie pathologique et thérapeutique.** — I° Hallucinations et illusions. — Le pronostic [1] des hallucinations dépend surtout des conditions pathologiques au milieu desquelles elles se développent. Liées à un état fébrile, à quelque affection inflammatoire, ou à une intoxication, elles ont peu de gravité ; sauf quelques cas exceptionnels, elles disparaissent avec la cause qui leur a donné naissance.

Nicolaï, membre de l'Académie de Berlin, qui était

---

1. Littré et Robin, *Dictionnaire de médecine*. Le pronostic est le jugement que porte le médecin sur les changements qui doivent survenir pendant le cours d'une maladie, sur sa durée et sa terminaison.

sujet à des congestions sanguines, négligea de se faire saigner : il se vit assailli de fantômes. Une application de sangsues fit disparaître les hallucinations [1].

Guislain rapporte l'histoire d'une personne qui, chaque fois qu'elle était constipée, avait des hallucinations auditives et visuelles; un purgatif, en faisant cesser la constipation, supprimait les hallucinations [2].

Dans la manie, dans la mélancolie, le pronostic des hallucinations n'est pas autre que celui de la maladie première. Il ne faut jamais oublier qu'au point de vue des actes qui peuvent en résulter, les hallucinations sont une des formes les plus graves de la folie; que le suicide, l'homicide, l'incendie, les mouvements de violence instantanés, font des hallucinés la catégorie d'aliénés la plus dangereuse de toutes [3].

État anatomique de l'encéphale. — A la suite de violents chagrins, une femme tomba en proie à des hallucinations, mais surtout à des illusions. « Placée dans mon service à la Salpétrière, dit M. Luys, elle a été pendant près de dix-huit mois soumise à mon observation, et j'ai pu suivre ainsi les troubles divers par lesquels elle a passé. A l'autopsie, je trouvai la couche optique fortement congestionnée. Il y avait à gauche, dans la portion centrale, deux anciens foyers hémorragiques, dont la coloration brunâtre attestait l'ancienneté. Dans les régions sous-méningées, les circonvolutions frontales présentaient une coloration jaune,

1. DAGONET, 99.
2. MARCÉ, 129.
3. MARCÉ, 267.

blanchâtre, laquelle est l'indice de la dégénérescence granulo-graisseuse des cellules nerveuses de cette région ; en même temps, dans les zones profondes, une coloration rougeâtre anormale trahissait un état d'excitation permanent des éléments nerveux correspondants. »

Une autre personne placée dans le service de M. Luys, en proie à des hallucinations, se figurait qu'elle avait des chenilles dans le corps ; que ces chenilles remontaient dans sa gorge, dans sa tête, dans ses yeux ; qu'elles couraient sur sa peau. Alors elle s'excitait, parlait avec animation et demeurait sans sommeil. « A l'autopsie, dit M. Luys, je rencontrai une très vive hyperémie dans les couches optiques ainsi que dans la substance grise du troisième ventricule. L'écorce des circonvolutions frontales avait, comme dans le cas précédent, une coloration jaunâtre dans les couches superficielles, et une coloration rougeâtre dans les couches profondes [1]. »

Discussion. — Examinons les faits au point de vue de la théorie du cerveau, simple substratum de l'âme substance spirituelle ; puis à celui de la théorie du cerveau, organe dont la fonction est l'âme ; et voyons quelle est celle des deux théories qui rend le meilleur compte des faits.

1° Rappelons en premier lieu l'invincible objection contre laquelle se brise de prime abord tout système spiritualiste : Jamais les spiritualistes n'ont fait la preuve expérimentale qu'un esprit existât indépendamment et en dehors de toute matière.

1. Luys, planche III ; voir aussi planches IV, VII, VIII.

2° *A priori*, si la raison ne répugne pas à admettre, comme hypothèse possible, une substance spirituelle existant en dehors de toute matière, mais toutefois à cette condition que l'hypothèse sera vérifiée expérimentalement, en revanche la raison ne peut imaginer ni comprendre comment une substance spirituelle peut être unie ou juxtaposée à une substance corporelle.

Ces deux objections insolubles étant écartées, passons à l'examen des cas morbides cités ci-dessus.

A. 1° Voici un homme qui est constipé; comment expliquer ou même comprendre que l'âme, substance spirituelle, logée dans le cerveau [1], a le délire et voit des fantômes, en un mot, qu'elle perde son essence, à savoir la raison, parce que certains résidus de la digestion séjournent dans le tube intestinal? Cela est absolument impossible; c'est le comble de l'absurdité.

2° Cinquante grammes de sulfate de magnésie sont introduits dans l'intestin; et voilà la substance spirituelle, logée dans le cerveau, qui recouvre ses perceptions exactes, ses idées raisonnables, en un mot, son essence. Nouveau phénomène non moins étrange que le premier; aussi incompréhensible et aussi absurde!

B. Il en est tout autrement dans la théorie de l'âme, fonction du cerveau.

1° Le séjour des matières fécales dans l'intestin

---

1. Je discute ici la théorie la plus logique et la plus sensée des théories spiritualistes, à savoir celle de Platon. Quant à la moins logique et à la moins sensée, celle de Bossuet « l'âme et le corps font un tout naturel » elle est discutée dans un chapitre spécial, le chapitre xi° intitulé : *L'Ame et le cerveau font un Tout naturel.*

amène un trouble dans la circulation du sang ; ce trouble se propage dans l'organe le plus sensible, le cerveau. Le cerveau étant troublé matériellement par une hyperémie, sa fonction est nécessairement troublée ; dans le cas particulier, ce trouble fonctionnel consiste en hallucinations.

2° Le sulfate de magnésie, en débarrassant l'intestin, rétablit le cours normal du sang. L'organe cerveau étant revenu à son état normal, sa fonction revient nécessairement à son état normal ; les hallucinations sont supprimées [1].

En résumé, la production de l'état hallucinatoire de l'âme à la suite d'une constipation et la suppression de cet état de l'âme au moyen d'une dose de sulfate de magnésie sont inexplicables et incompréhensibles dans l'hypothèse de l'âme, substance spirituelle logée dans le cerveau.

Le cas de l'académicien de Berlin Nicolaï qui, en s'appliquant des sangsues au mollet, débarrasse son âme d'hallucinations, se discute de la même manière ; les conclusions sont identiques à celles du cas précédent.

La même méthode d'examen critique est applicable à tous les cas sans exception.

---

[1]. Autre exemple : Un œuf de ténia se développe dans l'intestin d'un malade soigné par le docteur Ferrus ; voilà l'âme du malade atteinte d'aliénation. Une décoction de racine de grenadier expulse le ténia de l'intestin : voilà l'âme qui recouvre le jugement, la raison, les qualités morales ! (DAGONET, 491. Voir aussi dans MARCÉ, 129, les cas de folie guéris par l'expulsion de vers ascarides).

Dans les deux cas précédents, les hallucinations n'étant que passagères, il est infiniment probable que les traces de l'hyperémie se sont promptement effacées. Il n'en est pas de même lorsque les hallucinations ont duré jusqu'au décès du malade, car la continuité du trouble fonctionnel jusqu'à la mort indique la continuité du désordre matériel de l'organe ; or c'est précisément ce que l'autopsie des personnes décédées en état chronique d'hallucination a montré avec éclat ; le cerveau offre ici des traces d'hyperémie violente, là une dégénérescence granulo-graisseuse. Voilà une contre-épreuve nette et claire en faveur de la théorie de l'âme fonction du cerveau.

II° MANIE. — Dagonet résume ainsi les symptômes de la manie aiguë. « Tout indique chez le malade le trouble et le désordre ; tout présente chez lui les caractères d'une surexcitation plus ou moins violente. La figure animée, les yeux étincelants, les cheveux en désordre, une insomnie opiniâtre ; des idées incohérentes se déroulant automatiquement sans ordre et sans but ; une loquacité intarissable, des impulsions violentes, de fausses sensations, des illusions et des hallucinations qui se jouent du malade et viennent augmenter ses souffrances ; une irritabilité excessive qui peut aller jusqu'à la colère et à la frayeur ; un besoin incessant de mouvement ; l'instinct de la destruction, le mépris de toutes convenances et des règles les plus élémentaires de la décence ; l'audace, l'effronterie, la grossièreté des manières et des habitudes ; le désordre et la malpropreté dans la tenue extérieure ;

des cris, des chants, des hurlements ; tels sont les symptômes habituels de la manie aiguë ; ces caractères font du maniaque le type classique de l'aliéné[1]. »

Traitement. — Le traitement hygiénique et pharmaceutique se compose : 1° de bains tièdes ; 2° de réfrigérants sur la tête ; 3° de purgatifs ; 4° d'opium ; 5° de quinquina et de fer.

Les guérisons de la manie aiguë s'élèvent aux deux tiers des malades.

État anatomique du cerveau. — Voici comme exemple général la description anatomique du cerveau d'une femme qui, après avoir eu plusieurs accès de manie, fut emportée à l'âge de 58 ans par des phénomènes de congestion encéphalique de manie aiguë : « Luys, Planche V. Toutes les régions du cerveau sont plus ou moins le siège d'une violente hyperémie ; le corps strié est parcouru par des vaisseaux très dilatés ; l'écorce présente des dilatations vasculaires très significatives. Du côté de l'insula, l'écorce a pris une coloration jaunâtre qui annonce la dégénérescence de tous les éléments nerveux de cette région. La substance blanche est pareillement associée au mouvement fluxionnaire général et présente des stries vasculaires très accentuées. »

Discussion. — Il est incompréhensible et inexplicable :

A. Que l'âme, substance spirituelle logée dans le

[1]. DAGONET, 181. Comme exemple de la dépravation des sens, Dagonet cite certains maniaques qui boivent leur urine avec délices et qui mangent leurs excréments, auxquels ils trouvent une grande suavité.

cerveau, soit frappée de manie aiguë par un afflux de sang ;

B. Puis, que cette même substance immatérielle et sans parties soit nettoyée de sa manie aiguë par des purgatifs, par de l'opium, du quinquina et du fer, introduits dans l'estomac et dans l'intestin ; enfin, par des bains tièdes où le corps, sauf la tête, est plongé tout entier.

Au contraire, dans la théorie de l'âme fonction du cerveau, on comprend et on explique très bien :

A. Comment une congestion troublant matériellement la substance cérébrale, amène consécutivement le trouble de la fonction ;

B. Comment les bains tièdes et l'opium en calmant l'agitation nerveuse ; comment les purgatifs en supprimant la constipation ; comment le quinquina et le fer en aidant à la réparation du système musculaire affaibli, suppriment l'hyperémie et rendent au sang son cours ordinaire. Le cerveau étant revenu à son état normal, sa fonction psychique reprend naturellement son état normal.

III° Lypémanie. — Le lypémaniaque, occupé de chagrins imaginaires, est dominé par un sentiment exagéré d'égoïsme. Il devient indifférent aux événements extérieurs, et d'une insensibilité complète à l'égard de ses enfants, de sa famille, de ses amis les plus dévoués. Il n'est même pas rare de voir les sentiments naturels d'affection se transformer en sentiments d'aversion profonde.

Les passions dépressives jouent dans la lypémanie

un rôle important. La crainte avec tous ses degrés et toutes ses nuances, le soupçon, la haine, la méfiance poussée à ses dernières limites, des scrupules non fondés, tels sont les sentiments pénibles dans lesquels ne cessent de s'entretenir les lypémaniaques.

Le délire roule continuellement dans le même cercle restreint : les malades se disent perdus, déshonorés, ruinés ; ils redoutent les plus affreux malheurs, les châtiments les plus épouvantables ; tout conspire contre eux ; ils sont poursuivis, persécutés ; leurs meilleurs amis sont de complicité avec leurs persécuteurs ; ils voient dans tout ce qui les entoure la preuve du supplice qu'ils craignent et la raison des idées qui les dominent.

Poussée au plus haut degré, la lypémanie semble enrayer jusqu'aux manifestations de l'instinct ; les malades restent exposés à la chaleur, au froid, se montrent insensibles à toutes les intempéries ; ils oublient la faim, la soif ; ils se négligent entièrement, n'ont plus aucun soin d'eux-mêmes et se maintiennent dans une tenue malpropre, inconvenante et désordonnée [1].

Traitement. — Le traitement de la lypémanie est le même que celui de la manie ; on y ajoute parfois les révulsifs cutanés, les bains sinapisés, les courants faradiques, surtout dans les cas de dépression profonde.

La lypémanie se termine par la guérison chez le tiers environ des malades.

---

1. Dagonet, 210 et suivantes.

État anatomique du cerveau. — Chez une femme de 47 ans, morte en état de stupeur lypémanique, M. Luys a trouvé, à l'autopsie, les deux hémisphères complètement exsangues.

Chez une femme de 53 ans, morte en état de lypémanie anxieuse, M. Luys a trouvé la substance grise de l'écorce amincie par places ; la plupart des circonvolutions présentaient une coloration blafarde, tout à fait exsangue, avec quelques arborisations vasculaires irrégulièrement disséminées. Une hyperémie très accentuée était répandue sur toute la surface interne des couches optiques et du troisième ventricule.

On reconnaît dans ces doubles désordres le caractère de l'ischémie et de l'hyperémie simultanées [1].

Discussion. — La discussion des faits concernant la lypémanie, se conduit avec la même méthode et aboutit aux mêmes conclusions que la discussion relative aux hallucinations et à la manie aiguë. Rien n'est compréhensible ni explicable avec l'hypothèse de l'âme, substance spirituelle logée dans le cerveau, tout se comprend et s'explique avec la théorie de l'âme, fonction du cerveau.

IV° PARALYSIE GÉNÉRALE DES ALIÉNÉS. — Deux ordres de phénomènes caractérisent la paralysie générale, à savoir : la lésion du mouvement et de la sensibilité et l'altération de l'intelligence.

1° *Lésion du mouvement et de la sensibilité;* embarras de la parole ; tremblement des différentes parties

---

[1]. Luys, planches VI, IV.

du corps; affaiblissement musculaire; irrégularité et surtout inégalité dans l'ouverture des pupilles; hémiplégie incomplète.

2° *Altération de l'intelligence.* — Les troubles intellectuels sont véritablement caractéristiques; on peut les réduire à deux formes principales :

A. Dans la première, on trouve dès le début l'affaiblissement progressif des facultés sans manifestation délirante très accentuée.

B. Dans la seconde, on observe des idées délirantes accompagnées, tantôt d'un état d'expansion ou de dépression morale, tantôt d'un état plus ou moins aigu d'agitation maniaque.

Le *délire ambitieux*, délire des grandeurs et des richesses, est le plus remarquable et le plus fréquent. Précurseur de la paralysie générale, il s'observe dans les conditions les plus différentes. Le plus souvent il se manifeste à la suite de congestion cérébrale.

La paralysie générale présente une période d'incubation et des prodromes qu'il n'est pas toujours facile de déterminer. Son début se fait ordinairement d'une manière lente; les individus qui doivent en être frappés offrent souvent, longtemps à l'avance, plusieurs mois, une année et même plus, des modifications dans le caractère. Les parents s'étonnent de ce changement, mais il est bien rare au début qu'on le rattache à un état cérébral grave, et c'est seulement quand ce délire vient plus tard faire explosion que tout alors s'explique.

La paralysie générale une fois déclarée suit une évolution plus ou moins régulière; la paralysie gagne peu à peu chacun des centres moteurs; la marche devient de plus en plus difficile; les muscles de la déglutition ne fonctionnent plus, les aliments sont difficilement poussés dans l'estomac. Les malades maigrissent rapidement; les attaques épileptiformes se répètent avec plus de fréquence.

L'affaiblissement intellectuel suit la même marche progressive; la mémoire s'éteint; l'expression de la figure revêt un caractère d'hébétude.

L'hyperémie cérébrale est le mécanisme incontestable de la paralysie générale; toutes les circonstances qui peuvent déterminer la congestion cérébrale sont autant de causes occasionnelles de la folie paralytique.

Au nombre de ces influences on doit ranger les températures extrêmes, froid excessif, chaleur intense, les excès alcooliques et vénériens.

Traitement. — La paralysie générale est une maladie incurable.

Quelquefois la mort arrive au bout de quelques semaines; rarement elle reste stationnaire pendant un grand nombre d'années. Le plus souvent sa marche est lentement progressive; sa durée moyenne est de deux à trois ans.

On peut observer dans le cours de la maladie des périodes de rémission fort remarquables, pendant lesquelles les symptômes semblent disparaître extérieurement. Mais la guérison n'est qu'apparente. Sous l'influence de la moindre cause, souvent même sans aucun fait appréciable, on voit les symptômes reparaître et marcher avec une rapidité plus ou moins grande [1].

État anatomique du cerveau. — Toutes les altérations énumérées au paragraphe *Mécanisme de l'aliénation* se trouvent dans la paralysie générale :

1° Infiltration séreuse, injection sanguine générales :

2° Altérations des méninges, à savoir : épaississement, opacité, adhérence, pachyméningite ;

3° Altérations de la substance cérébrale, à savoir : ramollissement partiel ou total du cerveau, foyers scléreux dans la substance blanche, atrophie de la substance grise.

« L'atrophie du cerveau est proportionnelle à la dégradation de l'intelligence. Elle se révèle non seulement par des pesées de l'organe, mais encore par l'aspect même des circonvolutions, qui sont minces, amaigries ; les anfractuosités sont moins profondes et réduites à l'état de sillons remplis de sérosité [2]. »

Discussion. — La désorganisation progressive de la substance cérébrale produit la dissolution graduelle des facultés intellectuelles et morales ; avec la désorganisation finale de l'organe s'éteint radicalement la fonction psychique. Tous ces faits sont conformes à la théorie de l'âme, fonction du cerveau.

V° DÉMENCE. — La démence peut être *primitive* ou *consécutive :*

1° Dans le premier cas elle survient d'emblée avec les caractères qui lui sont propres ; elle surprend l'in-

---

1. DAGONET, 327-341.
2. MARCÉ, 460.

dividu au milieu même de la santé morale et physique.

2° Dans le second cas, elle succède à une autre forme d'aliénation; elle présente alors, quoique à un degré moins aigu, les symptômes des affections mentales dont elle est la conséquence.

Esquirol a trouvé qu'un septième environ des individus atteints de manie, de monomanie, ou de lypémanie devenaient déments.

La démence peut être *partielle* ou générale :

1° Dans la *démence partielle*, l'aliéné peut présenter un affaiblissement considérable de certaines facultés, tandis que les autres facultés semblent rester presque entièrement intactes.

Trousseau raconte un cas de démence partielle chez une dame, lequel consistait à employer des expressions déraisonnables tandis que les actions étaient rationnelles. Par exemple, cette dame se levait avec un air de bonté pour recevoir un visiteur, et lui montrant un fauteuil lui disait d'une voix caressante : « Cochon, animal, fichue bête. » Son gendre, qui savait ce qu'elle voulait réellement dire, s'empressait d'ajouter : « Madame vous invite à vous asseoir. » C'était la traduction française du *latin* de sa belle-mère [1].

2° La *démence générale* est caractérisée par une diminution progressive de la mémoire; à mesure que la mémoire s'affaiblit, l'incohérence des idées passe aux mots. Comme type de la démence incohérente, Marcé

---

1. TROUSSEAU, cité par Ch. Bastian, tome II, 235.

a transcrit les lignes suivantes qu'il avait écrites sous la dictée d'un malade de Bicêtre : « Je puis créer Jumièges pour qu'ils sachent lire le camphre dans toutes les situations de la vie. La femme ivre qui accouche du néflier et de l'écureuil en ramonant les cheminées est d'une très nombreuse fortune. Je suis l'auteur de trois gibecières ; vous mourriez littéralement de faim si vous aviez un chien enragé dont nous fîmes un gros caillou [1]. »

Les fonctions de la vie organique conservent en général leur intégrité ; le sommeil se renouvelle souvent dans la journée ; l'appétit va jusqu'à la voracité ; un grand nombre de malades prennent beaucoup d'embonpoint. il arrive souvent que lorsqu'une des formes de l'aliénation mentale tend vers la démence, cette fâcheuse terminaison s'annonce par l'obésité.

Au dernier degré de la démence, l'intelligence est complètement anéantie ; l'existence des déments devient purement végétative. Selon l'énergique expression de Guislain, l'homme ainsi réduit n'est plus qu'un estomac.

Traitement. — La démence est incurable.

État anatomique du cerveau. — Dans le cerveau des déments, on trouve tous les désordres et la désorganisation cités dans le paragraphe consacré au mécanisme de l'aliénation mentale. Mais ce qui caractérise anatomiquement la démence, c'est l'atrophie considérable du cerveau. Cette atrophie

---

[1]. MARCÉ, 400.

affecte d'abord la substance corticale des circonvolutions et s'étend ensuite à la substance blanche. La cause histologique est]la dégénérescence graisseuse des cellules, des tubes, des capillaires et de la substance nerveuse.

D'une manière générale, *le degré de la démence est proportionnel au degré de l'atrophie du cerveau.*

Parchappe, un des premiers, a constaté que la moyenne du poids de l'encéphale dans la folie chronique était inférieur à la moyenne dans la folie aiguë. De plus, ayant réparti les cas de folie chronique en quatre séries, d'après le degré de plus en plus avancé de l'affaiblissement intellectuel, il obtint quatre séries de moyennes de poids graduellement décroissantes ainsi exprimées : Poids moyen.

FOLIE CHRONIQUE Degrés.	ENCÉPHALE Hommes.	ENCÉPHALE Femmes.
1er degré...	1.402 grammes...	1.216 grammes.
2e degré...	1.395 id.	1.211 id.
3e degré...	1.374 id.	1.202 id.
4e degré...	1.297 id.	1.152 id.

Différence entre le 1er et le 4e degré.

A. Chez les hommes... 105 grammes — B. chez les femmes... 64 grammes.

Parchappe a, en outre, démontré que c'était surtout sur la *partie antérieure des hémisphères* que s'exerce l'atrophie. Se basant sur ces recherches, il considère comme hors de doute, la loi de décroissement graduel du cerveau en raison de la dégradation successive de l'intelligence.

D'autres observateurs, et particulièrement Bucknill, sont arrivés à des résultats identiques. Dans les cas de folie chronique et surtout dans la démence, l'atrophie était proportionnelle au degré de la décadence intellectuelle et de sa durée [1].

Discussion. — La netteté et la clarté de ces faits, qui montrent d'une manière saisissante la dégradation croissante de l'âme accompagnant constamment la dégradation croissante du cerveau, rendent inutile toute discussion.

II° — L'ALCOOLISME.

En tête des causes physiques qui produisent un trouble profond et durable des fonctions cérébro-spinales se rangent les excès alcooliques.

Le célèbre médecin suédois, Magnus Huss, a décrit sous le nom d'alcoolisme, toutes les particularités que présente cette espèce d'intoxication.

Le rôle de l'ivrognerie dans la production de la folie est considérable surtout dans les pays du Nord, en Suède, en Angleterre, en Russie et dans l'Allemagne du Nord, où l'on trouve, pour les hommes devenus aliénés, un tiers d'ivrognes.

En France, les progrès de l'aliénation par suite d'alcoolisme sont considérables : la proportion des aliénés alcooliques était de 15 0/0 en 1836; elle est montée à 22 0/0 en 1867.

---

1. Dagonet, 355-365.

Comme les excès alcooliques entraînent toute espèce de désordres, on peut ajouter, avec le docteur E. Decaisne [1] que sur 500 familles d'ouvriers dans le dénûment, 400 se trouvent dans cette situation par suite de l'ivrognerie du chef de famille.

I° ACTION PHYSIOLOGIQUE DE L'ALCOOL. — Ingéré dans l'estomac, l'alcool se retrouve en nature dans le sang et dans les tissus, mais en proportions inégales; si l'on représente par 1 la quantité d'alcool contenue dans le sang, le foie en contiendra 1,5; et le cerveau près de 2. Cette aptitude singulière du tissu nerveux explique pleinement les désordres profonds des fonctions de l'encéphale chez les sujets qui abusent des boissons fermentées [2].

Une petite quantité seulement est décomposée au contact du ferment stomacal, la pepsine, et transformée en acide acétique; c'est peut-être ce dernier acide qui est l'une des causes les plus actives des différentes espèces de gastrite que l'on rencontre si fréquemment chez les buveurs.

Pris même à faible dose, l'alcool fait un séjour assez long dans l'organisme; après l'ingestion d'une quantité modérée de boissons spiritueuses, les poumons éliminent de l'alcool pendant 8 heures, et les reins pendant 14 heures.

L'alcool n'est point, comme on le croyait généralement, un aliment réparateur de l'économie, mais seu-

---

1. *Comptes rendus de l'Académie des sciences*, 5 juin 1871, tome 72, page 679.
2. MARCÉ, 607.

lement un modificateur du système nerveux ; à faible dose, il agit comme excitant ; à dose élevée, comme stupéfiant.

II° DEGRÉS DE L'ALCOOLISME. — On distingue généralement trois degrés dans l'Alcoolisme :

1° L'Ivresse simple ;

2° L'Alcoolisme aigu ou *Delirium tremens ;*

3° L'Alcoolisme chronique.

L'étude détaillée de chacun de ces trois degrés appartient spécialement aux traités médicaux ; nous nous contenterons d'exposer ce qui, dans les désordres, concerne la relation de l'organe avec la fonction. Du reste, les troubles de chacun des degrés de l'Alcoolisme ne diffèrent que du moins au plus.

III° MÉCANISME DE L'ACTION DE L'ALCOOL. — L'alcool agit sur le système nerveux :

1° Par les modifications particulières qu'il apporte à la circulation cérébrale, hyperémie d'abord, puis ischémie ;

2° Par une action directe sur les éléments nerveux eux-mêmes ; car, comme on l'a vu ci-dessus, l'alcool s'emmagasine dans la substance cérébrale et l'imprègne.

L'hyperémie correspond à la période d'excitation chez les alcooliques (*hyperesthésie*).

L'ischémie correspond à la période d'insensibilité et de résolution (*anesthésie*).

Les phénomènes initiaux de l'intoxication alcoolique sont les troubles de l'intelligence et l'incertitude du mouvement, ce qui indique que le cerveau et le cervelet sont atteints tout d'abord; les mouvements respiratoires s'affectent en dernier lieu.

IV° ÉTAT ANATOMIQUE DU CERVEAU. — A l'autopsie, le cerveau des alcooliques offre les caractères suivants :

1° *Altérations des méninges.* — Hémorragies, adhérence des méninges entre elles, pachyméningite;

2° *Altérations du cerveau.* — Dégénérescence graisseuse dans les parois capillaires. De là résultent :

A. Hémorragies interstitielles;
B. Plaques jaunâtres de ramollissement;
C. Plaques d'induration (sclérose);
D. Épanchements dans les ventricules;
E. Atrophie du cerveau;

L'Atrophie du cerveau est une sorte de ratatinement de la masse encéphalique; on dirait une macération dans l'alcool [1].

Les altérations de l'organe cérébral amènent les altérations suivantes des fonctions :

1° Troubles de la sensibilité;
2° Troubles de la motilité;
3° Troubles intellectuels et moraux :

§ I° **Troubles de la sensibilité.** — Les troubles de la sensibilité se classent en deux genres, à savoir : ceux qui se rattachent à l'hyperesthésie, et ceux qui se rattachent à l'anesthésie.

1° *Hyperesthésie.* — Chez les alcooliques on trouve :

A. Les fourmillements simples, les picotements et les démangeaisons;

[1]. DAGONET, 528.

B. Les sensations de brûlure, les crampes, la contracture douloureuse des membres, les douleurs fulgurantes ;

C. L'hyperesthésie superficielle de la peau : une sensation de poux, de vermine, répandus à la surface du corps, qui porte les malades à retirer sans cesse leurs vêtements pour les secouer.

2° *Anesthésie*. — L'Anesthésie n'envahit pas d'abord l'épaisseur des muscles; elle est superficielle : diminution de la sensibilité tactile, d'abord au bout des orteils, puis à la plante des pieds.

L'anesthésie peut présenter tous les degrés, depuis l'engourdissement, l'obtusion, jusqu'à l'insensibilité complète.

L'abolition de la sensibilité sous l'influence de l'alcool était un fait connu avant l'emploi de l'éther et du chloroforme; la torpeur ébrieuse a été utilisée dans quelques cas pour pratiquer certaines opérations chirurgicales.

A *l'hyperesthésie* se rattachent les hallucinations auxquelles sont en proie les alcooliques :

I° HALLUCINATIONS DE LA VUE. — Dans les accès d'alcoolisme aigu, le malade voit tout à coup apparaître devant lui des chats, des chiens qui cherchent à le mordre, des sangliers qu'il entend grogner, des loups qu'il entend hurler, des serpents qui sifflent ; ou bien des rats et des souris qui grimpent à ses jambes et qui lui causent une douleur excessive, etc.

Au lieu d'animaux, le malade voit quelquefois se dresser devant lui des spectres de parents morts qui posent sur son épaule leur main froide et décharnée. D'autres fois, ce sont des assassins qui le poursuivent ; ou bien des précipices qui s'entr'ouvent devant lui.

Toutes ces visions peuvent revêtir les formes les plus diverses ; mais ce qui les caractérise toutes, c'est le sentiment de frayeur qui les accompagne. Aussi les a-t-on désignées sous le nom de *hallucinations terrifiantes*.

Un autre caractère important est celui-ci : Hommes, choses, animaux, tout ce qui fait l'objet des hallucinations se meut et se déplace. De là aussi la mobilité des idées et des actes de l'alcoolique.

II° HALLUCINATIONS DE L'OUIE. — Les malades se plaignent de bruits insupportables, de tintements et de bourdonnements d'oreilles, de craquements, de coups de fusil, de sifflements, etc.

Ils entendent les cris sauvages des loups, des lions, des hyènes qui s'apprêtent à les dévorer ;

Ou bien ils entendent des menaces de mort ; ils seront tués, guillotinés, mutilés ; on les fera brûler à petit feu ; on fera des boutons de leurs os, etc.

III° HALLUCINATIONS DU GOUT ET DE L'ODORAT. — Les malades ressentent des odeurs ou des saveurs insupportables. De ces aberrations sensorielles, ils concluent qu'on veut les empoisonner, ils se plaignent des substances nuisibles qu'on mêle à leur boisson, à leurs aliments, dans le but de les faire mourir, de les rendre fous[1].

---

1. DAGONET, 538. Un des malades de M. Dagonet est allé lui-même se plaindre à la préfecture de police de l'huile mise dans la salade qu'on lui avait servie.

L'idée fixe du poison est, en effet, l'une des interprétations délirantes que l'on rencontre fréquemment dans l'alcoolisme ; elle sert aux malades à expliquer les sensations douloureuses qu'ils ressentent dans diverses parties du corps.

Cette idée fixe du poison se traduit également par un vif sentiment de terreur.

Ce délire caractéristique de frayeur engendre la manie du suicide. De là cette quantité de suicides d'ivrognes dont la progression suit celle même de l'ivrognerie. En 1848, le nombre des suicides par ivrognerie, en France, était de 142 ; il a atteint en 1868 le chiffre de 471. On compte un suicide de femme contre 7 suicides d'hommes.

IV° ÉPILEPSIE ALCOOLIQUE. — Une des formes les plus graves de l'alcoolisme chronique est assurément l'épilepsie alcoolique. Elle se distingue de l'épilepsie ordinaire en ce qu'elle est compliquée des signes habituels de l'intoxication alcoolique, troubles de la motilité, troubles de la sensibilité.

L'épilepsie alcoolique n'est pas absolument incurable ; elle peut disparaître si les excès alcooliques sont supprimés. Toutefois, lorsqu'elle existe depuis un grand nombre d'années, il est bien difficile d'en espérer la guérison.

§ II° **Troubles de la motilité.** — Le *tremblement* est le premier trouble qui se manifeste au début de l'intoxication alcoolique ; il est également un de ceux qui persistent le plus longtemps. Il devient définitif chez les individus atteints d'alcoolisme chronique.

Le tremblement alcoolique diffère du tremblement paralytique en ceci : Il dépend d'une irritation spéciale déterminée par l'alcool sur les centres nerveux, tandis que le tremblement paralytique est dû à un affaiblissement de l'activité nerveuse et à l'insuffisance de la contraction musculaire.

Le tremblement alcoolique a pour siège ordinaire les mains, les doigts surtout, la langue, les lèvres, les muscles de la face, les paupières ; c'est à lui qu'est due cette vacillation des globes oculaires qu'on appelle *nystagmus*.

§ III° **Troubles intellectuels et moraux.** — La frayeur et l'angoisse, le délire de la persécution et les idées de suicide, sont les troubles intellectuels ordinaires. Sous le coup d'une panique, l'individu alcoolique s'élance à travers l'espace, sans réflexion comme sans hésitation, brisant les obstacles qui cherchent à arrêter sa course insensée ; il se précipite par les fenêtres, des hauteurs les plus élevées, sans souci du péril qu'il ne voit pas, se donnant même quelquefois la mort pour échapper à un péril chimérique. Aussi la *Fuite* est-elle un fait significatif de l'alcoolisme.

Du côté de la mémoire, il y a des amnésies partielles et souvent l'amnésie totale ; l'accès d'ivresse passé, l'ivrogne ne se souvient de rien.

Mais c'est au point de vue moral surtout que l'alcoolisme frappe l'homme d'une dégradation caractéristique. L'individu devient méchant, irritable, violent ;

il frappe ceux qui l'entourent, sa femme, ses enfants. Le besoin de boire est impérieux ; pour le satisfaire, l'alcoolique est capable des actes les plus odieux. Peu à peu l'intelligence s'affaiblit, les sentiments moraux disparaissent, la distinction du bien et du mal s'efface ; l'ivrogne tombe au dernier degré de l'abrutissement.

Les excès alcooliques conduisent à l'aliénation mentale et à toutes les formes de l'aliénation : manie, folie impulsive, lypémanie, paralysie générale, démence.

Le délire impulsif est l'une des manifestations prédominantes de l'accès d'alcoolisme aigu ; on voit alors le malade dominé par des idées de meurtre ou des idées de suicide qui peuvent le rendre extrêmement dangereux. Ces impulsions violentes se rattachent dans ce cas directement à l'intoxication même ; elles cessent au bout de quelques jours, souvent de quelques heures, en même temps que disparaît l'accès d'alcoolisme. C'est un délire absolument transitoire dont la cause spéciale est l'irritation déterminée par la présence de l'alcool sur la substance cérébrale.

Voici un exemple typique de folie impulsive : Une femme éprouvait, *dès qu'elle avait bu*, un désir irrésistible de mettre le feu à quelque maison. Une fois l'ivresse passée, elle avait horreur d'elle-même. Nonobstant, elle n'avait pas commis ainsi moins de quatorze incendies.

La paralysie générale alcoolique semble avoir une marche plus rapidement progressive que la paralysie générale ordinaire et déterminer un trouble plus profond des facultés.

La démence alcoolique est identique à la démence ordinaire. Seulement à travers l'affaiblissement de toutes les facultés qui est le caractère de la démence, on peut voir persister quelques accidents qui rattachent la démence à l'intoxication alcoolique.

Traitement. — L'ivresse se termine habituellement par un sommeil profond pendant lequel se manifeste une transpiration abondante. Ce sommeil peut se prolonger 16, 24 et même 48 heures dans les cas graves. Au réveil, le malade est guéri.

L'accès d'alcoolisme aigu est généralement de courte durée, ordinairement deux ou trois jours ; il se prolonge parfois quatre à six jours, rarement au-delà. Le traitement consiste en bains tièdes prolongés, en lotions froides sur la tête, en légers purgatifs. La guérison s'établit dans la grande pluralité des cas.

Quant aux formes de l'aliénation mentale due à l'alcoolisme, le traitement est celui des formes de l'aliénation mentale ordinaire [1].

Discussion. — Les faits que fournit l'Alcoolisme peuvent être comptés parmi les plus nets et les plus décisifs relativement au problème de l'âme, fonction du cerveau. Voici un homme possédant dans leur plénitude toutes ses facultés intellectuelles et morales. Il introduit dans son estomac quelques centaines de grammes d'alcool ; l'alcool congestionne d'abord le cerveau, puis imprègne la substance cérébrale elle-même. Au fur et à mesure que les perturbations enva-

[1]. DAGONET, 520-587.

hissent l'organe, les fonctions psychiques se troublent ; la mémoire diminue et s'éteint, la raison s'éclipse, les sens perçoivent des choses qui n'existent pas ; le caractère moral change ; sensibilité, intelligence, volonté, moralité, en un seul mot, l'*Ame* est troublée.

Au fur et à mesure que l'alcool s'élimine et laisse le cerveau revenir à son état normal, les hallucinations disparaissent, la mémoire et la conscience reviennent, les qualités morales et la raison sont recouvrées, en un seul mot, l'*âme* a repris son état normal.

L'exemple de la femme poussée fatalement à l'incendie tant que l'alcool imbibe son cerveau ; puis, qui reprend sa conscience, sa raison et sa moralité aussitôt que l'alcool a évacué la substance cérébrale, donne à la démonstration une forme particulièrement saisissante.

III° — L'IDIOTIE ET LE CRÉTINISME

§ I° L'Idiotie. — Il est deux observations qu'il importe de faire préalablement : l'une concernant le poids du cerveau, l'autre concernant l'état où se trouve le crâne des enfants nouveau-nés.

1° *Rapport entre le poids du cerveau et l'intelligence.* — Le rapport entre le poids du cerveau et la fonction psychique sera, vu son importance, exposé et discuté dans un des chapitres suivants. La science contemporaine n'a pas encore pu établir en chiffres fixes les relations entre la quantité de substance cérébrale et la quantité d'intelligence ; car un des éléments fondamentaux du problème à résoudre lui a jusqu'à présent échappé, à savoir, la qualité de la substance cérébrale. Quoi qu'il en soit :

A. On sait avec une certitude absolue qu'au-*dessous de* 900 *grammes* (d'après Gratiolet), le cerveau a une fonction intellectuelle à peu près nulle : l'homme est idiot.

D'après Broca, la limite minimum serait de 1049 grammes pour les hommes, et de 907 pour les femmes [1].

B. On sait avec une quasi-certitude que le développement des circonvolutions et la profondeur de leurs anfractuosités se lient étroitement au développement de l'intelligence.

2° *Ossification du crâne chez les nouveau-nés.* — Le crâne se compose de huit os; à la naissance de l'enfant, ces os ne sont qu'à l'état de cartilages avec des points d'ossification.

Outre les huit os principaux on compte quelques os surnuméraires appelés os *wormiens*, du nom de l'anatomiste danois Wormius. Les os wormiens représentent en quelque sorte des chevilles plus ou moins considérables qui, paraissant vers le sixième mois après la naissance, se développent du centre à la circonférence; ils viennent à la rencontre des os environnants comme pour suppléer à la lenteur de leur ossification.

---

[1]. On trouvera dans la seconde section du chapitre VII *Le Progrès du cerveau*, le résumé des recherches scientifiques sur le rapport entre le poids du cerveau et l'intelligence.

Dans les cartilages de la base du crâne, la matière osseuse se développe dans leur épaisseur, s'y substitue ; le cartilage disparaît, l'os le remplace : c'est la génération osseuse par *substitution*.

Dans les cartilages de la voûte du crâne, le foyer osseux qui préexiste s'étend peu à peu du centre à la circonférence et finit par envahir tout le cartilage : c'est la génération osseuse par *envahissement*.

Tant que les sutures[1] du crâne ne sont pas ossifiées ; c'est-à-dire tant que les os définitifs n'ont pas entièrement perdu l'état cartilagineux, le crâne est souple ; il s'agrandit et se prête à l'accroissement de la substance cérébrale. Dès que les sutures sont ossifiées, le crâne est devenu os exclusivement ; il est rigide, tout agrandissement est désormais impossible.

Avant que l'ossification des os soit achevée et leur réunion consommée, les espaces intermédiaires sont protégés par de doubles membranes appelées *Fontanelles*. On leur a donné ce nom parce que leur peu d'épaisseur et leur souplesse permettent de sentir manifestement le mouvement d'élévation et d'abaissement du cerveau, ainsi que s'élèvent et s'abaissent les eaux qui jaillissent d'une fontaine.

Les fontanelles sont au nombre de six ; la période d'ossification des fontanelles est comprise entre l'âge de 15 mois, où cette ossification est très rare, et l'âge de 3 ans et demi, où elle est achevée.

I° MÉCANISME PRINCIPAL DE L'IDIOTIE. — Le méca-

---

[1] Les sutures sont les lignes qui unissent les différentes pièces du crâne.

nisme principal de l'idiotie est, comme l'a démontré l'illustre physiologiste Virchow, l'ossification prématurée des sutures.

A. En général, chez l'homme doué d'intelligence, la réunion des sutures est tardive, et le cerveau est susceptible d'un accroissement lent et continu.

Chez l'idiot, les sutures se réunissent trop vite et d'une manière tellement intime que le plus souvent la trace de leur existence n'est décelée que par une ligne flexueuse.

B. Chez l'homme intelligent, l'ossification des fontanelles, surtout celle de la fontanelle antérieure (celle qui intéresse le plus les lobes antérieurs du cerveau), suit une évolution lente et graduelle.

Chez les idiots, les fontanelles se ferment très vite (excepté chez les hydrocéphales) ou même elles n'existent pas.

M. Baillarger a eu occasion d'observer des idiots provenant de la même mère ; cette femme avait eu cinq enfants, les deux premiers bien conformés, les trois autres au contraire atteints de microcéphalie. Or elle affirmait que les trois microcéphales étaient nés avec le crâne dur, et qu'ils n'offraient pas, comme les deux premiers, l'espace mou (fontanelle) qu'on observe sur la tête de tous les enfants nouveau-nés [1].

Lorsque l'ossification a envahi de bonne heure un grand nombre de sutures ou toutes les sutures à la fois, il en résulte deux conséquences très graves :

---

[1]. Voir dans DAGONET, 400, les nombreux exemples du fait capital de l'ossification prématurée du crâne.

1° *Un arrêt de développement de l'encéphale* entier ou de certaines parties du cerveau, le plus ordinairement des hémisphères cérébraux ;

2° *Une circulation difficile ;* d'où anémie cérébrale, encéphalite (inflammation de l'encéphale) avec leurs suites, à savoir : épanchements internes, méningite, etc.

En effet, par suite de l'ossification prématurée, le crâne s'est trouvé fortement entravé dans son développement ou a cessé de s'accroître dans ses parties. Consécutivement les centres nerveux renfermés dans la cavité crânienne se trouvent aussi entravés ou arrêtés dans leur développement ; la circulation s'y fait difficilement ; la stupidité et l'idiotie se prononcent de plus en plus irrémédiablement [1].

II° MÉCANISMES DIVERS DE L'IDIOTIE. — L'Idiotie est encore produite par diverses causes physiques ou physiologiques.

1° *Causes physiques.* — A. Pratiques barbares exercées sur le crâne des nouveau-nés (compression au moyen de bandelettes, de planches, etc., chez certaines tribus de sauvages, chez les saltimbanques).

B. Coups ou chutes sur la tête, etc. ; d'où l'inflammation et ses suites funestes.

2° *Causes physiologiques* (*Hérédité*). — Procréation des enfants par des parents :

A. Soit alcooliques ou en simple état d'ivresse ;

B. Soit scrofuleux, épileptiques, etc. [2].

---

1. DAGONET, 449.
2. Notons encore une fois la terrible action de l'alcoolisme des parents sur le cerveau des enfants engendrés. Elle explique

III° ÉTAT ANATOMIQUE DU CERVEAU DES IDIOTS. — Voici quels sont les principaux faits :

1° *Conformation de la tête.* — Les idiots ont généralement la tête trop petite ou trop grande.

A. La tête trop petite ou *microcéphalie* est due à l'ossification prématurée des sutures.

B. La tête trop grande annonce généralement un épanchement dans l'encéphale : c'est alors l'*hydrocéphalie*.

Un crâne volumineux n'est pas toujours hydrocéphale ; il peut être le résultat d'une épaisseur extraordinaire des os, et cependant ne renfermer qu'un cerveau exigu.

2° *Poids du cerveau.* — De nombreuses pesées ont donné le résultat suivant :

A. Le poids moyen du cerveau d'un homme intelligent, oscille de 1130 grammes à 1490 grammes.

La microcéphalie commence lorsque le poids descend de 1130 à 1062 grammes.

Au-dessous de 1062, la microcéphalie de l'homme est décidée.

B. Le poids moyen du cerveau d'une femme intelligente oscille de 990 grammes à 1345 grammes ;

La microcéphalie commence lorsque le poids descend de 990 à 920 grammes.

en même temps comment, dans certaines familles, on trouve, issus des mêmes auteurs, à la fois des enfants intelligents et des enfants idiots, épileptiques, aliénés, etc. Cette anomalie provient de l'état physiologique où se trouvaient les parents au moment de la procréation.

Au-dessous de 920 grammes, la microcéphalie de la femme est décidée.

C. On a des cas d'idiots microcéphales dont le poids cérébral est descendu au-dessous de 900 grammes. Le poids le plus bas qu'on connaisse est celui du cerveau d'un idiot observé par Marshall : il pesait 241 grammes [1].

3° *Altération de la structure de l'encéphale.* — Les altérations les plus fréquentes sont les suivantes :

A. Une inégale répartition des vaisseaux de l'encéphale et une diminution de leur calibre.

On a vu dans la section consacrée à l'aliénation mentale quel rôle capital joue l'irrigation sanguine du cerveau.

B. Le petit développement des circonvolutions et leur peu de profondeur ; en outre, l'induration de plusieurs d'entre elles ;

C. L'atrophie des lobes antérieurs ;

D. Une augmentation de consistance de la substance blanche ; une diminution de quantité de la substance grise.

Traitement. — La première condition de toute amélioration psychique des idiots, dit Griesinger, est la cessation graduelle et complète de l'altération cérébrale qui fut la cause première de l'idiotie. Il faut donc entendre par guérison de l'idiotie la guérison radicale du mal physique qui engendre le mal psychique. Malheureusement l'idiotie vient le plus souvent d'un état congénital ; l'affection est alors incurable.

---

[1]. BASTIAN, tome II, 26-28. — Voir tome Ier, page 230, la gravure.

§ II° **Le Crétinisme.** — I° Facultés physiques, intellectuelles et morales des crétins. — Les facultés physiques, intellectuelles et morales présentent des différences prononcées selon le degré du crétinisme. De même que la dégradation physique peut descendre jusqu'à l'abrutissement, de même la faiblesse intellectuelle peut aller de l'imbécillité à l'idiotie absolue. La portée de l'intelligence des crétins complets est à peine comparable à celle d'un enfant de quelques mois [1].

II° Causes générales du Crétinisme. — On a signalé des crétins partout, en Europe, en Asie, en Amérique, sur tous les terrains et à toutes les altitudes. Le crétinisme semble dû, non à une cause unique, mais à des causes diverses, lesquelles peuvent être ainsi classées :

1° *Insalubrité de l'habitat.* — Le fait suivant, emprunté à Niepce, médecin inspecteur des eaux minérales d'Allevard (Isère), fait très bien ressortir l'influence de l'insalubrité du sol et des lieux habités, occasionnée par des circonstances locales : « Il y a dix ans, il existait à Allevard une rue dont les habitations d'un seul côté renfermaient beaucoup de goitreux et de crétins. A cette époque, de ce côté de la rue, les maisons étaient enterrées et en partie construites sur un ruisseau qui la traversait en dessous. On n'arrivait dans ces habitations que par des allées humides, sombres, où le soleil ne pénétrait jamais.

Au côté opposé, dont les maisons étaient saines, mieux bâties, mieux aérées, et qui recevaient les rayons

---

1. Dagonet, 459.

du soleil levant, on ne rencontrait ni goîtreux ni crétins. Les habitants de cette rangée de maisons formaient un contraste frappant par leur air de santé avec les êtres chétifs, étiolés, goîtreux, qui vivaient au milieu des émanations humides et pestilentielles du ruisseau servant à l'écoulement du marais de Saint-Pierre, et de l'atmosphère fétide de leurs tanières.

Depuis la création de l'établissement sulfureux d'Allevard, cet état d'insalubrité a disparu. Tout le côté de la rue où vivait une population goîtreuse et crétine a été démoli et reconstruit suivant les lois d'une bonne hygiène. Depuis lors, il ne naît plus de goîtreux ni de crétins dans cette rue [1]. »

2° *Insalubrité des eaux potables.* — L'influence des eaux potables sur la production du goître est incontestable. Des cas nombreux ont été cités en Suisse par Wagner, Hoffmann, etc.; en Hindoustan par Mac Clellan; en Amérique, par Boussingault, etc. Voici deux cas frappants, recueillis en Savoie par Mgr Billiet, archevêque de Chambéry.

A. Au Puiset, sur dix-huit familles, l'une a une citerne, les autres s'abreuvent à de mauvaises eaux. La première famille est saine; toutes les autres sont gravement atteintes du goître.

B. A Saint-Jean de Maurienne, il est bien connu que les eaux dites de Bourieux entretiennent le goître et le crétinisme dans la rue du même nom, tandis que la fontaine dite de la Pierre passe pour être très saine.

[1]. Dagonet, 431.

Plusieurs fois, dit Mgr Billiet, des jeunes gens en ont fait usage pendant un mois ou deux, avant la conscription, pour se donner le goître ou pour rendre plus volumineux celui qu'ils avaient déjà, afin d'obtenir l'exemption du service militaire.

Les iodures peuvent corriger l'insalubrité des eaux. Des cas remarquables ont été recueillis par Raulin et Boussingault, en Amérique. A la fin du xviiie siècle, la ville de Mariquita, entre autres, était célèbre par la beauté de ses femmes; le goître y était inconnu. Cinquante ans après, Raulin la visita; elle offrait le spectacle de la dégradation de l'espèce humaine. Raulin et Boussingault découvrirent que le goître et le crétinisme avaient commencé à envahir les habitants à partir de l'époque où ils avaient délaissé un sel qui renfermait des iodures pour consommer un autre sel dépourvu d'iodure. Boussingault constata le même résultat dans plusieurs autres villes de l'Amérique du Sud.

3° *Insalubrité des parents (Hérédité).* — Le crétinisme, comme l'idiotie, est dû souvent à ce fait que les enfants ont été procréés par des parents alcooliques, scrofuleux, etc.

III° PROPHYLAXIE DU CRÉTINISME. — Les moyens de préserver les hommes du crétinisme sont indiqués par le genre même des causes qui l'engendrent.

1° *Assainissement de l'habitat.* — Habitations aérées, exposées au soleil; drainage des eaux stagnantes, etc.

Depuis qu'on a établi des routes dans la Tarentaise et dans la Maurienne, le crétinisme ne s'y observe plus que dans les localités écartées. Le docteur Clivaz a fait remarquer que le village de Battiaz, près de Martigny, tristement célèbre autrefois par les ravages du crétinisme ne compte plus aujourd'hui aucun crétin, bien que la population soit triplée. Ce changement a coïncidé très exactement avec la disparition des terres incultes, couvertes de bois, et qui se prolongeaient jusqu'aux maisons du village. Le sol, défriché de nos jours, est couvert d'abondantes moissons; des habitations bien construites et bien aérées ont pris la place des cabanes où la lumière pénétrait à peine et dont les fenêtres ne s'ouvraient jamais [1].

2° *Assainissements des eaux potables*. — Il faut débarrasser les eaux du sulfate de chaux ou de magnésie et des principes organiques qu'elles contiennent en dissolution.

L'iode est le correctif des eaux sulfatées.

3° *Assainissement des parents*. — Inutile d'insister sur ce point. On peut ajouter toutefois que marier deux jeunes gens dont l'organisme est atteint de quelque vice constitutionnel, c'est commettre un véritable crime contre l'Humanité.

Discussion. — Les faits qui engendrent l'Idiotie et le Crétinisme, et les moyens qui guérissent ces affections sont incompréhensibles et inexplicables dans l'hypothèse spiritualiste. En effet :

1° Si l'âme est une substance spirituelle logée dans le cerveau, en quoi doit-elle se soucier, elle qui n'est pas étendue, que le cerveau, son logement, soit plus

---

1. DAGONET, 463; voir plusieurs autres exemples analogues.

ou moins étendu, que les circonvolutions en soient plus riches en profondeur? Il est impossible de comprendre pourquoi une substance immatérielle, absolument dénuée de parties, ne siégerait pas aussi bien dans un gramme que dans 1300 grammes de matière.

Dans la théorie de l'âme, fonction du cerveau, les faits se comprennent et s'expliquent aisément. La loi qui régit le rapport du cerveau et de sa fonction est celle même qui régit le rapport des autres organes et de leurs fonctions ; il existe pour tous les organes une limite *minimum* de croissance et de santé au-dessous de laquelle la fonction ne peut s'accomplir.

En outre, la constatation de localisations de facultés psychiques dans des centres nerveux particuliers, comme on le verra ci-après, ajoute un surcroît de force et d'évidence à la démonstration.

2° Comment comprendre et expliquer dans l'hypothèse spiritualiste les faits relatifs à la guérison du crétinisme? Voici dans un village nombre d'âmes atteintes de crétinisme ; ces substances spirituelles ont perdu intelligence, conscience, moralité. Survient un ingénieur qui établit des routes, creuse des rigoles d'écoulement, perce des fenêtres aux maisons ; et voilà les substances spirituelles assurées de conserver désormais l'intelligence, la conscience, la moralité !

Dans la théorie de l'âme, fonction du cerveau, tout se comprend et s'explique. Les mauvaises conditions hygiéniques altèrent la santé du corps entier et surtout celle de la substance cérébrale ; l'altération de la substance cérébrale entraîne nécessairement l'altération de sa fonction. Une fois les mauvaises conditions hygiéniques supprimées, la substance cérébrale, comme le corps entier, reprend la santé ; la santé de l'organe est suivie naturellement de la santé de la fonction. Là, ainsi que dans tous les cas possibles, le cerveau et sa fonction obéissent à la même loi que les autres organes corporels et leurs fonctions respectives.

IV° — CONCLUSION DE LA PREMIÈRE SECTION

De l'examen des faits qui concernent l'Aliénation mentale, l'Alcoolisme, l'Idiotie et le Crétinisme, il résulte :

1° Que l'hypothèse de l'Ame, substance spirituelle siégeant dans le cerveau, est absolument impuissante à rien faire comprendre et à rien expliquer;

2° Que l'hypothèse de l'Ame, fonction du cerveau, explique tout et fait tout comprendre.

Donc l'*Ame est la fonction générale du cerveau.*

SECONDE SECTION

I° — EXISTENCE DE CENTRES MOTEURS ET DE CENTRES PERCEPTIFS GÉNÉRAUX DANS LE CERVEAU
(Localisations cérébrales)

Pour tous les physiologistes, le problème de l'Ame, fonction du cerveau, est résolu. Un autre problème s'est posé : l'Ame pense, se souvient, veut et fait mouvoir les organes de la vie de relation; ces diverses facultés constituent-elles une fonction indivisible du cerveau tout entier, ou bien sont-elles localisées chacune dans un centre particulier?

D'abord on crut, d'après certaines expériences, reconnaître que les facultés de l'âme appartenaient indivisiblement à la substance cérébrale entière. Aujourd'hui il n'est plus possible de soutenir cette thèse.

Notice historique. — « Jusqu'à ces dernières années, dit M. Gavoy [1], un désaccord profond existait entre la physiologie expérimentale et l'observation clinique. La physiologie (école de Flourens) proclamait hautement l'inexcitabilité de la substance grise du cerveau et l'homogénéité fonctionnelle des hémisphères. La clinique, de son côté, apportait des observations précises de lésions limitées de l'écorce cérébrale qui avaient provoqué des troubles de la motilité ou des convulsions; elle affirmait la diversité des fonctions des différentes parties des hémisphères.

La question en était là lorsque parut le travail du docteur Hughlings Jackson sur la pathogénie de l'asphyxie, de la chorée et de l'hémiplégie. Fritsch et Hitzig, physiologistes allemands, en vérifiant ces théories, remarquèrent qu'un courant électrique traversant la tête, d'une apophyse mastoïde à l'autre, avait provoqué chez un homme des mouvements des yeux. Ils résolurent de mettre à l'épreuve l'exactitude de la théorie classique de l'inexcitabilité du cerveau.

---

1. GAVOY, *Atlas d'anatomie topographique du cerveau et des localisations cérébrales*, préface, in-4°, 1882, chez O. Doin.

Des expériences furent faites sur des chiens en 1870 ; elles démontrèrent que certaines zones de l'écorce grise sont excitables. Hitzig continua ses expériences sur le chien et sur le singe en recherchant les centres des mouvements volontaires ; il publia son mémoire en 1873.

La même année, en Angleterre, Ferrier fit des recherches sur le singe en se servant pour exciter les hémisphères d'une pile de Stohrer (zinc et charbon) et du courant induit de la seconde bobine de l'appareil magnéto-électrique de du Bois-Reymond. Le singe fut porté devant les membres de la Société royale de Londres, qui furent émerveillés de la justesse avec laquelle tel mouvement annoncé d'avance de la tête, des yeux et des membres était exécuté lorsqu'on touchait avec l'électrode telle ou telle partie de la substance corticale. Ces expériences furent bientôt suivies des recherches de Nothnagel, Schiff, Braun, Eckhart, Carville et Duret.

Tous ces expérimentateurs ont démontré l'excitabilité de certaines parties de l'écorce cérébrale à l'exclusion des autres, l'existence d'une zone dont l'excitation provoque des mouvements localisés dans le côté opposé du corps et dont la destruction amène une paralysie plus ou moins persistante.

La détermination du siège de ces centres moteurs a occasionné cependant quelques dissentiments. Hitzig les restreint, Ferrier les étend ; Charcot, Carville et Duret leur assignent une situation intermédiaire [1].

1. Il n'est pas étonnant qu'en une matière aussi difficile il y ait des dissentiments sur les limites des centres moteurs ; ce

Ces expériences physiologiques n'auraient pas entraîné la conviction si elles n'avaient pas été en concordance avec l'observation clinique. La physiologie expérimentale laissait des doutes ; la clinique avec autopsie devait les dissiper. Les observations multiples publiées par le professeur Charcot ont apporté des documents irrécusables qui sanctionnent le principe des localisations cérébrales motrices. »

Mode de la localisation. — La Localisation des opérations cérébrales correspond-elle à des ilots corticaux topographiquement séparés?

Ou bien correspond-elle à des mécanismes distincts de cellules et de fibres, lesquels mécanismes existeraient d'une manière plus ou moins diffuse et entremêlée ?

Il semble que ce soit le second mode d'arrangement qui soit le vrai mode de localisation. L'existence d'un arrangement de cette nature aiderait à jeter quelque lumière sur les résultats obtenus par Flourens et à concilier ceux-ci avec les doctrines aujourd'hui régnantes. On sait qu'au temps de Flourens, l'analyse microscopique du tissu cérébral était à peine ébauchée. Aujourd'hui les travaux exécutés en Allemagne, en Angleterre et en France ont considérablement accru sur ce point nos connaissances.

sera l'œuvre de l'avenir de dissiper ces obscurités. Mais, au point de vue du problème philosophique, à savoir : la détermination de la nature de l'âme, il importe peu de connaître les confins exacts des centres, il suffit qu'il y ait des ilots affectés aux fonctions particulières qui composent la fonction générale du cerveau.

Il résulterait de ce mode de localisation que si certaines parties du cerveau ont la prédominance dans l'accomplissement de tel ou tel acte psychique, cette action prédominante n'exclurait pas le concours des autres parties corticales, lesquelles agiraient synergiquement selon la nature du genre de cellules qui les composent. Par exemple, il est admis unanimement que les lobes antérieurs président à l'accomplissement des opérations intellectuelles; mais si dans les actes intellectuels leur activité est prépondérante, il n'en est pas moins vrai qu'ils prendraient aussi part, quoique à un moindre degré, à l'exécution d'autres opérations mentales, lesquelles dépendent particulièrement de l'activité fonctionnelle des autres parties cérébrales, telles que les lobes pariétaux, temporaux, occipitaux, isolés ou combinés.

I° LOCALISATION DES CENTRES MOTEURS. — Les expériences de physiologie ont démontré que l'excitation de points limités à la surface des circonvolutions provoque des mouvements localisés dans un groupe de muscles déterminé du côté opposé du corps; que l'excitation d'autres régions est sans effets appréciables. De plus, si l'on détruit les premiers points explorés, il survient une paralysie dans ces mêmes groupes de muscles, tandis que la destruction des seconds ne donne lieu à la manifestation d'aucun symptôme.

Les régions excitables sont dites *zones motrices;*
Les régions inexcitables sont dites *zones latentes.*
La destruction des régions latentes n'est suivie de l'apparition d'aucun symptôme appréciable du côté de

la motricité. Les recherches histologiques ont démontré que les cellules pyramidales géantes, lesquelles sont les *cellules motrices*, n'existent pas ou sont très peu développées et en très minime proportion dans les couches corticales prises en dehors de la zone motrice.

La découverte des régions excitables et des régions inexcitables de l'écorce cérébrale a donné l'explication de la divergence dans les manifestations qu'avaient données certaines lésions limitées de la surface du cerveau ; les unes avaient occasionné des paralysies ou des convulsions ; les autres ne s'étaient révélées au dehors par aucun symptôme du côté de la motilité.

L'expérimentation indique comme régions *inexcitables* :

1º La partie antérieure des 1re, 2e et 3e circonvolutions frontales ;

2º Une partie des lobes pariétaux ;

3º Toute l'étendue du lobe occipital et sphéno-temporal ;

4º Les lobules orbitaires ;

5º La face interne de l'hémisphère, à l'exception du lobule paracentral ;

L'observation clinique et anatomo-pathologique démontre que les lésions irritatives ou destructives qui siègent sur ces régions ne donnent lieu à aucun trouble moteur [1]. »

---

[1]. Gavoy, Atlas, 52.

Les régions excitables, sur lesquelles existent des centres moteurs sont :

1° La partie supérieure de la circonvolution ascendante ;

2° L'extrémité antérieure de la circonvolution pariétale supérieure, au point où les 1re et 2e pariétales s'insèrent à la frontale ascendante ;

3° Le pli courbe ;

4° Le lobule paracentral ;

5° Le pli sourcilier de la 3e frontale de l'hémisphère gauche.

A. Lorsqu'on excite la région qui occupe le tiers supérieur de la frontale ascendante et la moitié antérieure du lobule paracentral, on provoque des mouvements dans le membre antérieur de l'animal (bras de l'homme).

B. Lorsqu'on excite la région qui occupe la moitié supérieure de la pariétale ascendante, la moitié postérieure du lobule paracentral, et la partie antérieure de la pariétale supérieure, on provoque des mouvements dans le membre postérieur de l'animal (jambe de l'homme).

C. Lorsqu'on excite la racine de la première frontale, on provoque des mouvements de rotation de la tête et du cou ;

D. Lorsqu'on excite le point où la pariétale supérieure s'insère à la frontale ascendante, on provoque des mouvements dans les muscles de la face ;

E. L'excitation du pli courbe provoque des mouvements des yeux ;

F. Quant au pli sourcilier, siège du langage articulé il en sera parlé ci-après [1].

II° LOCALISATION DE CENTRES PERCEPTIFS. — Supposons un armateur possédant un entrepôt situé dans un port de mer. Les travailleurs qui sont à son service lui envoient, les uns des pelleteries par la voie de l'Amérique, les autres de l'ivoire par la voie d'Afrique, ceux-là des céréales par la voie d'Europe. Tous les objets envoyés vont se ranger dans des coins spéciaux de l'entrepôt. L'armateur les a tous à sa disposition ; il use des uns et des autres selon les besoins de son activité professionnelle.

Si l'on veut bien ne pas oublier que l'intelligence est une fonction du cerveau, la fonction directrice, la plus haute de toutes, mais une simple fonction, l'allégorie de l'armateur peut servir à faire comprendre ce que les physiologistes entendent par centres *perceptifs*, ainsi que le mécanisme de ces centres.

1° L'entrepôt est le cerveau ; l'armateur est l'intelligence ;

2° Les travailleurs qui du dehors, envoient des marchandises sont les noyaux nerveux des cinq sens distribués à la périphérie du corps ;

3° Les marchandises de nature différente envoyées à l'entrepôt cérébral sont les impressions visuelles, auditives, olfactives, gustatives et tactiles.

4° Les routes diverses suivies par chaque genre

---

1. Voir *Physiologie du cerveau*, page 45, les détails complémentaires. — Voir dans GAVOY, pages 40-61, les dix-neuf observations typiques recueillies dans les hôpitaux, lesquelles

d'impressions sont les nerfs conducteurs de chaque appareil sensoriel qui transmettent les impressions à l'entrepôt cérébral;

5° Les coins spéciaux où se range chaque genre de marchandises sont les centres corticaux où s'emmagasinent, ici les perceptions visuelles, là les perceptions auditives, ailleurs les perceptions olfactives, etc.; en deux mots, ces centres-magasins sont les *centres perceptifs*.

En continuant la comparaison, on pourrait ajouter ceci : De même que les magasins qui reçoivent les marchandises les plus nombreuses et les plus variées doivent être les plus larges de même les centres perceptifs qui reçoivent le plus d'impressions doivent être les plus larges. Par exemple, les impressions visuelles et les impressions auditives étant les plus nombreuses et les plus variées devraient avoir les centres perceptifs les plus étendus.

Cette théorie est celle qu'a exposée en janvier 1869 M. Brown-Séquard [1]. Bien entendu, il faut à l'allégorie précédente ajouter ceci : c'est que si les magasins de chaque genre de marchandises sont nettement séparés l'un de l'autre, il n'en est pas même des centres cérébraux, comme nous l'avons vu ci-dessus [2].

confirment l'existence des centres moteurs. J'ai cité cinq de ces cas, à la page 138 du chapitre consacré aux *Conditions vitales du cerveau*.

1. *Journal of mental science*, dans Ch. Bastian, tome II, 151.
2. Je ne parle ici que du côté passif des centres perceptifs afin de rendre plus clair l'exposé; dans le chapitre consacré à la *Mémoire*, il sera longuement parlé du côté actif, à savoir : les associations et les combinaisons des perceptions entre elles.

« Puisque nous avons certaines avenues de savoir (les cinq sens et les nerfs conducteurs); puisque les hémisphères cérébraux élaborent en *perceptions* les impressions sensitives reçues, nous pouvons bien comprendre que les impressions, entrant par une porte ou avenue sensorielle, peuvent passer à travers la substance des hémisphères jusqu'à leur surface, dans certaines directions définies et suivant des routes habituelles. Alors les impressions qui entrent par une autre porte de savoir ou avenue sensorielle, peuvent suivre et suivent probablement une direction différente à travers la substance cérébrale; de manière qu'à la surface des hémisphères, les fibres et les cellules qui reçoivent les impressions et les élaborent en perceptions peuvent exister en quantité maximum dans différentes parties de la surface des hémisphères. Et ainsi de suite pour les divers organes des sens et leurs expansions ultimes, formant ce que j'appellerais *centres perceptifs* dans les hémisphères cérébraux... De même que certains de nos sens contribuent d'une manière prépondérante à édifier nos impressions mentales et les résultats volitionnels correspondants (par exemple, les sens de la vue, de l'ouïe et du toucher), de même, nous pouvons imaginer que ces appareils sensoriels seraient reliés intérieurement avec une aire comparativement étendue de la substance corticale de chaque hémisphère. On serait donc en droit de regarder comme probable que les centres perceptifs pour les impressions visuelles et les centres perceptifs pour les impressions auditives ont un siège relativement vaste dans les hémisphères cérébraux, tandis que ceux appartenant aux sens gustatif et olfactif auraient une distribution plus limitée. »

Si les nombreuses observations de lésions corticales dans les maladies cérébrales n'ont pas abouti jusque-là à résoudre complètement le problème des centres perceptifs, cela tient à la nature double du cerveau et à la connexion de chacun des deux hémisphères avec les ganglions inférieurs (corps optostriés, etc.), lesquels reçoivent les nerfs des sens extérieurs. Voici ce qui résulte d'un tel arrangement anatomique :

Lorsqu'un hémisphère a subi une blessure ou est devenu malade, fort peu de temps après, l'autre hémisphère est capable d'être mis en relation avec les impressions sensitives des deux côtés du corps. Alors, bien que les centres perceptifs de la vue, de l'ouïe et de l'odorat puissent être détruits dans les circonvolutions d'un hémisphère, il ne se produit, suivant les cas, ni cécité de l'œil opposé, ni perte unilatérale de l'ouïe et de l'odorat. Il peut se faire qu'il y ait tout d'abord quelque perte ou faiblesse unilatérale de l'un ou de l'autre des sens spéciaux, lorsque le centre perceptif de ce sens est endommagé dans les circonvolutions; mais cette perte ou faiblesse peut aisément passer inaperçue dans les premiers jours d'une maladie. Le défaut d'observation sur des points comme ceux-ci se présente très communément au début d'une maladie aiguë du cerveau, soit de la part du malade, soit de la part du médecin. On voit par là combien grande est la difficulté de pareilles recherches [1].

C'est en 1875 que le docteur Ferrier fit sa première communication touchant les centres perceptifs à la Société royale de Londres. Dans ces expériences, Ferrier est parti de cette idée qu'il existe dans l'écorce des hémisphères certains centres perceptifs, d'aire limitée et topographiquement distincts les uns des autres. Or, comme on l'a dit plus haut, la doctrine qui semble prévaloir est celle-ci : Les centres perceptifs ont un siège diffus (c'est-à-dire s'étalant sans contours définis) et entremêlés les uns avec les autres comme dans une étoffe une série de fils blancs peut se croiser avec une série de fils noirs) [2]. Quel que soit

---

1. BASTIAN, t. II, 154.
2. Les centres seraient déterminés par la prédominance de tel ou tel genre de cellules ; par exemple, les cellules pyramidales *géantes* étant considérées comme les cellules motrices, tout centre renfermant une grande pluralité de cellules géantes serait un centre moteur. Ce qui revient à dire que la propriété fonctionnelle appartient au genre de la cellule.

D'autre part, comme il n'est pas de région dite *inexcitable* dans l'écorce cérébrale qui soit entièrement dénuée de cellules géantes ; comme il n'est pas également de région dite *excitable* ou *motrice* qui ne renferme les autres genres de cellules (pyramidales, fusiformes), de la névroglie et des fibres nerveuses, il résulte de là que si la fonction motrice, par exemple, est prédominante dans un centre à cause de la prédominance des cellules géantes, ce même centre n'est pas pour cela entièrement étranger aux opérations de l'ordre intellectuel et moral.

Enfin, cette participation des centres d'un certain ordre aux fonctions prédominantes des centres d'un autre ordre démontre que tous les centres du cerveau sont à la fois autonomes par la prédominance de tel genre de cellules, et solidaires par les cellules des autres genres que tous possèdent communément. Les liens qui unissent les centres l'un à l'autre seront plus ou moins étroits, selon la quantité plus ou moins grande de cellules communes qu'ils possèdent respectivement.

l'intérêt que présente aux physiologistes la solution de ce problème, il suffit pour la thèse philosophique qu'il y ait des *centres perceptifs*, limités ou diffus, distincts topographiquement ou entremêlés, peu importe.

Les déterminations faites par Ferrier demandent assurément à être corroborées par d'autres observations et d'autres expériences; en pareille matière on ne saurait être trop circonspect; mais le discernement et l'habileté avec lesquels le physiologiste anglais a fait ses expériences leur donnent une haute valeur.

Les expériences concernant les centres perceptifs ont été faites, comme l'avaient été les expériences concernant les centres moteurs, sur l'animal le plus voisin de l'homme, c'est-à-dire le singe.

I° CENTRE PERCEPTIF DE LA VUE. — Ferrier a localisé le centre perceptif de la vue dans la circonvolution et le lobule du pli courbe.

A. La destruction de ce centre sur un seul hémisphère amène la cécité de l'œil opposé pendant un jour ou deux; puis l'animal recouvre l'usage de son œil.

B. La destruction du centre sur les deux hémisphères entraîne la cécité définitive, l'animal devient aveugle des deux yeux; il ne recouvre plus la vue.

II° CENTRE PERCEPTIF DE L'OUÏE. — Ferrier a localisé le centre perceptif de l'ouïe dans la moitié supérieure de la circonvolution temporale supérieure.

A. Après la destruction de ce centre sur un seul hémisphère, l'animal perdait temporairement la faculté d'entendre d'une oreille.

B. La destruction du centre sur les deux hémisphères à la fois entraînait la surdité totale et définitive des deux oreilles.

Dans ses expériences, Ferrier plaçait à côté du singe lésé un autre singe intact, qui servait de terme de comparaison. En produisant des bruits de nature et d'intensité différentes, il pouvait, d'après l'attitude et les tressaillements du singe intact, estimer le degré de surdité qui avait atteint le singe lésé ; celui-ci faisait à peine quelques mouvements ou restait impassible.

III° CENTRES PERCEPTIFS DE L'ODORAT ET DU GOUT. — Le centre du goût et celui de l'odorat seraient contigus : ils se trouveraient dans la partie inférieure de la circonvolution temporale moyenne.

IV° CENTRE PERCEPTIF DU TOUCHER. — Le centre de la sensibilité tactile serait le grand hippocampe et la corne d'Ammon.

Au point de vue de la production de la pensée, les deux centres les plus importants sont le centre visuel et le centre auditif. C'est d'eux que dépend la mémoire des sens, celle des images (idées), des relations et des mouvements des objets extérieurs; c'est à ces deux centres que se rattachent la parole et l'écriture, c'est-à-dire le langage parlé et le langage écrit; c'est la mémoire des mots parlés emmagasinés dans le centre auditif, et celle des mots écrits emmagasinés dans le centre visuel, qui seules rendent possibles nos opérations intellectuelles. Il est évident que la destruction des centres auditifs et visuels amènerait l'impossibilité de parler et d'écrire. Bien plus! serait-il même possible de penser? « Les actes les plus élevés de l'intelligence, dit Gratiolet, sont à tel point liés à la faculté du langage que les anciens philosophes appelaient les animaux *muets*. En effet, la pensée humaine est un langage intérieur; il est donc fort difficile de se faire indépendamment de cette faculté supérieure une idée de l'intelligence [1]. »

Si les animaux pensaient, disait Descartes, s'ils avaient une âme, ils parleraient; or, ils ne parlent pas, donc ils ne pensent pas, donc ils n'ont pas d'âme.

La parole est la pensée extérieure, de même que la pensée est une parole intérieure; c'est ce double aspect qu'exprime le λόγος des Grecs.

L'indissoluble liaison de la pensée et du langage parlé ou écrit, donne une importance extrême au problème suivant : La faculté du langage articulé est-elle la propriété indivisible du cerveau tout entier, ou bien a-t-elle un centre qui lui soit propre?

V° CENTRE MOTEUR DU LANGAGE ARTICULÉ. — En 1825, Bouillaud avait remarqué que le cerveau des malades privés de la parole présentait, à l'autopsie, des lésions des lobes antérieurs.

En 1836, Dax, médecin à Montpellier, fit remarquer que l'aphasie (impossibilité d'exprimer sa pensée par des paroles) coïncidait presque toujours avec une hémiplégie du côté droit. Il se crut autorisé à dire que la faculté du langage siège dans le lobe antérieur de l'hémisphère gauche.

---

1. GRATIOLET. *Anatomie du système nerveux*, tome II, 639.

En 1861, Paul Broca précisa davantage ; il observa que tous les aphasiques présentaient une lésion de la partie postérieure de la 3ᵉ circonvolution frontale de l'hémisphère gauche ; et pour mieux préciser encore, dans le *pli sourcilier*.

Cette localisation de Broca a été un champ où les physiologistes se sont livré, à coups de faits prétendus contradictoires, une bataille acharnée. Aujourd'hui la lutte a pris fin ; on peut établir d'une manière nette :

1º La valeur fonctionnelle du pli sourcilier *gauche*;

2º La difficulté non encore résolue que cette localisation soulève.

A. Le premier terrain du débat était celui-ci : Toutes les fois qu'il y a aphasie, faut-il en conclure qu'il y a toujours et invariablement lésion du pli sourcilier de la 3ᵉ frontale gauche? On n'a pas eu de peine à réunir un grand nombre de faits prouvant que des aphasiques n'avaient aucune lésion du pli sourcilier gauche. C'est qu'en effet, la perte de la parole n'est pas due à une cause unique.

1ᵉʳ *Cas.* — La perte de la parole peut provenir de la perte des centres perceptifs de l'ouïe et de la vue (à la suite de lésions, d'aliénation mentale, d'idiotie, d'alcoolisme).

En effet, le cerveau ayant perdu ses deux magasins de mots et d'idées ainsi que les associations que forment entre eux les mots et les idées, est dans l'impuissance absolue d'exprimer quelque pensée. Le pli sourcilier gauche a beau être intact et apte à fonctionner, l'aphasie est complète ; le mécanisme du langage est aussi immobile que la roue d'un moulin au-dessous d'un réservoir à sec.

Dans ce cas, l'aphasie complète est toujours accompagnée d'un *trouble complet de l'intelligence*.

2° *Cas*. — S'il n'y a qu'un centre perceptif, vue ou ouïe, qui soit atteint; ou s'il n'y a qu'une lésion partielle de l'un et de l'autre, en supposant toujours que le pli sourcilier gauche est intact, alors l'aphasie sera partielle; le malade aphasique pourra prononcer certains mots, certaines phrases, etc.

Dans ce cas, l'aphasie partielle est toujours accompagnée d'*un trouble partiel de l'intelligence*.

3° *Cas*. — Si les centres perceptifs de l'ouïe et de la vue sont intacts, et que le pli sourcilier gauche soit seul lésé, il y a aphasie complète ou partielle, selon le degré de la lésion. En effet, le cerveau a beau avoir des mots et des idées à son service, le mécanisme moteur, seul capable d'émettre à l'extérieur ces mots et ces idées, lui fait défaut par suite de détérioration.

Dans ce cas, l'aphasie, complète ou partielle, est toujours accompagnée d'*une intelligence saine*[1].

On voit par là que l'origine de l'aphasie est nettement caractérisée par le trouble ou l'intégrité de l'intelligence. Aussi a-t-on pu formuler une loi de l'aphasie. Rappelons d'abord :

---

1. L'aphasie peut être aussi produite par une lésion de la substance blanche immédiatement sous-jacente à la 3° frontale gauche et interposée entre cette circonvolution et le corps strié (BASTIAN, II, 267). Dans ce cas, c'est la rupture de la communication entre le pli sourcilier et l'appareil vocal qui cause l'aphasie. Cela ne modifie en rien les conclusions ci-dessus énoncées.

1° Que le centre perceptif de la vue est situé au lobe du pli courbe;

2° Que le centre perceptif de l'ouïe est situé à la moitié supérieure de la circonvolution temporale supérieure;

3° Que le centre purement moteur de la parole est situé au pli sourcilier de la troisième frontale de l'hémisphère gauche;

Ces détails topographiques rappelés, on comprendra aisément la formule suivante :

Loi de l'aphasie. — La tendance au désordre mental et le degré de ce désordre augmenteront à mesure que les lésions de l'hémisphère gauche s'éloigneront de la 3ᵉ frontale pour s'approcher du lobe occipital [1].

B. Le pli sourcilier de la 3ᵉ circonvolution frontale gauche est le centre moteur du langage articulé. « Toutes les observations contradictoires à la doctrine de Broca, a dit M. Charcot en 1876, pèchent, soit par le côté clinique, soit par le côté anatomique [2]. » Cette localisation est donc un fait acquis à la science. Mais même définie comme elle vient de l'être, il n'en est pas moins vrai qu'elle soulève une grave difficulté :

Objection. — Pourquoi le centre moteur du langage articulé est-il localisé dans le pli sourcilier gauche exclusivement, et non pas dans les deux plis sourciliers? Cela est contraire à la loi jusqu'alors admise que les deux hémisphères ont symétriquement les mêmes fonctions et se suppléent mutuellement.

1. Bastian, II, 275.
2. Charcot, *Revue scientifique*, 11 novembre 1876, page 465.

Réponse. — Il est incontestable que le fait d'une localisation unilatérale est en contradiction avec la doctrine de l'identité symétrique des fonctions dans les deux hémisphères. Mais en attendant que les travaux futurs viennent répandre la lumière sur ce point obscur, il est opportun de se rappeler le principe méthodique de Claude Bernard : Il n'y a pas de faits contradictoires, il n'y a que des conditions déterminantes différentes. Quelque nombreux qu'ils soient, les faits négatifs ne détruisent jamais un fait positif; ils doivent être mis à l'écart jusqu'à ce qu'ils soient déterminés [1].

Pour ce qui concerne l'aphasie, c'est un fait aujourd'hui solidement établi que la lésion du pli sourcilier de la 3º frontale gauche entraîne la perte du langage articulé ; on ne peut pas rejeter un fait parce qu'il est en désaccord avec une doctrine. Il faut, comme le recommande C. Bernard, conserver le fait et en remettre l'explication aux recherches ultérieures.

Toutefois, pour aider à la solution du problème, on peut apporter les faits suivants :

1º « Malgré les apparences extérieures qui font croire

---

1. Voir page 77, les deux exemples remarquables qu'a donnés Claude Bernard de la justesse de ce principe. — « *Introduction à la médecine expérimentale*, 287. Quand le fait qu'on rencontre est en opposition avec une théorie régnante, il faut accepter le fait et abandonner la théorie, lors même que celle-ci, soutenue par de grands noms, est généralement adoptée. » Déjà, à la page 68, Cl. Bernard avait dit : « Il faut accepter les résultats de l'expérience tels qu'ils se présentent, avec tout leur imprévu et leurs accidents. » Il faut effacer son opinion aussi bien que celle des autres devant les décisions de l'expérience. La méthode expérimentale ne reconnaît d'autre autorité que celle des faits. » (Page 71.)

que les hémisphères cérébraux sont construits sur le même plan et qu'ils se ressemblent comme tous les organes pairs, les reins, les yeux, les oreilles, etc., rien n'est moins réel; car l'étude anatomique montre :

1° Qu'ils sont *asymétriques :*

L'hémisphère gauche renfermerait souvent une circonvolution pariétale supplémentaire.

Les plis de l'hémisphère gauche n'ont pas les mêmes inflexions que les plis de l'hémisphère droit.

2° Qu'ils sont la plupart du temps *inégaux en poids*; la masse de la substance nerveuse qui les constitue est donc inégale [1] ».

Les pesées faites en France par Broca, Luys; à l'étranger par Boyd (3147 cerveaux), Bastian, etc., indiquent que l'hémisphère gauche pèse un peu plus (5 à 8 grammes), que l'hémisphère droit. La substance grise notamment l'emporte en poids (Broca et Bastian [2]).

II° Gratiolet, après les observations les plus consciencieuses, a remarqué que déjà dans le sein de la mère, le développement de l'hémisphère gauche de l'enfant se fait plus rapidement que celui de l'hémisphère droit.

Cette prédominance de l'hémisphère gauche peut s'expliquer par l'accroissement dû à l'exercice, puis fixé par l'hérédité et transmis aux descendants. On sait en effet, que la plupart des hommes sont droitiers. Comme le mouvement de la main droite et de la partie

1. Luys, 290.
2. Bastian, 271.

droite du corps est sous la dépendance de l'hémisphère gauche, il s'ensuit que l'hémisphère gauche est celui qui chez l'immense pluralité des hommes travaille le plus et par conséquent doit s'accroître le plus.

Chez les gauchers, au contraire, c'est l'hémisphère droit qui travaille le plus; par conséquent il ne serait pas étonnant que ce fût le pli sourcilier droit qui fût le centre moteur de la parole. Or c'est précisément le fait qui s'est présenté : à l'autopsie faite d'aphasiques qui étaient gauchers, c'est la 3e frontale de l'hémisphère droit qui était lésée. Broca a produit plusieurs exemples de ces gauchers devenus aphasiques à la suite d'une lésion de la 3e frontale droite.

Comme contre-épreuve confirmative, le docteur Lépine, en 1875, a fait connaître certains cas de gauchers qui, frappés d'une hémiplégie du côté droit, n'étaient pas devenus aphasiques : ce qui prouve bien que chez eux le centre moteur de la parole n'était pas dans le pli sourcilier gauche, mais siégeait dans le pli sourcilier droit.

La prédominance de l'hémisphère gauche chez les droitiers et celle de l'hémisphère droit chez les gauchers suffiraient pour expliquer le fait d'un centre habituellement unilatéral du langage articulé s'il était démontré que le pli sourcilier de l'hémisphère opposé a subi peu à peu les atteintes d'une atrophie lente et progressive. Il est extrêmement probable que l'usage prédominant de la main droite pour écrire, pour soulever les fardeaux, pour travailler, exerce en faveur de l'hémisphère gauche une influence décisive; ce n'est pas seulement le centre moteur de la parole qui prédomine dans l'hémisphère gauche, ce doivent être aussi les centres perceptifs de toute nature. Cela est en concordance avec les faits anatomiques énumérés ci-dessus, à savoir : la supériorité du poids général et notamment celle du poids de la substance grise dans l'hémisphère gauche. Aussi les physiologistes regardent-ils l'hémisphère gauche comme jouant le premier rôle dans l'expression de la Pensée.

Mais de l'infériorité fonctionnelle de l'hémisphère droit à une annulation complète, il y a loin. Or il n'est guère facile d'imaginer pour quelle cause la partie postérieure de la 3ᵉ frontale droite aurait, seule, son activité réduite à néant, tandis que les autres centres des circonvolutions frontales droites ont leur activité simplement atténuée. Comme on le voit, il règne encore sur ce point une grande obscurité.

En résumé, 1° il y a un fait acquis, c'est que le pli sourcilier de la 3ᵉ frontale de l'hémisphère gauche est le centre moteur du langage articulé chez les droitiers, c'est-à-dire chez l'immense pluralité des hommes.

2° Il y a une difficulté à résoudre, c'est d'expliquer pourquoi le pli sourcilier de l'hémisphère droit, chez les hommes droitiers, ne participe pas avec plus ou moins d'activité à la fonction motrice du pli sourcilier gauche.

II° — FAITS PATHOLOGIQUES ATTESTANT L'EXISTENCE DE CENTRES PERCEPTIFS ET DE CENTRES MOTEURS GÉNÉRAUX ET PARTIELS DANS LE CERVEAU.

I° — FAITS PATHOLOGIQUES ATTESTANT L'EXISTENCE D'UN CENTRE GÉNÉRAL POUR LES PERCEPTIONS VISUELLES ET D'UN CENTRE GÉNÉRAL POUR LES PERCEPTIONS AUDITIVES.

1ᵉʳ Cas. — Un homme très intelligent, devenu aphasique à la suite d'une paralysie du côté droit, fut soigné pendant plus de trois ans par Trousseau. « Bien que la vue de cet homme fût bonne, il ne pouvait pas lire ou du moins comprendre le *sens* de ce qu'il *lisait*; toutefois il *écoutait* avec plaisir lorsqu'on lui lisait quelque chose. »

La mémoire du sens intellectuel des mots *vus* s'était effacée; la mémoire du sens intellectuel des mots *entendus* était restée intacte.

Il y a donc un centre pour les perceptions visuelles, puisque ce centre était atteint chez le malade de Trousseau;

Il y a donc un centre pour les perceptions auditives, puisque ce centre était resté intact [1].

2° Cas. — Un homme qui avait rempli les devoirs d'une charge importante du gouvernement avait eu à subir une série d'attaques épileptiformes. Il pouvait *répéter* parfaitement même les phrases les plus diffi-

---

1. BASTIAN, tome II, 248.

ciles; mais lorsqu'il essayait de *lire* à haute voix, il ne pouvait absolument pas y réussir, il prononçait de travers presque tous les mots de deux syllabes au plus. C'est le docteur Hughlings Jackson qui l'a soigné.

Chez cet homme, le centre auditif était intact, puisqu'il n'avait pas cessé de comprendre les mots *parlés*; le centre visuel était atteint, puisque ce même homme ne pouvait pas lire correctement les mots *écrits*[1].

3° *Cas.* — Un officier d'artillerie, atteint de paralysie, pouvait *lire* à haute voix avec facilité. Si l'on tenait devant ses yeux un livre ou un manuscrit quelconque, il lisait si vite et si distinctement qu'il était impossible d'observer le moindre trouble dans les organes de la parole. Mais si on enlevait le livre ou le manuscrit, l'officier était désormais incapable de *prononcer* un seul des mots qu'il avait lus, l'instant d'auparavant[2].

Le centre visuel était intact; le centre auditif, fortement atteint.

11° — FAITS PATHOLOGIQUES ATTESTANT QUE LES CENTRES PERCEPTIFS GÉNÉRAUX SE SUBDIVISENT EN CENTRES PERCEPTIFS PARTIELS.

1° **Perte des figures.** — L'oubli des figures est très fréquent.

1er *Cas.* — Louyer-Willermay raconte le fait suivant : « Un vieillard, étant avec sa femme, s'imaginait

---

1. BASTIAN, 231.
2. BASTIAN, 227.

être chez une dame à qui il consacrait autrefois toutes ses soirées; il lui répétait constamment : Madame, je ne puis rester plus longtemps, il faut que je revienne près de ma femme et de mes enfants. »

2° *Cas.* — Un savant remarquable, dit Carpenter, que je connaissais très intimement, perdit la mémoire des figures : il avait 70 ans. Je le rencontrai un jour chez l'un de nos plus anciens amis. Il ne me reconnut pas, et il ne le fit pas davantage quand nous fûmes hors de la maison. Sa mémoire alla toujours en diminuant, et il mourut d'une attaque d'apoplexie [1].

2° **Perte de la musique.** — Un enfant, après s'être violemment heurté la tête, resta trois jours inconscient. En revenant à lui, dit Carpenter, il avait oublié tout ce qu'il savait de musique. Rien autre n'avait été perdu [2].

3° **Perte de tous les nombres.** — Les cas de perte de tous les nombres à la suite de lésions cérébrales sont très nombreux.

Un froid excessif peut produire le même effet.

Un voyageur longtemps exposé au froid éprouva un grand affaiblissement de la mémoire. Il ne pouvait plus calculer de lui-même, ni retenir pendant une minute le moindre calcul [3].

4° **Perte de deux nombres seulement.** — Forbes Winslow raconte le fait suivant : Un soldat ayant subi l'opération du trépan perdit quelques por-

1. Ribot, 118, *Maladies de la Mémoire.*
2. Ribot, 114.
3. Ribot, 116.

tions de sa substance cérébrale. On s'aperçut quelque temps après qu'il avait oublié les nombres 5 et 7, et cela seulement. Au bout de quelque temps, il recouvra la mémoire de ces deux nombres [1].

5° **Perte d'une langue étrangère.** 1er *Cas.* — Holland raconte qu'étant descendu dans les mines du Harz, il perdit subitement la connaissance de la langue allemande en suite d'épuisement de fatigue et d'inanition. Après avoir pris de la nourriture et du vin et s'être reposé quelque temps, il recouvra la connaissance de la langue allemande [2].

2° *Cas.* — Un des amis du docteur Beattie ayant reçu un coup sur la tête perdit tout ce qu'il savait de grec. Sa mémoire n'avait souffert en aucune façon sur les autres connaissances [3].

6° **Perte de tous les substantifs.** — Une malade, dans le service de M. Dagonet, avait perdu le nom des objets, qu'elle désignait tous par le mot *chose*. A l'autopsie, on trouva dans le lobe antérieur de l'hémisphère gauche une tumeur squirrheuse volumineuse [4].

7° **Perte des noms propres.** — Les cas sont très nombreux. Winslow cite même l'exemple d'un ambassadeur, M. von B...., qui au début d'une visite, lorsqu'il voulut décliner son nom aux domestiques, le chercha vainement ; il s'adressa à son compagnon :

1. Ribot, 31.
2. Ribot, 114.
3. Ribot, 114.
4. Dagonet, 159.

« Pour l'amour de Dieu, dites-moi qui je suis. » Cette question excita le rire ; M. von B... insista, et la visite finit là [1].

8° Perte des noms avec souvenir de l'initiale. — Un fermier anglais fut frappé d'une attaque de paralysie. La mémoire était bonne pour toutes les parties du discours, sauf pour les substantifs et les noms propres ; le fermier ne pouvait absolument pas retenir ces derniers. Ce défaut était accompagné de la singulière particularité que voici : Il se rappelait parfaitement la lettre *initiale* de chaque substantif ou de chaque *nom propre* qui se présentait dans le cours de la conversation, *bien qu'il ne pût se rappeler le nom lui-même*. Par exemple, il pouvait prononcer le mot « Cow, vache » tant qu'il avait les yeux fixés sur les lettres écrites (mémoire visuelle intacte) ; mais du moment qu'il fermait son livre, le mot sortait de sa mémoire ; ce mot ne pouvait être rappelé (mémoire auditive atteinte), bien que le fermier se souvînt de son *initiale* C. [2].

9° Perte de la mémoire visuelle des lettres de l'alphabet. — Thomas Andrews, ferblantier, âgé de 42 ans, à la suite d'une paralysie du côté droit, sans convulsions ni perte de conscience, en 1870, pouvait nommer tout nombre écrit qu'on lui montrait et additionner correctement de petites colonnes écrites, mais il était incapable de nommer les lettres de l'alphabet, quelque simples et grosses

---

1. Ribot, 115.
2. Bastian, tome, II, 226.

qu'elles pussent être. Thomas Andrews a guéri [1].

10° Perte de plusieurs lettres seulement. — Un étudiant de Dublin, très instruit, à la suite d'une attaque d'apoplexie, devint, entre autres singularités, incapable de prononcer les lettres suivantes de l'alphabet : *k, q, u, v, w, x, z.* L'étudiant plus tard a guéri [2].

11° Perte d'une seule lettre. 1ᵉʳ *Cas.* — Un homme très instruit, dit Winslow, après une attaque de fièvre aiguë, perdit absolument la connaissance de la lettre F [3].

2ᵉ *Cas.* — Madame C... à la suite d'attaques épileptiformes, fut atteinte d'une hémiplégie. Le docteur Ch. Bastian, qui l'a soignée, constata qu'elle avait perdu la connaissance de la lettre M [4].

III° — FAITS PATHOLOGIQUES ATTESTANT L'EXISTENCE D'UN CENTRE MOTEUR POUR LE LANGAGE ARTICULÉ.

1ᵉʳ *Cas.* — Je reçus un jour dans mon cabinet, dit Trousseau, un voiturier des halles de Paris, fort jeune et ayant l'apparence d'un homme jouissant d'une parfaite santé. Il fit signe qu'il ne pouvait pas parler et me remit une note où était détaillée l'histoire de sa maladie. Il avait écrit lui-même cette note, d'une main très ferme, et l'avait bien rédigée. Quelques

---

1. BASTIAN, 242.
2. BASTIAN, 261.
3. RIBOT, 32.
4. BASTIAN, 251.

jours auparavant, il avait brusquement perdu ses sens et était demeuré inconscient pendant près d'une heure. Lorsqu'il revint à lui, il ne présentait aucun symptôme de paralysie, mais il ne pouvait articuler un seul mot. Il remuait facilement sa langue, avalait aisément ; mais, quelques efforts qu'il fît, il ne pouvait prononcer un mot. Il fut électrisé sans résultat pendant une quinzaine de jours. Mais sans aucun traitement spécial, il recouvra complètement la parole, cinq ou six semaines après l'invasion de sa maladie. Il est fort remarquable toutefois que pendant toute la durée de cette singulière affection, il put faire toutes ses affaires, en substituant l'écriture à la parole [1].

C'est le cas typique de la paralysie exclusive et temporaire du centre moteur de la parole. L'intégrité de l'intelligence est restée pleine et entière; une seule chose manquait à la Pensée, c'est l'usage de la 3º circonvolution frontale gauche. La troisième frontale gauche est, selon l'expression pittoresque de Bastian, *le chemin de sortie de la parole volontaire.*

2º *Cas.* — Pendant l'année 1877, dit Bastian, je fus consulté sur la santé d'un petit garçon alors âgé de douze ans, qui avait été sujet à des *convulsions*. Le premier accès s'était présenté dans *l'enfance*, lorsque le petit malade avait environ neuf mois. Vers la fin de la deuxième année, les accès semblèrent avoir cessé; l'enfant paraissait suffisamment intelligent et bien sous tous les rapports, *sauf qu'il ne parlait point.*

---

[1]. BASTIAN, tome II, 261.

A l'âge de près de cinq ans, l'enfant n'avait point dit un seul mot ; vers cette époque, deux médecins éminents furent consultés sur sa mutité. Moins d'un an après, à ce que raconte sa mère, un accident étant arrivé à un de ses jouets favoris, il s'écria soudainement : « Quel dommage ! », bien qu'il n'eût jamais auparavant prononcé un seul mot. Les mêmes mots ne purent point être répétés, ni d'autres prononcés, malgré toutes les sollicitations, pendant plus de deux semaines. Mais après cela, l'enfant fit des progrès rapides et devint bientôt très babillard. Lorsque je le vis, il parlait d'une façon normale, sans le moindre signe d'embarras [1].

Ce cas est certainement l'un des plus intéressants et des plus instructifs que l'on ait. Les convulsions des deux premières années avaient temporairement paralysé le centre moteur de la parole. Cependant, malgré cette mutité initiale, les centres perceptifs de la vue et de l'ouïe avaient normalement fonctionné : ils avaient enregistré les mots et les idées, si bien que le jour où le centre moteur de la parole se délia, ni les mots ni les idées ne firent défaut à l'enfant. Ce fait prouve à la fois l'indépendance des centres perceptifs et celle du centre moteur du langage articulé. Il prouve encore que la 3e frontale gauche n'est que le chemin de sortie de la parole volontaire.

1. BASTIAN, t. II, 215. En note, le docteur Bastian ajoute qu'une épreuve de la feuille d'impression contenant ce récit a été soumise au père de l'enfant. A la demande s'il n'y avait rien à changer à l'exposé ci-dessus, le père a répondu, le 9 janvier 1880 : « Ce que vous dites de mon petit A... est parfaitement exact. »

Les mots écrits et les mots parlés qui avaient pénétré dans le cerveau de l'enfant durant cinq années par l'intermédiaire des yeux et des oreilles, s'étaient enregistrés et avaient formé leurs associations dans les centres perceptifs de la vue et de l'ouïe, sans que le centre moteur du langage articulé, alors paralysé, n'y eût pour rien contribué.

De deux à cinq ans, les convulsions ayant cessé, l'état maladif du centre moteur s'était progressivement amélioré, si bien qu'une vive émotion suffit pour amener à fonctionner ce centre, encore qu'un peu rouillé. Comme le dit avec justesse le docteur Bastian, un stimulus émotionnel est beaucoup plus fort qu'un stimulus volitionnel; sa tension est plus considérable, de sorte qu'il peut frayer sa route le long de conducteurs et contre une résistance que le stimulus volitionnel, seul, a été incapable de surmonter.

L'effort accompli par l'enfant a exigé deux semaines de repos: puis l'exercice a rendu à la fonction du langage articulé son activité normale [1].

Ce cas précieux donne l'explication du fait raconté par Hérodote : « Clio, 85. Crésus avait un fils heureusement doué, mais muet. A la prise de Sardes, un Perse fut sur le point de tuer Crésus qu'il ne connaissait pas. A l'aspect menaçant du Perse, le fils, ce muet, sous l'impression de la crainte et de la douleur, fit éclater sa voix, en s'écriant : O homme, ne tue pas Crésus! Telles furent les premières paroles qu'il pro-

---

1. Bastian, tome II, 215

nonça, et depuis il parla jusqu'à la fin de sa vie. »

Trousseau rapporte plusieurs cas dans lesquels l'aphasie ne dura que quelques jours ou peut-être quelques heures ; ces cas sont dus à l'existence de quelque congestion cérébrale temporaire, survenant parfois sans cause apparente, et d'autres fois comme suite de quelque forte excitation, jointe à des ennuis ou à un excès de travail. « Ces cas ne sont point rares, ajoute Bastian ; deux ou trois d'entre eux sont aussi venus à ma connaissance [1]. »

Examen critique. — Comment les perceptions se gravent-elles dans les centres nerveux ? jusqu'à présent on l'ignore. Tant que la science n'aura pas soulevé un coin du voile, cette inscription apparaîtra douée d'un caractère mystérieux qui semble la rendre inaccessible aux recherches du génie humain. Mais si jamais la physiologie parvient à arracher ce secret à la nature, il en sera de la mécanique cérébrale ce qu'il en a été d'autres faits non moins merveilleux, tels que la photographie et l'analyse spectrale. Qui eût dit à nos grands-pères que la lumière était à la fois le plus accompli des dessinateurs et un analyseur incomparable, celui-là eût excité le rire et les huées. S'il eût montré les plaques enduites de sel métallique où les microscopes les plus puissants ne peuvent rien découvrir, et qu'il eût dit : Il y a là, sur cette plaque, tout un paysage, toute une série de portraits, » nos grands-pères l'eus-

---

[1]. Bastian, 247. — On trouvera plus loin, chap. V, trois cas d'aphasie recueillis par le docteur Bouillaud, celui du charretier Picarda, entre autres.

sent regardé comme un halluciné. Si, le spectroscope à la main, il eût dit : « le soleil est à 37 millions de lieues, j'en ai fait l'analyse chimique, et j'ai trouvé qu'il renfermait, entre autres métaux composants, du sodium, de l'hydrogène et du magnésium. L'étoile Aldébaran est à des milliards de lieues ; j'en ai fait l'analyse chimique, et j'ai reconnu que, ainsi que le soleil, elle contient du sodium, de l'hydrogène et du magnésium », assurément, en entendant un tel langage, nos grands-pères eussent saisi notre homme et l'eussent enfermé à Charenton. Et cependant, aujourd'hui, nous sommes tellement habitués aux travaux photographiques et aux études d'analyse spectrale que ces deux découvertes nous apparaissent comme choses tout à fait naturelles, absolument dénuées de caractère merveilleux. « L'accoutumance, enfin, nous rend tout familier, » a dit avec raison La Fontaine. Il en sera de même pour le mode d'inscription des perceptions dans le cerveau, si jamais la science parvient à le surprendre. En définitive, ce mode, quel qu'il puisse être, ne l'emportera pas en magie sur la photographie, ni sur l'analyse spectrale, ni sur le télégraphe électrique, ni sur le téléphone, ni sur le radiophone.

On ignore le mode de localisation, cela est certain ; mais il n'en reste pas moins acquis que les perceptions sont localisées. Comment, en effet, interpréter :

1º La perte exclusive de la mémoire des figures, si les images des figures ne sont pas localisées dans quelques cellules nerveuses, dont la fonction a été troublée ou abolie par une cause morbide quelconque ?

2° La perte d'une langue étrangère, si cette langue n'est pas localisée dans un groupe de cellules ?

3° La perte des substantifs, des noms propres, si les perceptions auditives et visuelles des substantifs et des noms propres ne sont pas localisées dans certaines cellules ?

4° La perte de deux nombres, d'une seule lettre, avec conservation des autres nombres et des autres lettres, si chaque nombre, chaque lettre n'est pas enregistrée dans quelque cellule particulière ?

Et ainsi de suite pour tous les cas d'oublis partiels ou singuliers.

Il est donc évident, au-dessus de toute négation et de toute contestation que, non seulement il y a des centres perceptifs généraux, mais que ces centres se subdivisent en centres partiels, en centres singuliers. Cette conclusion-là n'est pas une vue hypothétique de l'esprit, elle n'est que la formule abrégée, embrassant sous une expression générale, la multitude des faits pathologiques.

IV° — TRÉPANATION FONDÉE SUR LA CONNAISSANCE DES LOCALISATIONS CÉRÉBRALES.

En éclairant le diagnostic des médecins, la connaissance des localisations cérébrales contribue aux progrès de l'art de guérir. C'est, fondée sur elle, que la trépanation a déjà pu être appliquée de la manière la plus heureuse dans certains cas où le malade semblait voué à une mort certaine. Les exemples suivants sont particulièrement intéressants au point de vue philosophique ; ils apportent un surcroît de preuves à la théorie de l'âme fonction du cerveau.

1ᵉʳ *Cas.* — Un jeune homme, âgé de 19 ans, entre le 24 octobre 1876, à l'hôpital Saint-Antoine, dans le service du docteur Proust ; il avait reçu un coup de sabre-baïonnette dans la région pariétale gauche : Hébétude, un peu d'aphasie, hémiplégie faciale, paralysie incomplète du bras droit.

« Considérant que la paralysie était localisée au bras droit, du côté opposé au siège de la blessure, et que les phénomènes ne s'étaient manifestés que *onze jours après*, le docteur Proust supposa une compression ou une irritation résultant d'un travail inflammatoire secondaire provoqué par un enfoncement du crâne. La trépanation fut décidée ; le docteur Terrillon la pratiqua, le 27 octobre. *Une amélioration évidente, presque instantanée,* fut constatée ; l'hémiplégie faciale est peu modifiée, mais la paralysie du bras est beaucoup moins intense ; le malade trouve ses mots facilement ; il peut même compter depuis 90 jusqu'à 97 ; l'hébétude a presque complètement disparu ; l'amélioration continue tous les jours ; le malade est guéri, le 25 novembre [1]. »

2º *Cas.* — Berchon, âgé de 18 ans, entre à l'hôpital de Mascara (Algérie) le 13 juillet 1875 ; il avait une plaie du crâne provenant d'un coup de feu reçu quatorze jours auparavant. « L'état du blessé présente les

---

[1] Gavoy, atlas 159.

désordres les plus graves; à gauche, prolapsus de la paupière supérieure, dilatation de la pupille avec strabisme interne; à droite, paralysie du côté droit de la face. La déglutition se fait avec peine; le malade ne peut tirer la langue hors de sa bouche; hémiplégie complète du côté droit, sensibilité abolie. *L'intelligence est très affaiblie;* quand on demande au malade quel est son âge, il répond : « Dix-huit jours. » Quand on l'interroge sur sa famille, sur le nombre de ses frères, il répond qu'il en a sept, et il continue de répondre « sept » à toutes les autres questions. *Pas de fièvre.* L'opération du trépan est décidée et faite le lendemain par le docteur Marvaud. La dure-mère est mise à nu, et trois esquilles sont retirées. *Quelques instants après,* le malade ouvrait l'œil gauche; la main droite paralysée exécute des mouvements, l'élocution devient plus facile. Le 10 août, la plaie est fermée, l'intelligence revenue; la physionomie a repris l'expression normale; les réponses sont lentes, mais justes. La sensibilité et la motilité ont reparu dans le bras droit. Dans le courant de novembre, la guérison est complète.

« Ces deux observations, ajoute le docteur Gavoy, sont des exemples incontestables des effets heureux, immédiats, de la trépanation. On voit disparaître les symptômes *au fur et à mesure* que l'opération s'achève; et le chirurgien assiste au retour progressif des fonctions, éteintes ou émoussées par la lésion. C'est assurément la plus grande des satisfactions que puisse éprouver un opérateur [1]. » Et aussi le philosophe, qui

---

1. GAVOY, Atlas, 160.

surprend sur le fait la fonction psychique du cerveau se rétablissant au fur et à mesure que la substance cérébrale se débarrasse des esquilles ou des exsudats séreux qui la compriment et l'irritent. La démonstration est nette et saisissante.

Discussion. — Dans l'hypothèse d'une substance spirituelle qui, étant une et indivisible, n'a pas de parties, l'interprétation des localisations cérébrales est absolument impossible.

Au point de vue de l'âme, fonction du cerveau, les faits pathologiques ci-dessus énoncés nous fournissent deux données d'une importance capitale :

1° Il existe dans le cerveau des centres perceptifs généraux, à la fois autonomes et solidaires ;

2° Ces centres perceptifs généraux se subdivisent eux-mêmes en centres partiels dont la science n'a pas encore déterminé la topographie, mais dont l'existence jaillit incontestablement de l'examen des faits pathologiques.

III° — CONCLUSION DE LA SECONDE SECTION

Des deux faits constatés et acquis à la science, à savoir :

1° Existence de centres moteurs et de centres perceptifs généraux ;

2° Subdivision des centres généraux en centres partiels.

Il résulte :

1° Que la fonction générale du cerveau n'a pas pour caractère essentiel l'unité simple ;

2° Que l'unité de la fonction générale du cerveau provient de l'association, du conflit et de la combinaison d'un certain nombre de fonctions particulières, qui sont les unités composantes de la fonction générale ; et que, par conséquent, cette unité est une résultante.

La conclusion définitive est donc la suivante :

La fonction générale du cerveau ou, en langage philosophique, l'*Ame est une résultante* [1].

RÉSUMÉ GÉNÉRAL ET CONCLUSION

§ I° **Dans la première section du chapitre.** — Après avoir décrit tous les phénomènes concernant l'Aliénation mentale et ses formes, l'Alcoolisme et ses phases, l'Idiotie, le Crétinisme et leurs degrés, phénomènes physiques, intellectuels et moraux, état anatomique du cerveau et traitement de ces maladies ou infirmités,

1° Nous avons reconnu qu'il était impossible d'expliquer ni même de comprendre les phénomènes au moyen de l'hypothèse d'une substance spirituelle ayant son siège dans le cerveau ;

2° Nous avons constaté qu'au milieu de la variété, de la complexité et de la multiplicité des phénomènes se dégageaient trois faits constants, ou, en d'autres

---

1. Voir le chapitre VI *L'unité du moi est une résultante.*

termes, que ces phénomènes étaient soumis à trois lois :

1ʳᵉ *Loi.* — La dissolution complète de la substance cérébrale, chez un homme, est suivie constamment de la dissolution complète des fonctions intellectuelles et morales de cet homme. « *Sublatâ causâ, tollitur effectus.* »

Cette loi est prouvée par tous les faits que donnent :

A. Les formes extrêmes de l'Aliénation mentale : *paralysie générale, démence.*

B. La phase extrême de l'Alcoolisme : *alcoolisme chronique;*

C. Les degrés extrêmes de l'Idiotie et du Crétinisme : *diotie et crétinisme complets.*

2ᵉ *Loi.* — Les variations en plus ou en moins dans les troubles de la substance cérébrale, chez un homme, sont suivies constamment de variations en plus ou en moins dans les troubles des fonctions intellectuelles et morales de cet homme. « *Variante causâ, variatur effectus.* »

Cette loi est prouvée par les faits que donnent :

A. Les premières formes de l'Aliénation mentale : *manie, lypémanie, hallucinations, illusions;*

B. Les premières phases de l'Alcoolisme : *ivresse simple, alcoolisme aigu;*

C. Les premiers degrés de l'Idiotie et du Crétinisme : *imbéciles, crétineux.*

3ᵉ *Loi.* — Le retour de la substance cérébrale à l'état normal, chez un homme, est suivi constamment du retour des fonctions intellectuelles et morales à l'état normal, chez cet homme. « *Redintegrante causâ, redintegratur effectus.* »

Cette loi est prouvée par les nombreux faits de guérison que donnent les cas d'Aliénation mentale, d'Alcoolisme, d'Idiotie et de Crétinisme.

La conclusion naturelle et nécessaire qui se dégage de ces trois lois, c'est que l'ensemble des fonctions intellectuelles et morales, en un seul mot philosophique, l'*Ame est la fonction générale du cerveau.*

§ II° **Dans la seconde section du chapitre.** — Après avoir résumé les expériences faites par les savants contemporains sur l'animal le plus voisin de l'homme, c'est-à-dire sur le singe, nous avons produit un certain nombre de faits pathologiques humains, authentiques, exacts, au-dessus de toute contestation.

Ces faits pathologiques, choisis comme types, démontrent avec une évidence absolue cinq choses, à savoir :

1° Il existe dans le cerveau des *centres perceptifs généraux*, entre autres et surtout un centre général pour les perceptions de la vue, et un centre général pour les perceptions de l'ouïe ;

2° Ces centres perceptifs généraux se subdivisent eux-mêmes en *centres partiels ;*

3° Le langage articulé a lui-même son *centre moteur ;*

4° Chacun de ces centres peut être paralysé sans que les autres cessent de fonctionner ;

5° Ces centres sont à la fois *autonomes et solidaires.*

De ces cinq constatations, il résulte que la fonction générale du cerveau n'est pas une fonction indivisible; que son caractère essentiel n'est pas l'unité simple; mais, au contraire, que son unité provient de l'association, du conflit et de la combinaison d'unités composantes (centres généraux et centres partiels). Par conséquent, la fonction générale du cerveau est une résultante. Or la fonction du cerveau est ce qu'en langage philosophique on appelle l'Ame; donc *l'Ame est une résultante.*

§ III° **Résumé des conquêtes faites par la physiologie expérimentale et confirmées par la pathologie naturelle.** — Il y a un peu plus d'un siècle, l'Ame était considérée comme ayant exclusivement :

1° Le pouvoir de susciter les mouvements et de les diriger à son gré;

2° Le pouvoir de sentir et de percevoir;

3° Le pouvoir de juger et de raisonner. Tous ces pouvoirs étaient en elle indivisibles, car l'Ame était une substance essentiellement une et simple.

Par des travaux conduits avec la plus rigoureuse méthode, la physiologie a démontré expérimentalement que cette unité simple était une illusion; que mouvements, sensations, perceptions, jugement et raisonnement, étaient localisés dans des centres spéciaux, à la fois autonomes et solidaires; autonomes, par leur activité propre; solidaires, par leurs étroites relations les uns avec les autres

I° — LOCALISATION DES MOUVEMENTS

1° Les *mouvements réflexes* des membres dépendent de la moelle et du bulbe ; ils peuvent s'exécuter en dehors de la volonté de l'âme ;

2° Les *mouvements de rotation, de recul, d'élan en avant*, etc., dépendent des pédoncules cérébraux, cérébelleux, etc. Ils peuvent s'exécuter envers et contre la volonté de l'âme qui ordonne un mouvement en sens différent ;

3° Les *mouvements divers* des muscles de la face, des yeux, etc. ; dépendent de divers centres moteurs situés dans l'encéphale (pli courbe, portions des circonvolutions, etc.) ;

4° La *coordination des mouvements* dépend du cervelet.

II° — LOCALISATION DES SENSATIONS

Les *sensations,* au point de vue physique du plaisir et de la douleur, ont pour centre la protubérance annulaire (Longet et Vulpian).

III° — LOCALISATION DES FACULTÉS INTELLECTUELLES ET MORALES

1° L'*Intelligence pure*, faculté de comparer, de juger, de raisonner, de vouloir (*moralité*) est localisée dans la substance grise de l'écorce du cerveau et surtout dans celle des lobes antérieurs [1].

2° Les *Perceptions* des cinq sens sont certainement localisées en des centres généraux, comme le prouvent les faits pathologiques, quoique la topographie de ces centres, chez l'homme, ne soit pas encore déterminée avec précision.

3° Le *Langage articulé* a un centre moteur qui est le pli sourcilier de la troisième frontale gauche.

Tous ces centres sont autonomes, car ils ont chacun une fonction propre ;

Ils sont *solidaires*, car ils sont tous en relation étroite les uns avec les autres.

Le centre qui hiérarchiquement occupe la première place et remplit la fonction la plus noble est le centre de l'*Intelligence*. Mais sa suppression, lorsqu'elle a lieu dans la paralysie générale, la démence, l'idiotie, le crétinisme et l'alcoolisme chronique ou à la suite de blessures, n'entraîne pas la suppression de l'activité fonctionnelle des autres centres. Les mouvements, en effet, continuent d'être suscités et coordonnés par les centres moteurs ; les impressions, d'être transformées en sensations par la protubérance ; les sensations, d'être transformées en perceptions par les centres cérébraux ;

---

[1]. VULPIAN, *Leçons sur la Phisiologie*, 703. « C'est dans la substance grise des lobes cérébraux que se forment les idées ; que se gravent les souvenirs ; c'est par son intermédiaire que s'effectuent tant de merveilleuses opérations : l'attention, la réflexion, l'imagination, la conception, le jugement, le raisonnement. C'est encore de la substance grise corticale qu'émanent toutes les volitions. »

la parole enfin ne cesse pas d'être réglée par la 3ᵉ circonvolution frontale gauche.

En général, lorsque la suppression d'un centre quelconque a lieu à la suite de maladies ou de lésions, cette suppression n'entraîne pas nécessairement la suppression de l'intelligence ni celle de l'activité fonctionnelle des autres centres.

Il est clair que la suppression d'un centre quelconque, surtout d'un centre philosophiquement élevé, tel que l'est le centre perceptif de la vue ou celui de l'ouïe et *a fortiori* celui de l'intelligence, modifie profondément la *qualité* de la fonction générale du cerveau. Mais cette suppression n'en change pas la nature ni l'essence : la fonction générale a un ou deux éléments composants en moins, voilà tout ; elle reste ce qu'elle était auparavant, à savoir : **La *résultante*** d'un certain nombre d'activités fonctionnelles particulières, à la fois autonomes et solidaires.

On le voit par ce résumé succinct et condensé : l'unité simple de la fonction générale du cerveau était une apparence, une pure illusion. Il en est de cette unité qui apparaît simple, comme de l'unité de l'eau, de l'alcool, etc., laquelle apparaît simple aux yeux du vulgaire. Mais de même que le chimiste dissipe cette erreur en dissociant, aux yeux stupéfaits du public ignorant, les éléments hydrogène et oxygène qui composent la résultante qu'on appelle eau, ou les éléments carbone, hydrogène et oxygène qui par leur combinaison donnent la résultante *alcool*, de même aussi la maladie, incomparable chimiste, dissocie les fonctions élémentaires qui par leur association et leur combinaison composent cette admirable résultante qu'on appelle l'*Ame*.

Conclusion. — L'Ame est une *résultante*.

CHAPITRE V

LA MÉMOIRE

Iº — LA MÉMOIRE ORGANIQUE

1º — LA MÉMOIRE EST UNE FONCTION DU SYSTÈME NERVEUX; CETTE FONCTION CONSISTE A CONSERVER ET A REPRODUIRE [1].

La mémoire est une fonction du système nerveux :
1º Elle conserve les souvenirs; voilà son rôle passif;
2º Elle reproduit les souvenirs; voilà son rôle actif.

IIº — TOUTE IMPRESSION SUR UN CENTRE NERVEUX Y LAISSE UNE TRACE.

Le nombre approximatif des cellules nerveuses est de 600 millions, d'après Meynert; de 1,200 millions,

---

[1]. La matière de ce chapitre est empruntée, en grande partie, à l'excellent opuscule de M. Ribot, les *Maladies de la mémoire*. Mais pour réduire la doctrine en une suite de propositions concises et s'enchaînant l'une à l'autre conformément au plan et à la méthode que je suis partout, j'ai dû modifier profondément l'œuvre de M. Ribot.

d'après sir Lionel Beale; le nombre des fibres est de 4 ou 5 milliards. Il est aisé de comprendre que, chaque cellule nerveuse dût-elle ne recevoir qu'une impression, le nombre en est assez grand pour suffire aux exigences de la vie entière d'un homme [1].

Toute impression sur un centre nerveux y laisse une trace; toute impression renouvelée occupe exactement les mêmes parties que l'impression primitive et de la même manière.

En quoi consiste cette modification nerveuse, il est impossible de le dire. Ni le microscope ni les réactifs dont nous disposons actuellement n'ont pu nous l'apprendre. Mais les faits, soit à l'état sain, soit à l'état morbide, nous démontrent que cette modification a lieu.

A. *État sain.* — « Tout le monde sait que les cellules de la rétine continuent à être ébranlées lorsque les incitations ont déjà disparu. On a calculé que cette persistance des impressions pouvait être évaluée de 32 à 35 secondes, d'après Plateau. C'est grâce à cette persistance des ébranlements et à cette façon coercitive spéciale que possèdent les éléments nerveux, que deux impressions successives et rapides se confondent et arrivent à donner une impression continue; qu'un charbon incandescent qu'on fait tourner rapidement donne l'impression d'un cercle de feu; qu'un disque en rotation, pourvu des couleurs du spectre, ne nous donne que la sensation de la lumière blanche; car toutes les

---

[1]. BAIN, *l'Esprit et le Corps*, 111, 112.

couleurs se confondent et forment pour nous une résultante unique qui est la notion du blanc. Tous ceux qui s'occupent d'histologie savent qu'après un travail prolongé, les images vues au foyer du microscope sont vivantes au fond de l'œil, et qu'il suffit quelquefois, après plusieurs heures d'étude, de fermer les yeux pour les voir apparaître avec grande netteté[1]. » Il en est de même des impressions faites sur les autres sens.

B. *État morbide*. — 1° Un clairvoyant qui devient aveugle peut avoir des hallucinations de la vue, parce que les centres nerveux optiques ont été modifiés antérieurement à la cécité survenue.

Un aveugle-né n'a jamais d'hallucinations de la vue, parce que ses centres optiques n'ont jamais subi de modifications visuelles.

2° Un homme devenu sourd, après avoir joui de l'audition, peut avoir des hallucinations de l'ouïe.

Un sourd-muet de naissance n'a jamais d'hallucinations de l'ouïe, parce que ses centres acoustiques n'ont jamais subi aucune modification.

Et ainsi pour les autres sens.

III° — LES MODIFICATIONS NERVEUSES ACQUISES SONT FIXÉES PAR L'EXERCICE; ELLES SE COORDONNENT EN GROUPES, PUIS SE RÉDUISENT AU STRICT NÉCESSAIRE.

C'est un fait d'expérience que par l'exercice répété nos membres acquièrent une grande facilité à exécu-

---

[1] Luys, le *Cerveau*, 106.

ter un mouvement. Cette facilité, qu'on appelle vulgairement une habitude, est une véritable mémoire mécanique.

C'est un fait d'expérience que l'enfant qui veut marcher apprend à coordonner ses mouvements ; il y parvient par l'exercice répété.

C'est un fait d'expérience, qu'une fois un mouvement complexe acquis, on réduit le nombre des mouvements secondaires au strict nécessaire : « Lorsqu'un enfant apprend à écrire, il lui est impossible de remuer sa main toute seule ; il fait mouvoir aussi sa langue, les muscles de sa face et même son pied. Avec le temps, il en vient à supprimer les mouvements inutiles. Tous, quand nous essayons pour la première fois un acte musculaire, nous dépensons une grande quantité d'énergie superflue ; puis nous apprenons graduellement à restreindre celle-ci au strict nécessaire. Par l'exercice, les mouvements appropriés se fixent à l'exclusion des autres [1]. »

En résumé, tout mouvement général se décompose :

1° En modifications de la fibre musculaire acquises et fixées par l'exercice ;

2° En coordination et groupement des mouvements multiples en un mouvement résultant ;

3° En réduction du nombre des mouvements composants au nombre strictement nécessaire, par suite de l'expérience acquise.

Il en est de même des modifications des cellules

---

[1]. Lewes, cité par Ribot, 7.

nerveuses dans la formation de tout fait de mémoire :

1° Modifications des cellules nerveuses acquises par les sensations et fixées par la répétition des sensations ;

2° Coordination et groupement des modifications nombreuses et diverses en une résultante ;

3° Réduction, avec le temps et l'expérience, des faits composants secondaires au fait strictement nécessaire.

IV° — LES MODIFICATIONS NERVEUSES NE SONT PAS DE SIMPLES EMPREINTES, CE SONT DES DISPOSITIONS FONCTIONNELLES.

Des analogies tirées du domaine physiologique feront comprendre en quoi une disposition fonctionnelle diffère d'une empreinte.

« Dans l'œil qui a été exposé à une lumière intense, l'impression persiste sous la forme d'une image consécutive : cette image consécutive est une empreinte.

L'œil qui, chaque jour, compare et mesure des distances et des relations dans l'espace, gagne de plus en plus de précision. L'accommodation de l'œil, sa faculté des mesures, est une disposition fonctionnelle.

Il se peut que dans l'œil non-exercé la rétine et les muscles soient constitués comme dans l'œil exercé ; mais il y a dans l'œil exercé une disposition bien plus marquée que dans l'œil non-exercé. Sans doute, on peut dire que l'accoutumance physiologique des organes repose moins sur leurs changements proprement dits que sur les empreintes qui restent dans leurs centres nerveux. Mais toutes les études physiologiques relatives aux phénomènes d'habitude, d'adaptation à des conditions données, montrent que là même les empreintes consistent essentiellement en des dispositions fonctionnelles [1]. »

V° — UNE MODIFICATION ACQUISE ET FIXÉE PAR L'EXERCICE EST DIFFICILEMENT REMPLACÉE PAR UNE AUTRE.

De même qu'un mouvement acquis et devenu automatique par habitude est difficilement remplacé par un autre, de même une modification nerveuse acquise et fixée par l'exercice est difficilement remplacée par une autre. Cela explique la difficulté qu'il y a à déraciner les jugements erronés qu'une longue pratique a fixés dans la mémoire.

VI° — LES MODIFICATIONS ACQUISES ENTRENT DANS DE NOUVELLES COMBINAISONS.

Tout mouvement acquis par l'exercice et devenu automatique par la répétition prolongée peut servir à d'autres fins que celles pour lesquelles il a été acquis. Il peut entrer dans de nouvelles combinaisons, faire partie de nouvelles associations. Par des groupements, les combinaisons les plus nombreuses et les plus complexes peuvent naître d'un petit nombre d'éléments.

---

1. Wundt, cité par Ribot, 28. — Voir à l'Appendice, n° 3, *Phosphorescence organique*, l'appréciation d'une hypothèse du docteur Luys.

Telle une lettre quelconque de l'alphabet qui, tout en restant la même, concourt à former des millions de mots dans les langues vivantes ou mortes.

Il en est de même des modifications des cellules nerveuses; elles peuvent entrer dans de nouvelles combinaisons et concourir à former d'autres faits de mémoire.

VII° — LA MÉMOIRE N'EST PAS UNE FACULTÉ UNE ET INDÉPENDANTE ; ELLE EST UNE COLLECTION DE MÉMOIRES LOCALES.

1° Le mot la *Mémoire* ne désigne pas une faculté une et simple; il est le nom collectif qui résume une multitude de mémoires particulières.

« L'ancienne erreur, encore admise, dit le philosophe anglais Lewes, qui consiste à traiter la mémoire comme une faculté ou une fonction indépendante, laquelle aurait un organe ou un siège distinct, vient de l'incurable tendance à personnifier une abstraction. Au lieu de reconnaître que c'est une expression abréviative pour désigner ce qui est commun à tous les faits concrets du souvenir ou à la somme de ces faits, plusieurs auteurs lui supposent une existence indépendante [1]. »

2° Les mémoires particulières ont chacune leur siège dans le système de cellules ou dans les centres nerveux qui ont reçu les impressions sensorielles.

---

1. Ribot, 107.

Dès 1857, un physiologiste éminent, Gratiolet, faisait, quoique spiritualiste, cet aveu caractéristique : « A chaque sens correspond une mémoire qui lui est corrélative, et l'intelligence a, comme le corps, ses tempéraments qui résultent de la prédominance de tel ou tel ordre de sensations dans les habitudes naturelles de l'esprit [1]. »

3° Même ces mémoires particulières, soit de l'appareil optique, soit de l'appareil auditif, soit de tout autre appareil sensoriel, sont une collection de mémoires encore plus localisées.

Nous savons tous, par une expérience journalière, que dans la mémoire visuelle, par exemple, celui-ci se rappelle mieux les formes, celui-là les couleurs, un autre le modelé, et ainsi de suite; ce qui signifie que chez ces diverses personnes la supériorité de structure dans un des éléments anatomiques de l'appareil optique assure la prédominance de tel souvenir particulier.

Ce qui vient d'être dit de l'appareil optique peut l'être également des autres appareils sensoriaux, de sorte qu'au fond les genres de mémoires qui composent la mémoire totale sont eux-mêmes la collection d'autres mémoires particulières; leur unité est elle-même une unité de collection; elle n'est pas plus simple que celle de la mémoire totale.

4° Les mémoires sensorielles étant localisées dans les centres nerveux respectifs, il reste les états psychiques supérieurs, les idées abstraites.

---

[1]. LEURET et GRATIOLET, *Anatomie comparée*, tome II, 460.

On sait en gros que le siège général de leur production est dans l'écorce cérébrale ; on n'a pas encore pu déterminer d'une manière absolument certaine et précise leur localisation particulière, mais les milliers de faits de la pathologie cérébrale mettent l'existence de ces localisations au-dessus de toute dénégation.

Deux exemples suffiront pour rendre manifeste l'illusion qui fait croire à l'unité simple des souvenirs et par conséquent de la mémoire.

1ᵉʳ *Exemple.* Soit la mémoire d'*une chose*, d'une pomme, par exemple : « A en croire le verdict de la conscience, c'est un fait simple. La physiologie nous montre que ce verdict est une illusion. La mémoire d'une pomme est nécessairement la forme affaiblie de la perception d'une pomme. Que suppose cette perception ?

1° Une modification de la rétine, terminaison nerveuse d'une structure si compliquée ;

2° Une transmission par le nerf optique, les corps genouillés, jusqu'aux tubercules quadrijumeaux.

3° De là aux ganglions cérébraux et à la couronne rayonnante de Reil ;

4° Puis, à travers la substance blanche, aux couches corticales, dans la région du pli courbe, d'après Ferrier.

Cela suppose la mise en activité de bien des éléments divers, épars sur un long trajet. Mais ce n'est pas tout. Il ne s'agit pas d'une simple sensation de couleur. Nous voyons ou nous imaginons la pomme comme un objet solide, ayant la forme sphérique. Ces jugements résultent de l'exquise sensibilité musculaire de notre appareil visuel et de ses mouvements. Or les mouvements de l'œil sont réglés par plusieurs nerfs : le pathétique, le moteur oculaire commun, le moteur oculaire externe. Chacun de ces nerfs aboutit à un point particulier du bulbe, rattaché lui-même par un long trajet à l'écorce du cerveau où se forment ce que Maudsley appelle les intuitions motrices. On se fera une idée du nombre prodigieux de filets nerveux et de cellules disséminées en îlots et en archipels dans les diverses parties de l'axe cérébro-spinal qui servent de base à cet état psychique « *la mémoire d'une pomme* » que la double illusion nous fait considérer comme simple. »

2° *Exemple*. — Soit la mémoire *d'un mot* : « S'il s'agit du mot écrit, c'est une mémoire visuelle qui se rapproche du cas précédent.

S'il s'agit du mot parlé, nous trouvons une complexité tout aussi grande. Le langage articulé suppose l'intervention du larynx, du pharynx, de la bouche, des fosses nasales et par conséquent de plusieurs nerfs qui ont leurs centres dans diverses parties du bulbe : le spinal, le facial, l'hypoglosse.

Si l'on attribue un rôle aux impressions auditives dans la mémoire des mots, c'est une complication encore plus grande.

Enfin le centre bulbaire doit être lui-même relié à la troisième circonvolution frontale gauche, considérée universellement comme le centre psycho-moteur de la parole.

On voit que ce cas ne diffère du précédent ni en nature ni en complexité, et que la mémoire de chaque mot doit avoir pour base une association déterminée d'éléments nerveux [1]. »

Les cas pathologiques cités plus loin feront toucher du doigt cette complexité harmonique qui constitue un souvenir. Lorsqu'une cause morbide quelconque suspend passagèrement dans l'encéphale l'activité de tel ou tel dépôt de modifications nerveuses, le souvenir est disloqué corrélativement. La Mémoire n'est donc pas une unité simple ; elle est une synthèse harmonique.

6° On compare souvent la Mémoire à un magasin où toutes nos connaissances seraient conservées dans des casiers. Cette ingénieuse comparaison a le tort de présenter la Mémoire sous un jour trop passif. Il vaudrait mieux, comme le dit justement M. Ribot, la comparer à un vaste atelier où chaque groupe d'ouvriers est chargé d'un travail spécial et concourt activement à l'ouvrage total. On peut supprimer tel ou tel de ces groupes sans que le reste du service en souffre d'une manière choquante. C'est ce qui arrive dans les désordres partiels de la mémoire.

1. Ribot, 29, 30.

VIII° — LES INÉGALITÉS DES MÉMOIRES LOCALES PROVIENNENT : 1° ESSENTIELLEMENT D'UNE INÉGALITÉ DE CONSTITUTION DES CENTRES NERVEUX RESPECTIFS ; 2° DE L'EXERCICE OU ÉDUCATION DONNÉE A CES CENTRES.

1° Une bonne mémoire sensorielle est en rapport connexe avec une bonne structure de l'appareil nerveux. Prenons pour exemple une bonne mémoire visuelle. Celle-ci a pour condition une bonne structure de l'œil, du nerf optique et des parties de l'encéphale qui concourent à l'acte de la vision, c'est-à-dire de certaines portions de la protubérance, des pédoncules, de la couche optique, des hémisphères cérébraux. Ces structures, par cela que nous les supposons supérieures à la moyenne, sont parfaitement adaptées à recevoir et à transmettre les impressions. Par suite, les modifications nerveuses et les associations dynamiques qui se forment entre les éléments nerveux modifiés doivent être plus stables, plus nettes, plus faciles à raviver que dans un autre cerveau. Par conséquent dire qu'un organe visuel a une bonne constitution anatomique et physiologique, c'est dire qu'il présente les conditions d'une bonne mémoire visuelle.

Il en est de même du rapport entre les mémoires des autres sens et la structure des appareils nerveux : ce rapport est corrélatif de l'état de vigueur et de perfection de chacun des appareils.

2° Tout le monde sait que l'exercice développe et fortifie l'organe exercé. Le perfectionnement des sens par l'éducation est un fait tellement connu et admis qu'il est inutile d'insister sur ce point. Seulement il est bon de noter que l'éducation peut accroître la vigueur d'un organe, mais non le créer ; créer un bon organe est l'œuvre de la nature.

Il est aisé maintenant de comprendre que si telle personne a reçu de la nature un appareil meilleur, et si elle a fortifié et accru par l'exercice ce don naturel, cette personne l'emportera sur les autres dans les productions propres à cet appareil. Réciproquement, toute infériorité dans la structure et la condition d'un appareil produira une infériorité dans les fonctions correspondantes. Enfin on s'explique aisément comment chez une même personne l'inégalité dans la constitution des divers centres nerveux produit l'inégalité dans les aptitudes ou les facultés de cette personne. En voici quelques exemples :

Horace Vernet avait une mémoire visuelle si puissante qu'il pouvait faire un portrait de mémoire.

Mozart avait une mémoire auditive si puissante qu'après avoir entendu deux fois le *Miserere* à la chapelle Sixtine, il put le noter tout entier.

On sait quelle délicatesse de goût acquièrent avec l'exercice les dégustateurs experts ; au moyen d'une seule gorgée, non seulement ils reconnaissent le crû du vin, mais encore son âge, tant est puissante chez eux la mémoire gustative !

Il en est de même de la mémoire du toucher, de l'odorat, chez les personnes adonnées aux industries telles que celle des étoffes, l'horticulture, la parfumerie, etc.

II° — LA MÉMOIRE CONSCIENTE OU PSYCHIQUE

I° — AU POINT DE VUE DE LA CONSCIENCE, LES ACTIVITÉS NERVEUSES SE PARTAGENT EN TROIS CATÉGORIES.

Au point de vue de la conscience, les activités nerveuses se partagent en trois catégories :

1° Celles qui ne sont jamais, ou presque jamais, accompagnées de conscience : telles sont les activités du grand sympathique (nerfs vaso-moteurs) et de la plupart des réflexes ;

2° Celles qui sont accompagnées de conscience ;

3° Celles qui tantôt sont accompagnées de conscience, tantôt ne le sont pas.

II° — POUR QU'UNE ACTIVITÉ NERVEUSE PUISSE ÊTRE PERÇUE PAR L'AME, C'EST-A-DIRE ARRIVER A L'ÉTAT DE CONSCIENCE, IL FAUT QU'ELLE RÉALISE DEUX CONDITIONS, L'INTENSITÉ ET LA DURÉE.

A. Une activité nerveuse trop faible échappe à notre conscience. Nous ne percevons pas les sons trop faibles [1], les goûts faibles, etc. Pour qu'une sensation

---

1. 1° Lorsqu'un son n'a pas 60 vibrations par seconde, l'oreille ne l'entend pas ;

2° Lorsqu'un son a plus de 40,000 vibrations par seconde, l'oreille ne l'entend plus.

C'est donc entre la limite minimum de 60 vibrations et la limite maximum de 40,000 vibrations que l'oreille entend les sons.

soit perçue, il faut donc un certain degré d'*intensité*, qui du reste varie de personne à personne. On sait combien l'invention d'instruments perfectionnés diminue en faveur de nos sens le degré d'intensité nécessaire pour que les impressions soient perçues par l'âme. Exemples : Les télescopes pour la vue, le téléphone pour l'audition, etc.

B. Le minimum de *durée* des activités nerveuses qui est nécessaire pour que les sensations soient perçues par l'âme et arrivent ainsi à l'état de conscience a été déterminé par les travaux des physiciens contemporains. Voici les chiffres approximatifs qu'ils ont trouvés :

1° Pour le son, un dixième et demi de seconde ;

2° Pour le tact, deux dixièmes de seconde ;

3° Pour la lumière, deux dixièmes de seconde.

Toute action nerveuse de chacun des cinq sens qui n'a pas le minimum de durée n'éveille pas la conscience.

En résumé, les actions nerveuses qui n'atteignent pas le minimum d'intensité et le minimum de durée ne sont pas perçues par l'âme ; elles forment le domaine de l'inconscient.

III° — LORSQU'UNE ACTION NERVEUSE N'ATTEINT PAS LE MINIMUM D'INTENSITÉ ET LE MINIMUM DE DURÉE NÉCESSAIRES POUR QU'IL Y AIT CONSCIENCE, CETTE ACTION NERVEUSE N'EN EXISTE PAS MOINS ; LA MODIFICATION IMPRIMÉE AUX CENTRES NERVEUX EST ACQUISE ; LA DISPOSITION FONCTIONNELLE SUBSISTE.

Un état de conscience n'est pas un phénomène simple :

1° Une impression sensorielle modifie les cellules nerveuses ;

2° La durée et l'intensité de l'impression atteignent ou dépassent le minimum nécessaire pour que cette impression soit perçue par l'âme et arrive ainsi à l'état de conscience.

Si le minimum d'intensité et de durée n'est pas atteint, il n'y a pas conscience, mais la modification survenue est acquise. La phase psychique ou consciente ne vient pas à l'existence, mais la phase physiologique, qui est fondamentale, subsiste. Il n'est donc pas étonnant si plus tard on retrouve parfois les résultats de ce travail cérébral non parvenu primordialement à la conscience ; c'est qu'en effet le travail cérébral s'accomplit, quoique rien ne l'ait constaté.

La cérébration inconsciente fait son œuvre sans bruit jusqu'à ce que le travail achevé arrive à l'état de conscience, comme un mineur souterrain amène enfin sa galerie au jour. C'est ainsi que s'expliquent naturellement les faits suivants qui sont inexplicables dans la vieille théorie psychologique :

1° Les *irruptions soudaines de souvenirs* qui ne paraissent pas suscités par aucune association d'idées et qui nous surviennent à chaque instant dans la journée ;

2° Les *leçons d'écoliers* lues la veille et sues le lendemain, au réveil ;

3° Les *problèmes* longtemps ruminés dont la solution jaillit brusquement dans la conscience ;

4° Les *inventions* poétiques, scientifiques, mécaniques ;

5° Les *sympathies* et les *antipathies* secrètes, dont le point de départ est une multitude de petites impressions nerveuses.

« L'encéphale est comme un laboratoire plein de mouvement où mille travaux se font à la fois. La cérébration inconsciente, n'étant pas soumise à la condition du temps et ne se faisant pour ainsi dire que dans l'espace, peut agir dans plusieurs endroits à la fois. La conscience est l'étroit guichet par où une toute petite partie de ce travail nous apparaît [1]. »

---

1. RIBOT, 26.

IV° — LA PREMIÈRE CONDITION DE LA MÉMOIRE EST LA MODIFICATION NERVEUSE OU DISPOSITION FONCTIONNELLE ; LA CONSCIENCE N'EST QUE LA FORME PARFAITE DE LA MÉMOIRE ; ELLE N'EN EST PAS LA CONDITION ESSENTIELLE.

Des faits précédents, il résulte que :

1° La modification nerveuse ou disposition fonctionnelle des centres nerveux est la condition fondamentale de la Mémoire ;

2° La conscience psychologique est une condition importante sans doute, mais non nécessaire ; elle est surajoutée.

Dès qu'une modification nerveuse se produit, l'événement cérébral existe en lui-même ;

Lorsque la conscience s'y ajoute, l'événement existe pour lui-même.

La conscience le complète, l'achève, mais ne le constitue pas ; ce qui le constitue, c'est la disposition fonctionnelle des centres nerveux.

Tout état de conscience implique donc, comme partie intégrante et comme fondement, une action nerveuse ; cette action nerveuse modifie les centres nerveux d'une manière permanente en y créant une disposition fonctionnelle.

V° — LA SECONDE CONDITION DE LA MÉMOIRE EST LE GROUPEMENT DES MODIFICATIONS NERVEUSES EN ASSOCIATIONS DYNAMIQUES AVEC APTITUDE A ENTRER DANS PLUSIEURS ASSOCIATIONS.

Les cellules modifiées se groupent en associations ; elles sont aptes à entrer dans plusieurs associations ; et chacune de ces associations renferme les conditions d'existence des états de conscience.

La première condition, celle des modifications nerveuses, explique le premier élément constitutif de la Mémoire, celui de la *conservation :* c'est le côté passif de la Mémoire ;

La seconde condition, celle des associations dynamiques, explique le second élément constitutif de la Mémoire, celui de la *reproduction :* c'est le côté actif de la Mémoire.

VI° — LE CARACTÈRE PROPRE DE LA MÉMOIRE PSYCHIQUE EST LA LOCALISATION DANS LE PASSÉ.

Les modifications des cellules nerveuses et leurs associations dynamiques sont les deux éléments constitutifs de la mémoire. Si à ces deux conditions fondamentales on ajoute la localisation dans le temps, on a la *mémoire consciente* ou *psychique*, la seule que connaissent les psychologues spiritualistes et qu'ils appellent exclusivement la *Mémoire.*

La localisation dans le temps peut avoir lieu de deux

manières : 1° Nous remontons d'une circonstance à une circonstance antérieure, de celle-ci à la précédente, et ainsi de suite jusqu'à ce que nous déterminions à quelle date précise a eu lieu le fait de mémoire.

Cette marche régressive qui passe par tous les intermédiaires ne peut se faire que pour les souvenirs peu éloignés. Lorsque le souvenir est dans le lointain, il est clair que l'esprit a besoin d'un procédé plus simple et plus expéditif pour localiser le souvenir dans le temps ; ce procédé est le point de repère.

2° Le *point de repère* est un événement, un état de conscience, dont nous connaissons bien la position dans le temps ; son éloignement, par rapport au moment actuel, nous sert à mesurer les autres éloignements.

Les points de repère ne sont pas choisis arbitrairement : ils s'imposent à nous ; ils ont une valeur toute relative. Ils sont tels pour une heure, tels pour un jour, pour une semaine, pour un mois (par exemple, j'ai écrit une lettre à telle heure ; je suis allé au théâtre tel jour ; j'ai passé tel mois à la campagne) ; puis, mis hors d'usage, ils tombent dans l'oubli.

Ils ont en général un caractère purement individuel ; quelques-uns, cependant, sont communs.

1° A *une famille*, par exemple, la naissance d'un enfant, le décès d'une personne, une fête anniversaire, etc. ;

2° A *une petite société*, par exemple un banquet mensuel, etc. ;

3° A *une nation*, par exemple, la défaite de Sedan, la Commune de 1871, pour la nation française.

Les points de repère permettent de simplifier le mécanisme de la localisation. L'usage fréquent de ce point de repère fait que la localisation devient instantanée, automatique; c'est un cas analogue à la formation d'une habitude; les intermédiaires disparaissent, puisqu'ils sont inutiles. Il ne reste plus que deux termes : le point de repère et le souvenir dont l'éloignement est mesuré d'après le point de repère. Sans ce procédé abréviatif, sans la disparition d'un nombre prodigieux de termes, la localisation dans le temps serait très longue, très pénible, restreinte à d'étroites limites.

Le mécanisme de la localisation dans le temps, ressemble à celui par lequel nous localisons dans l'espace. Là, en effet, nous avons aussi des points de repère, des procédés abréviatifs, des distances parfaitement connues que nous employons comme unités de mesure.

En résumé, dans la plus haute forme de la mémoire, c'est-à-dire dans la mémoire consciente, il n'y a qu'une opération nouvelle, la localisation dans le temps.

VII° — VU LA FAIBLESSE DE LA NATURE HUMAINE, UNE DES CONDITIONS D'UNE BONNE MÉMOIRE PSYCHIQUE EST LA RENTRÉE A L'ÉTAT LATENT D'UN GRAND NOMBRE D'ÉTATS DE CONSCIENCE.

Si pour atteindre un souvenir lointain il nous fallait remonter la série entière des termes qui nous en séparent, la mémoire serait impossible à cause de la longueur de l'opération. Sans la rentrée à l'état latent d'un nombre prodigieux d'états de conscience, nous ne pourrions nous souvenir. Au point de vue général, c'est-à-dire au point de vue de la faiblesse humaine, la rentrée dans l'état latent n'est pas une maladie de la mémoire, mais une condition de sa santé et de sa vie[1].

VIII° — A LA SUITE D'EXERCICES RÉPÉTÉS ET CONTINUS LA MÉMOIRE CONSCIENTE ÉVOLUE VERS LA MÉMOIRE INCONSCIENTE OU ORGANIQUE ET FINIT PAR SE PERDRE EN CELLE-CI.

C'est un fait que lorsque nous apprenons une langue, nous avons conscience des acquisitions que nous faisons ; nous les localisons dans le temps (tel jour, à telle heure, j'ai étudié et appris ces déclinaisons, ces règles, etc.).

C'est un autre fait que par la répétition continue des mots et des phrases, notre esprit finit par agir automatiquement ; il ne cherche plus les mots ni les phrases ; les phrases et les mots viennent d'eux-mêmes ; cela est vrai surtout de la langue maternelle. La mémoire consciente de nos acquisitions s'est évanouie et

---

1. La rentrée dans l'état latent est ce que, dans l'ancienne théorie, on appelle l'oubli. L'oubli suppose à tort l'effacement absolu du souvenir ; on sait par expérience qu'il est loin d'en être toujours ainsi. Il suffit qu'une personne étrangère vous dépeigne avec précision les détails et les circonstances du fait cru effacé pour que celui-ci revive dans la mémoire : « C'est vrai, s'écrie-t-on, je l'avais oublié ! » Le fait était donc simplement rentré dans l'état latent.

s'est perdue dans la mémoire organique. La localisation dans le temps a disparu parce qu'elle est inutile.

Ce qui est vrai des langues l'est également pour toute autre acquisition intellectuelle, mathématique, physique, chimie, etc. Par exemple, chez nous tous sans exception, la mémoire de la table de multiplication est devenue automatique ; et cependant il est certain que cette mémoire a commencé par être consciente.

Il en est de même de la partie manuelle d'un art quelconque. L'habile musicien ne s'occupe pas de son doigté ; le doigté est devenu automatique. Et cependant, au début, le musicien a eu conscience des places où il devait poser ses doigts. Et ainsi pour tout ouvrier rompu à son métier.

Il en est de même pour tous nos mouvements ainsi que pour une multitude de jugements qui, aujourd'hui, sont automatiques. Au début de notre vie, mouvements et jugements ont été acquis et fixés peu à peu ; ils étaient du domaine de la mémoire consciente. « Personne ne dit qu'il se rappelle que l'objet qu'il regarde a un côté opposé, ou qu'une certaine modification de l'impression visuelle implique une certaine distance, ou qu'un mouvement des jambes le fera avancer, ni que l'objet qu'il voit se mouvoir est un animal vivant. On considérerait comme un abus de langage de demander à un autre s'il se rappelle que le soleil brille, que le feu brûle, que le fer est dur, que la glace est froide[1]. » Et pourtant dans une intel-

---

[1]. Herbert, Spencer, *Principes de Physiologie*, tome 1er, 4e partie, chap. VI.

ligence naissante tout cela a été de la mémoire, au sens strict du mot.

Ce qu'on appelle vulgairement le *sens commun* n'est pas autre chose qu'un groupe de jugements qui, par la répétition continue sont tombés dans la mémoire purement organique, quoiqu'ils aient commencé dans le temps.

Ce qu'on appelle un esprit borné, un *routinier*, est un homme qui, s'étant cantonné dans un champ intellectuel étroit, a répété si longtemps les mêmes actes mentaux que ces actes sont devenus automatiques. Chez le routinier, la mémoire psychique a presque entièrement disparu; il ne reste que la mémoire organique.

IX° — PAR CELA QU'ELLE CONSISTE EN DISPOSITIONS NERVEUSES FONCTIONNELLES ET EN ASSOCIATIONS DYNAMIQUES, LA MÉMOIRE DÉPEND DE LA NUTRITION.

Toutes les formes de la mémoire, de la plus haute à la plus basse, ont pour support des associations dynamiques entre les éléments nerveux et des modifications particulières de ces éléments, tout au moins des cellules. Ces modifications, résultant de l'impression première, ne sont pas conservées dans une matière inerte; elles ne ressemblent pas au cachet imprimé sur la cire; elles sont déposées dans une matière vivante. Or, tous les tissus vivants sont en état de rénovation musculaire continue, le tissu nerveux plus qu'aucun autre; et, dans le tissu nerveux, la substance grise plus que la substance blanche, comme le prouve l'excessive abondance des vaisseaux sanguins qui la baignent. Puisque les modifications persistent, il est nécessaire que l'apport des nouveaux matériaux, que l'arrangement des nouvelles molécules reproduise exactement le type de celles qui sont remplacées. La mémoire dépend directement de la nutrition [1].

Ce fait est d'une importance capitale; il explique comment toute entrave ou toute perversion dans la nutrition amène nécessairement des troubles dans la mémoire.

D'autre part, les cellules nerveuses n'ont pas seulement la propriété de se nourrir, elles sont douées, au moins pendant une partie de leur vie, de la faculté de se reproduire; ce fait explique certains rétablissements de la mémoire. De l'avis de tous les physiologistes, cette reproduction n'est d'ailleurs qu'une forme de la nutrition. La base de la mémoire est donc la nutrition.

III° — MALADIES TEMPORAIRES DE LA MÉMOIRE.

Tous les cas suivants sont explicables par la théorie physiologique de la mémoire; pas un seul ne l'est par la théorie psychologique.

1. Ribot, 50.

1° — AMNÉSIE PASSAGÈRE ACCOMPAGNÉE D'AUTOMATISME CÉRÉBRAL.

1er Cas. *Vertige épileptique*. — Un employé de bureau, sujet aux vertiges épileptiques, se retrouve à son pupitre, les idées un peu confuses, sans autre malaise. Il se souvient d'avoir commandé son dîner au restaurant ; à partir de ce moment, tout souvenir lui fait défaut. Il revient au restaurant ; il apprend qu'il a mangé, qu'il a payé, qu'il n'a pas paru indisposé et qu'il s'est remis en marche vers son bureau. Cette absence avait duré trois quarts d'heure. Pendant ces trois quarts d'heure, l'accès de vertige épileptique avait enlevé à l'employé la conscience de ses actions, mais lui avait laissé l'automatisme cérébral.

2e Cas. *Vertige épileptique*. — Un magistrat siégeant à l'Hôtel-de-Ville de Paris comme membre d'une Société savante sortait nu-tête, allait jusqu'au quai et revenait prendre part aux discussions sans aucun souvenir de ce qu'il avait fait [1].

Le vertige épileptique influe sur les conditions d'intensité nécessaires pour qu'il y ait conscience ; le travail des cellules nerveuses n'en continue pas moins ; seulement il reste inconscient ou automatique.

---

1. Trousseau, cité par Ribot, 56.

II° — AMNÉSIE DES ÉVÉNEMENTS D'UNE CERTAINE PÉRIODE DE TEMPS

1ᵉʳ Cas. *Syncope durant un accouchement*. — Une jeune femme mariée à un homme qu'elle aimait passionnément fut prise, en couches, d'une longue syncope. A son réveil, elle avait perdu la mémoire du temps qui s'était écoulé à partir de son mariage inclusivement. Elle se rappelait très exactement tout le reste de sa vie jusque-là. Elle repoussa avec effroi, dans les premiers instants son mari et son enfant qu'on lui présentait. Depuis, elle n'a jamais pu recouvrer la mémoire de cette période de la vie ni des événements qui l'ont accompagnée. Ses parents et ses amis sont parvenus, par raison et par l'autorité de leur témoignage, à lui persuader qu'elle est mariée et qu'elle a un fils. Elle les croit, parce qu'elle aime mieux penser qu'elle a perdu le souvenir d'une année que de les croire tous des imposteurs. Mais sa conviction, sa conscience intime n'y est pour rien. Elle voit là son mari et son enfant sans pouvoir s'imaginer par quelle magie elle a épousé l'un et donné le jour à l'autre [1].

Ce cas s'explique de la manière suivante :

A. Tous les faits à partir du mariage étaient localisés dans un certain nombre de cellules déterminées :

B. Le mal qui s'est traduit au dehors par une syncope a détruit ou endurci (peu importe le mot, la chose

---

[1]. Lettre de Ch. Villiers à Cuvier, dans Ribot, 62.

se comprend) pour jamais ces cellules déterminées.

Toutes les autres cellules étant restées intactes, la jeune femme s'est retrouvée tout entière, sauf cette lacune d'une année, celle qui allait de son mariage à l'accouchement.

2° *Cas. Commotion à la tête.* — Le mécanicien d'un navire à vapeur tombe sur le dos ; le derrière de sa tête heurte contre un objet dur ; il reste quelque temps inconscient. Revenu à lui, il recouvre assez vite une parfaite santé physique. Il conserve le souvenir de toutes les années écoulées jusqu'à son accident. Mais, à partir de ce moment, la mémoire ne se forme plus, même pour les faits strictement personnels. En arrivant à l'hôpital, il ne peut dire s'il est venu à pied, en voiture ou par le chemin de fer. En sortant de déjeuner, il oublie qu'il vient de le faire ; il n'a aucune idée de l'heure, ni du jour, ni de la semaine. Il essaye par la réflexion de répondre aux questions qui lui sont adressées, il n'y parvient pas. Sa parole est lente, mais précise. Il dit ce qu'il veut dire, et lit correctement. Cette infirmité disparut grâce à une médication appropriée [1].

Ce cas singulier peut s'expliquer par une inaptitude temporaire des cellules naissantes à recevoir une modification suffisamment intense, soit par suite d'amollissement, soit au contraire par suite d'endurcissement ; ces deux causes, en effet, peuvent empêcher toute modification actuelle d'être durable.

---

1. Laycock, dans Ribot, 62.

Lorsqu'une médication convenable eut rendu aux cellules naissantes leur état normal, la mémoire des actes qu'accomplissait le mécanicien put rester gravée dans les cellules cérébrales.

3° *Cas. Commotion à la tête.* — Un homme conduisait en cabriolet sa femme et son enfant. Le cheval pris de frayeur s'emporta. Après de vains efforts pour en devenir maître, le conducteur fut jeté violemment à terre et reçut une forte secousse au cerveau. En revenant à lui, il avait oublié et l'*accident* et les *antécédents immédiats* de l'accident. La dernière chose qu'il se rappelait, c'était la rencontre d'un ami sur la route, à environ deux milles de l'endroit où il avait été renversé. Mais il n'a recouvré jusqu'à ce jour aucun souvenir de ses efforts pour maîtriser le cheval, ni de la terreur de sa femme et de son enfant [1].

Ce cas s'explique par la détérioration des cellules qui avaient reçu les impressions et enregistré les états de conscience à partir de la rencontre avec l'ami. Une chute plus grave eût pu détériorer les couches plus profondes de cellules et abolir le souvenir de faits plus anciens. L'intensité de la perte de mémoire est en corrélation avec l'intensité de la détérioration cellulaire causée par la chute.

1. Carpenter, dans RIBOT, 63.

III° — PERTE DE TOUTE LA MÉMOIRE PSYCHIQUE ET RÉÉDUCATION

1ᵉʳ *Cas.* — Une jeune femme de 24 ans, d'une complexion très délicate, tomba dans une somnolence qui dura deux mois. Sortie de cette longue torpeur, elle avait perdu tout ce qu'elle savait, il lui fallut réapprendre à lire, à écrire ; cette rééducation fut achevée en trois mois. Ajoutons que, bonne musicienne, elle recouvra presque sur-le-champ le souvenir de chansons qu'elle savait avant l'accès morbide ; mais elle ne pouvait pas dire comment il se faisait qu'elle savait ces chansons.

Ce cas peut s'expliquer par le retour graduel à l'état normal des cellules engourdies, mais non détruites, et aussi par l'hérédité, chez les cellules naissantes, des dispositions antérieurement conservées [1].

2ᵉ *Cas.* — A la suite d'une commotion causée par une chute, un clergyman avait tout oublié. Quoique d'un âge mûr, il recommença sous des maîtres ses études anglaises et classiques. Au bout de quelques mois, sa mémoire revint graduellement, si bien que son esprit recouvra sa vigueur et sa culture ancienne [2].

3ᵉ *Cas.* — Une jeune femme robuste, d'une bonne santé, tomba par accident dans une rivière et fut presque noyée. Elle resta six heures insensible, puis reprit connaissance. Dix-huit jours plus tard, elle tomba

---

1. Le *Cerveau,* journal anglais, dans Ribot, 65.
2. Forbes Winslow, dans Ribot, 68.

dans une stupeur complète qui dura quatre heures. Quand elle rouvrit les yeux, elle ne reconnaissait plus personne ; elle était privée de l'ouïe, de la parole, du goût et de l'odorat ; il ne lui restait que la vue et le toucher, qui était d'une sensibilité extrême. Ignorante de toutes choses, incapable par elle-même de remuer, elle ressemblait à un animal privé de cerveau. Elle avait bon appétit ; mais il fallait la nourrir ; et elle mangeait tout indifféremment, avalant d'une manière purement automatique. On lui apprit à travailler comme à un enfant, et comme un enfant elle commença à enregistrer quelques idées et à acquérir quelque expérience. Les idées qui s'éveillèrent les premières étaient liées à deux sujets qui avaient fait sur elle une profonde impression : sa chute dans la rivière, et un amour qu'elle avait pour un jeune homme ami de la famille. La vue d'une rivière ou même une simple peinture représentant un cours d'eau lui donnaient une attaque de catalepsie. Au contraire, lorsque le jeune homme qu'elle aimait était auprès d'elle, l'amélioration physique et le retour des facultés intellectuelles ainsi que de la mémoire étaient visibles. La manière dont elle recouvra sa mémoire est extrêmement remarquable. La santé et la force paraissaient complètement revenues ; son vocabulaire s'étendait, sa capacité mentale augmentait, lorsqu'elle apprit que le jeune homme qu'elle aimait courtisait une autre femme. Cette idée excita sa jalousie si bien qu'un jour elle tomba dans un état d'insensibilité semblable, par la durée et l'intensité, à la première attaque. Ce fut son retour à la santé. Elle sortit de sa torpeur comme si elle se réveillait d'un long sommeil de douze mois. Elle était en pleine possession de ses facultés naturelles et de ses connaissances antérieures ; mais elle n'avait pas le moindre souvenir de ce qui s'était passé pendant l'intervalle d'une année, depuis sa première attaque jusqu'à son retour à la santé [1].

La perte des connaissances acquises et de toute mémoire s'explique par un engourdissement à peu près entier des cellules de la substance corticale ; la perte de l'ouïe, de la parole, du goût et de l'odorat, par la paralysie des centres nerveux correspondants ; le centre optique est resté indemne. Quant à la persistance du toucher, elle s'explique par la protubérance, le bulbe et la moelle épinière restés intacts.

Les attaques cataleptiques causées par la vue de l'eau s'expliquent par la profonde modification que produisit l'accès de frayeur sur les cellules nerveuses, lorsque la jeune femme tomba dans la rivière.

La modification non moins énergique, mais bienfaisante, qu'avait imprimée aux cellules de la jeune femme son amour pour un jeune homme explique l'impulsion revivifiante que produisait la présence du bien-aimé.

Enfin, la crise dernière n'a fait que hâter une guérison que les progrès constants de la santé physique et intellectuelle eussent amenée sûrement, mais à une époque plus éloignée.

---

[1] Dunn. dans Ribot, 69.

IV° — DANS LES CAS D'AMNÉSIE PARTIELLE ET TEMPORAIRE, LES FAITS DE LA MÉMOIRE PSYCHIQUE ET LES FAITS RÉCENTS SE PERDENT LES PREMIERS.

Dans les cas d'amnésie temporaire et partielle, on peut noter deux points principaux :

1° Ce qui se perd exclusivement ou en premier lieu, ce sont les connaissances élevées de la mémoire psychique, celles qui sont localisées dans le temps, celles dont nous avons conscience.

Au contraire, ni les habitudes ni l'aptitude à un travail manuel, à coudre, à broder, c'est-à-dire aucune des fonctions de la mémoire organique ; ni la faculté de lire, d'écrire, de parler sa langue ou d'autres langues, c'est-à-dire aucune des fonctions de la mémoire d'abord consciente, puis déchue peu à peu, par la répétition, à la simple mémoire organique ; en un mot, aucune fonction de la mémoire organique ou semi-organique n'est atteinte ; ou si elles le sont, elles le sont en dernier lieu. En outre, en cas de guérison, ce sont elles qui reviennent les premières.

2° Ce sont les faits les plus récents qui sont oubliés les premiers ; l'oubli ou amnésie, en général, s'étend du présent en arrière sur une période de durée variable.

Au premier abord, ce fait peut surprendre, parce que rien ne paraît plus vif et plus fort que nos souvenirs récents. En réalité, ce résultat est logique, car la stabilité d'un souvenir est en raison directe de son organisation, et le degré d'organisation en raison de la répétition ; ce qui exige un laps de temps.

M. le docteur Charles Richet cite l'exemple d'un de ses amis qui, se promenant avec lui sur le bord de la mer, fit une chute sur la tête. « Pendant une heure il avait oublié tout ce qui précédait immédiatement sa chute, ne sachant pas pourquoi il était avec moi au bord de la mer, au lieu d'être à Paris. Il avait pour un temps, complètement oublié les dernières vingt-quatre heures de son existence, et ne pouvait se souvenir que de ce qui était le plus ancien. Les médecins et les chirurgiens ont souvent l'occasion d'observer des faits semblables. La mémoire des choses récentes est bien plus fragile, bien moins résistante que la mémoire des choses très vieilles [1]. »

IV° — DISSOLUTION DE LA MÉMOIRE

1° — LA DISSOLUTION PROGRESSIVE DE LA MÉMOIRE A POUR CAUSE UNE LÉSION DU CERVEAU A MARCHE ENVAHISSANTE

Lorsqu'une lésion, telle qu'en produisent une hémorragie, une apoplexie, un ramollissement, une paralysie ou l'atrophie des vieillards, envahit progressivement le cerveau, il se produit une dissolution lente et continue de la Mémoire. Il est rare que l'évolution morbide n'aboutisse pas à l'extinction totale de la

---

1. *Revue scientifique*, 24 décembre 1881.

Mémoire. La marche de la maladie est peu frappante, comme tout ce qui se produit par action lente ; mais elle est très instructive, parce qu'en nous montrant comment la Mémoire se désorganise, elle nous apprend comment elle s'est organisée.

II° — LA DISSOLUTION PROGRESSIVE DE LA MÉMOIRE SUIT L'ORDRE D'EXTINCTION SUIVANT : 1° LES FAITS RÉCENTS ; 2° LES CONNAISSANCES INTELLECTUELLES ; 3° LES SENTIMENTS ET LES AFFECTIONS ; 4° EN DERNIER LIEU, LES ACTES MÉCANIQUES.

L'étude de la marche de la démence enseigne nettement dans quel ordre s'éteignent les divers groupes de faits qui composent la Mémoire.

1° **Amnésie des faits récents.** — A l'état normal, les faits les plus récents sont les plus nets. Au début de la démence, il se produit une lésion anatomique grave, à savoir, un commencement de dégénérescence des cellules nerveuses. Ces éléments en voie d'atrophie ne peuvent plus conserver les impressions nouvelles. Il en résulte que ni une modification nouvelle dans les cellules, ni la formation de nouvelles associations dynamiques, ne sont possibles ou du moins durables. Les conditions anatomiques de la stabilité et de la reviviscence manquent. Si le fait est totalement neuf, il ne s'inscrit pas dans les centres nerveux, ou bien il est aussitôt effacé[1]. Mais les mo-

---

1. Ribot, 92. Dans un état de démence sénile, un malade, pendant 14 mois, n'a jamais reconnu son médecin, qui venait le visiter tous les jours.

difications fixées dans les éléments nerveux depuis de longues années et devenues organiques, les associations dynamiques et les groupes d'associations cent fois et mille fois répétées persistent encore ; elles ont une plus grande force de résistance contre la destruction.

2° Amnésie des connaissances intellectuelles. — Bientôt le fonds ancien s'entame à son tour. Les acquisitions intellectuelles se perdent peu à peu, connaissances scientifiques, artistiques, professionnelles, langues étrangères, etc. Les souvenirs personnels s'effacent en descendant vers le passé ; ceux de l'enfance disparaissent les derniers.

Cette dissolution intellectuelle a pour cause anatomique une atrophie qui envahit peu à peu l'écorce du cerveau, puis la substance blanche, en produisant une dégénérescence graisseuse des cellules, des tubes et des capillaires de la pulpe nerveuse.

3° Amnésie des sentiments. — Les facultés effectives s'éteignent bien plus lentement que les facultés intellectuelles ; c'est que les sentiments sont en nous ce qu'il y a de plus profond, de plus intime, de plus tenace. Tandis que notre savoir intellectuel est *acquis* et *extérieur* à nous, nos sentiments sont innés ; ils sont l'expression immédiate et permanente de notre organisation. Nos viscères, nos muscles, nos os, tout, jusqu'aux éléments les plus intimes de notre corps, contribuent pour leur part à les former. Nos sentiments, c'est nous-même. Il est donc logique que la dissolution de l'intelligence vienne avant celle des sentiments. L'intelligence réside exclusivement dans l'écorce cérébrale ; or, c'est l'écorce cérébrale qui est la première attaquée.

4° **Amnésie des actes mécaniques.** — Les acquisitions qui résistent en dernier lieu sont les actes purement mécaniques, la routine journalière, les habitudes contractées de longue date. Beaucoup d'hommes peuvent encore se lever, s'habiller, prendre leurs repas régulièrement, se coucher, s'occuper à des travaux manuels, jouer aux cartes et à d'autres jeux, alors qu'ils n'ont plus ni jugement, ni volonté, ni affections. Cette activité automatique, qui ne suppose qu'un minimum de mémoire consciente, appartient à cette forme inférieure de la mémoire pour laquelle les ganglions cérébraux, le bulbe et la moelle suffisent.

La destruction progressive de la mémoire suit donc une marche logique, une loi. Elle descend progressivement de l'instable au stable. Elle commence par les souvenirs récents qui, mal fixés dans les éléments nerveux, rarement répétés et par conséquent faiblement associés avec les autres, représentent l'organisation à son degré le plus faible. Elle finit par cette mémoire sensorielle instinctive qui, fixée dans l'organisme, devenue une partie de lui-même, représente l'organisation à son degré le plus fort.

III° — **Réciproquement, lorsque la lésion du cerveau, cause de la dissolution progressive de la mémoire, vient a guérir, la restauration de la mémoire se fait inversement, en remontant des faits anciens aux faits récents.**

La contre épreuve de la loi que suit la dissolution progressive de la mémoire est donnée par le cas de guérison de la lésion cérébrale, lorsque ces lésions guérissent, ce qui est extrêmement rare.

« Dernièrement, dit M. Taine, on a vu en Russie un célèbre astronome (Struve, le père) oublier tour à tour les événements de la veille, puis ceux de l'année, puis ceux des dernières années, et ainsi de suite, la lacune gagnant toujours, tant qu'enfin il ne lui restait plus que le souvenir des événements de son enfance. On le croyait perdu. Mais par un arrêt soudain et un retour imprévu, la lacune se combla en sens inverse, les événements de la jeunesse redevenant visibles, puis ceux de l'âge mûr, puis les plus récents, puis ceux de la veille. La mémoire était restaurée tout entière, lorsqu'il mourut [1]. »

---

[1]. Taine, *De l'Intelligence*, I, livre II, chapitre II, § 4. — On trouvera dans Ribot, 96 et suivantes, un cas non moins intéressant de cette restauration inverse de la mémoire, contre partie et contre épreuve démonstrative de la loi que suit la dissolution progressive de la mémoire.

IV° — CONCLUSION. LA DISSOLUTION DE LA MÉMOIRE SE FAIT CONFORMÉMENT AUX CONDITIONS BIOLOGIQUES QUI ONT PRÉSIDÉ A SA FORMATION.

Il est extrêmement vraisemblable que les souvenirs occupent le même siège anatomique que les impressions primitives et qu'ils exigent l'activité des mêmes éléments nerveux, cellules et fibres.

Les éléments nerveux peuvent occuper des positions très diverses, depuis l'écorce du cerveau jusqu'à la moelle.

La conservation des souvenirs et leur reproduction dépendent :

1° D'une certaine modification des cellules ;

2° De la formation de groupes plus ou moins complexes, en un mot, d'associations dynamiques.

Telles sont les bases physiques de la mémoire.

A. *Enfance.* — Les acquisitions primitives, celles qui datent de l'enfance, sont les plus simples, à savoir : formation des mouvements secondaires automatiques, éducation de nos sens. Elles dépendent principalement du bulbe et des centres inférieurs du cerveau ; on sait qu'à cette époque de la vie, l'écorce cérébrale est imparfaitement développée.

Indépendamment de leur simplicité, elles ont toutes les raisons possibles d'être les plus stables. D'abord, les impressions sont reçues par des éléments vierges. La nutrition est active ; mais ce renouvellement moléculaire incessant ne sert qu'à fixer les impressions ; les molécules nouvelles remplaçant exactement les anciennes, la disposition acquise des éléments nerveux finit par équivaloir à une disposition innée. De plus, les associations dynamiques, formées entre ces éléments, parviennent à l'état de fusion complète, grâce à des répétitions sans nombre. Il est donc inévitable que ces primitives acquisitions soient mieux conservées et plus facilement reproduites qu'aucune autre; elles constituent ainsi la forme la plus solide de la mémoire.

B. *Age viril.* — Tant que l'individu adulte reste à l'état sain, les impressions et les associations nouvelles, quoique d'un ordre beaucoup plus complexe que celles de l'enfance, ont encore de grandes chances de stabilité.

C. *Vieillesse.* — Mais si par l'effet de l'âge ou de la maladie les conditions changent, à savoir, si les actions vitales, notamment la nutrition, diminuent; si les pertes sont en excès; alors les impressions deviennent instables; et les associations, fragiles. C'est l'arrêt de la mémoire et le commencement de sa dissolution.

V° — AMNÉSIE DES SIGNES

1° Sa nature.

L'amnésie des signes, parole, écriture, geste, n'est qu'un cas particulier et local des maladies de la mémoire; mais ce cas est le mieux étudié et le plus utile peut-être pour faire connaître l'organisation de la mémoire et la loi qui préside à sa dissolution.

1° — UNE IDÉE N'EST JAMAIS SIMPLE ; ELLE EST LA FUSION DE DEUX ÉLÉMENTS DISTINCTS : 1° LA PENSÉE PROPREMENT DITE ; 2° LE SIGNE.

Dans toute idée il y a deux éléments, la pensée et le *mot*. La fusion est si complète que la pensée elle-même a été appelée le *verbe* ou parole intérieure ; le *Logos* des Grecs désigne à la fois la raison et la parole. On sait quel rôle a joué dans la philosophie ancienne la théorie du Logos ou du verbe. Il semblait donc que l'idée était une et simple, tant l'identification de la pensée et du signe était intime! Cette unité n'est qu'une illusion ; la maladie se charge, en effet, de dissocier les deux éléments et de montrer que l'idée est une combinaison de la pensée et du signe, ce qu'en terme de chimie on appelle *un alliage*.

Elle est même d'ordinaire plus complexe que nous venons de le dire, car la pensée proprement dite est loin d'être combinée toujours à un seul signe exclusivement ; le plus souvent elle s'allie à des signes très nombreux, selon le degré d'instruction de la personne qui pense. Exemples :

1° Pour un paysan ignorant qui ne sait ni lire ni écrire, la pensée d'une maison, par exemple, s'allie exclusivement à la parole *maison* ;

2° Pour celui qui sait lire et écrire, à la parole maison se joint le mot écrit ;

3° Pour celui qui sait plusieurs langues, à la parole et au mot écrit de la langue maternelle se joignent les paroles et les mots écrits des langues étrangères qu'il sait, par exemple : Maison, *domus*, οἶκος, *casa*, *house*, *haus*, etc.

En résumé, l'idée n'est pas simple ; elle est l'alliage de deux éléments, la pensée et le signe. Le signe peut être unique ; le plus souvent il est multiple ; il l'est d'autant plus que l'instruction des personnes est plus étendue.

II° — LE SIGNE EST UN MOUVEMENT OU UNE ASSOCIATION DE MOUVEMENTS ; IL EXIGE UN EXERCICE OU ÉDUCATION DES FIBRES MOTRICES.

L'éducation qu'exige la coordination des mouvements, soit pour la parole, soit pour l'écriture, est un fait d'expérience banale.

I° MOUVEMENTS POUR PARLER. A. — On sait quels soins et quels exercices répétés sont nécessaires pour apprendre à l'enfant à prononcer distinctement chaque mot. Plier les fibres motrices aux mouvements et aux associations de mouvements qu'exige la prononciation de chaque mot est une œuvre longue et difficile. C'est à peine si deux ou trois années y suffisent. Il est clair que si la prononciation n'imprimait pas une modification aux fibres et ne laissait pas un résidu moteur, jamais l'enfant n'apprendrait à parler ; l'œuvre serait à recommencer sans fin comme la toile de Pénélope. Si donc l'enfant apprend à parler, ce qui est un fait absolument certain, c'est que ses fibres motrices ont gardé quelque chose à chaque exercice ;

l'ensemble de ces résidus est une véritable mémoire motrice. Il y a donc une mémoire motrice, comme il y a une mémoire intellectuelle, une mémoire sensorielle ; et cela, en vertu de la même loi et par le même mécanisme.

B. Toute personne qui apprend la musique sait combien les répétitions sont nécessaires pour fixer l'intonation juste ; on sait qu'il est même des larynx assez rebelles pour rester incapables de donner certains sons avec justesse. Il est donc évident que chez tous les musiciens il a fallu que chaque exercice laissât un résidu dans les fibres motrices et constituât une mémoire motrice telle, que la coordination des mouvements nécessaires pour donner un son juste se fit automatiquement.

C. Dans l'étude des langues étrangères, l'homme adulte se trouve dans la même position que l'enfant. De même que l'enfant se crée une mémoire motrice pour la langue maternelle, de même l'homme adulte qui apprend une langue étrangère est obligé d'imprimer des modifications et des associations de mouvements aux fibres, en un mot, de se créer une mémoire motrice. Il a même, sur l'enfant, ce désavantage que son organe vocal et son appareil auditif étant pliés aux coordinations qu'a exigées la langue maternelle, ces appareils façonnés n'ont plus la souplesse qu'ont les appareils vierges de l'enfant pour fixer les modifications exigées par l'étude tardive d'une langue étrangère. Il arrive même souvent que pour des bouches françaises, par exemple, certaines lettres gutturales des langues étrangères offrent un obstacle insurmontable ; telles le *j* espagnol, le *ch* allemand, le *th* anglais, le χ grec, le *bi* russe, etc.

Notons enfin que la parole exige non seulement une mémoire motrice des fibres consacrées à la parole, mais encore une mémoire auditive, laquelle doit se coordonner avec la mémoire motrice de la parole. On voit quel degré de complexité il y a dans la prononciation d'une parole, acte qui paraît un et simple par l'effet d'une longue accoutumance automatique.

II° MOUVEMENTS POUR ÉCRIRE. — La coordination et les associations de mouvements que demande l'acquisition de l'écriture apparaissent avec netteté même aux yeux des personnes qui n'ont pas l'habitude de réfléchir.

Lorsque l'enfant apprend à écrire, non seulement il lui faut une coordination dans les mouvements des doigts de la main, mais encore dans le corps tout entier ; car l'attitude penchée du corps et les inflexions variées qu'exige la marche de la plume sur le papier doivent associer leurs mouvements aux mouvements des doigts. Enfin l'œil lui-même participe à l'exécution des mots ; l'accommodation des fibres motrices oculaires doit en effet s'associer et se coordonner avec les autres mouvements corporels pour arriver au but cherché, c'est-à-dire à l'écriture des mots. Il est clair que si chaque exercice ne laissait pas un résidu moteur dans les fibres ; bref, s'il ne créait pas une mémoire motrice, l'enfant n'apprendrait jamais à écrire couramment et surtout automatiquement.

Ce que l'on voit avec tant de netteté chez l'enfant, on peut le constater chez les adultes lorsqu'ils apprennent à écrire une langue étrangère dont les lettres, celles du grec, par exemple, diffèrent absolument des lettres latines.

En résumé, tout signe, soit parlé, soit écrit, par cela qu'il est devenu automatique, exige une modifition acquise et fixée des fibres du mouvement, en un mot, une mémoire motrice.

II° Son évolution.

1° — DANS LE CAS D'AMNÉSIE PROGRESSIVE DES SIGNES, L'ORDRE DES EXTINCTIONS EST LE SUIVANT : 1° LES MOTS OU LANGAGE RATIONNEL ; 2° LES PHRASES EXCLAMATIVES OU LANGAGE ÉMOTIONNEL ; 3° EN DERNIER LIEU, MAIS TRÈS RAREMENT, LES GESTES.

D'habitude, l'amnésie des signes est de courte durée. Mais lorsqu'il survient des attaques successives d'apoplexie, l'amnésie prend une marche progressive. Voici dans quel ordre se font les extinctions :

1° Les *mots*, c'est-à-dire le langage de la raison ;

2° Les *exclamations*, c'est-à-dire le langage émotionnel, selon l'expression de Max Müller ;

3° En dernier lieu, mais très rarement, les *Gestes*.

Par ce simple exposé, on reconnaît du premier coup d'œil que l'amnésie des signes suit la même marche que la dissolution totale de la Mémoire ; elle n'en est, du reste, qu'un cas particulier. La dissolution totale de la Mémoire va des connaissances intellectuelles aux sentiments, des sentiments aux actes mécaniques ; c'est-à-dire qu'elle va du moins stable au plus stable : telle est la loi. Il en est de même de l'amnésie des signes : en premier lieu, s'éteignent les mots, signes traducteurs des connaissances intellectuelles ; ensuite les signes qui traduisent les sentiments ; en dernier lieu, les gestes.

I° LE LANGAGE RATIONNEL. — La dissolution de la mémoire des mots suit un ordre déterminé, et cet ordre est celui même qui régit la dissolution totale de la mémoire ; c'est la série des mots les moins stables qui disparaît la première.

1° *Les noms propres.* — L'amnésie atteint en premier lieu les noms propres. Les noms propres étant purement individuels ne peuvent pas être répétés et par conséquent fixés par l'organisme autant que les noms communs. Ceux-ci, en effet, composant le fond nécessaire de l'expression de nos idées, sont d'un usage constant ; l'exercice répété fixe solidement les impressions nerveuses, de telle sorte que les mots qui ont rapport à nos habitudes et à nos occupations journalières deviennent automatiques. Il y a une exception à faire pour le nom propre du malade lui-même ; ce nom-là, comme on le comprend, est solidement fixé dans la mémoire.

2° *Les noms communs.* — L'amnésie atteint en second lieu les noms communs ; là encore, il y a une gradation selon que les noms communs sont d'un usage plus ou moins fréquent. En général, et sauf les exceptions se rattachant aux habitudes et aux occupations propres de chaque homme, ceux-là sont le plus répétés et par conséquent le mieux fixés qui désignent les choses les plus usuelles.

3° *Les adjectifs et les verbes*. — Enfin viennent les adjectifs et les verbes, lesquels expriment des qualités, des manières d'être, des actes, c'est-à-dire ce qui est d'un usage continu, nécessaire, et par conséquent le mieux gravé et le plus stable.

Un savant, membre de l'Institut, cité par Gratiolet, avait oublié les noms propres de ses collègues. Il disait : « Mon confrère qui a fait telle invention, » revenant ainsi à la désignation par les qualités.

Du reste, ce fait n'est pas le propre d'un état morbide; chacun plus d'une fois, dans l'impuissance passagère de trouver le nom propre d'une personne ou d'une chose, a désigné l'une ou l'autre par ses qualités. On a donc vérifié maintes fois, soi-même, à l'état sain, que la perte des noms propres ou des noms communs se fait avant celle des mots qui désignent les qualités des personnes ou des choses.

II° LE LANGAGE ÉMOTIONNEL. — Les meilleurs observateurs, tels que Broca, Trousseau, H. Jackson, Broadbent, ont noté un grand nombre de cas où des aphasiques complètement privés du langage rationnel peuvent proférer non seulement des interjections, mais de courtes locutions usuelles propres à exprimer leur colère, leur dépit, ou à déplorer leur infirmité. L'une des formes les plus persistantes de ce langage est celle des jurons. Le docteur Bouillaud a communiqué à l'Académie des sciences les deux cas suivants :

1ᵉʳ Cas. — Un nommé Bâscle avait perdu l'usage de la parole, mais sans avoir été frappé d'hémiplégie. Il était fort intelligent, parlait en quelque sorte du geste ou mimiquement, et ne pouvait prononcer qu'un juron en quatre mots : Sacré nom de Dieu ! qui lui échappait comme automatiquement et comme l'expression énergique de la contrariété, de l'impatience qu'il éprouvait de ne pouvoir répondre aux questions qu'on lui adressait et qu'il comprenait à merveille.

2ᵉ Cas. — J'ai vu, il y a bien des années, la femme d'un juge de paix, très intelligente, très respectable, très pieuse, qui ne pouvait prononcer que ces mots : Mon Dieu, mon Dieu ! [1]

La loi de dissolution est celle-ci : Ce qui est de formation récente périt d'abord; puis viennent les formations anciennes. Or le langage des émotions ou sentiments est antérieur au langage des idées; il est donc naturel et logique qu'il disparaisse après celui-ci. Enfin, en vertu de la même loi, le complexe disparaît avant le simple, car il est de formation postérieure; or, le langage des idées est plus complexe que le langage affectif; celui-ci ne doit donc disparaître qu'après le langage rationnel.

IIIᵉ Les gestes. — Cette forme de langage, la plus naturelle de toutes, apparaît chez l'enfant longtemps avant le langage articulé. Chez certaines tribus sau-

---

[1]. *Comptes rendus de l'Académie des sciences*, tome 77, page 6.

vages frappées d'un arrêt de développement, les gestes jouent un aussi grand rôle que les mots; aussi ne peuvent-ils plus se comprendre dans l'obscurité. Il est donc logique que la mémoire des gestes, lorsqu'elle se perd, se perde la dernière.

II° — RÉCIPROQUEMENT, DANS LES RARES CAS DE GUÉRISON LE RECOUVREMENT PROGRESSIF SE FAIT EN ORDRE INVERSE, C'EST-A-DIRE EN COMMENÇANT PAR LES GESTES.

Dans la marche progressive de l'amnésie totale, les cas de guérison sont rares. En voici un dont l'observation est due au docteur Grasset : « Un homme fut atteint d'une impossibilité complète de traduire sa pensée, soit par la parole, soit par l'écriture, soit par les gestes. Dans les jours suivants, on vit reparaître successivement et peu à peu la faculté de se faire comprendre par gestes, puis par la parole et l'écriture [1]. »

Le cas suivant, dont le docteur Bouillaud a donné communication à l'Académie des sciences, séance du 9 juin 1873, est extrêmement instructif : il montre que non seulement l'aphasie a laissé intacte la pensée, mais encore que le recouvrement des signes se fait par ordre de stabilité; ce sont, en effet, les mots les plus fréquemment employés à l'état sain par le malade qui réapparaissent en premier lieu.

« Le nommé Jean Picarda, âgé de 57 ans, charre-

[1]. Grasset, dans Ribot, 138.

tier, demeurant à Maisons-Alfort, 16, rue des Bretons, fut apporté, le 12 novembre 1872, à l'hôpital de la Charité, salle Saint-Jean-de-Dieu, n° 19. Il venait de tomber tout à coup dans la rue, frappé d'une hémiplégie de tout le côté droit et d'une telle perte de la parole qu'il ne put prononcer aucun mot, pas même son nom, ni dire son âge, sa demeure, son état civil. Quand je le vis le lendemain, il n'avait point repris l'usage de la parole et ne répondait à aucune des questions que je lui adressais, bien qu'il les comprit (lui ayant dit qu'il ne pouvait sans doute répondre à ce que je lui demandais, il me fit, de la tête, un signe d'acquiescement). Il conservait les mouvements de la langue, des yeux, de la lèvre et de la joue gauches; il avait conservé la voix et buvait facilement.

Le 20 novembre, la perte de la parole persistait. Le malade comprenait à merveille, avait recouvré pleinement la mémoire des mots, des choses et des personnes. Il se dépite de ne pouvoir répondre à mes questions autrement que par des gestes, des sons inarticulés, à part le mot *oui*, qu'il prononce parfois, mais très imparfaitement.

20 décembre. Le malade est parvenu à prononcer, non sans bredouiller, *oui*, *non*, et, au dire de l'infirmier, *quelques jurons;* il a le visage éveillé et fort intelligent; il s'impatiente toujours de ne pouvoir répondre à ce qu'on lui demande et qu'il comprend très bien.

28 février 1873. Le côté droit de la face a repris graduellement la liberté de ses mouvements; comme on

le reconnaît surtout quand le malade s'anime et rit ; le membre inférieur droit peut exécuter laborieusement quelques faibles mouvements. Le malade prononce, toujours très difficilement, un plus grand nombre de mots simples, mais sans pouvoir les assembler en phrases, malgré tous les efforts qu'il fait, surtout quand je vais le voir, ce qui lui cause une satisfaction qu'il me témoigne par des gestes très vifs. Il continue à donner les preuves les plus manifestes de l'intégrité de son intelligence (de la faculté de compter, en particulier). Un jour, je lui présente sa pancarte et le prie de m'en lire quelques mots. Il parvient avec effort, en s'y prenant à plusieurs fois, et en épelant, à prononcer son nom *Pi-car-da*, puis *Picarda*. Il n'a pu prononcer celui de *charretier* (sa profession) ; mais, au milieu de ses gestes et de ses cris d'impatience, il a proféré d'une manière distincte et sans s'arrêter le juron : Nom de Dieu !

Tel est encore aujourd'hui, 9 juin 1873, l'état de notre malade sous le point de vue de la parole ou du langage articulé. Il ne peut prononcer que des mots isolés, quelques bouts de phrases ; il est absolument incapable de tout discours suivi [1]. »

1. *Comptes rendus*, tome 76, page 1.388.

VI° — HYPERMNÉSIE

1° — L'HYPERMNÉSIE EST UNE REPRODUCTION EXTRAORDINAIRE DES SOUVENIRS, DUE LE PLUS SOUVENT A DES CAUSES MORBIDES, QUELQUEFOIS A DES SECOUSSES MORALES.

L'excitation extraordinaire de la mémoire connue sous le nom d'hypermnésie est due le plus souvent à des causes morbides, quelquefois à de fortes secousses morales.

I° CAUSES MORBIDES. — On a des exemples d'hypermnésie à la suite de fièvres aiguës, d'extase, d'hystérie, d'ingestion de haschisch et d'opium. Le cas d'un jeune boucher que le docteur Michéa a observé à Bicêtre est célèbre. Sous l'influence d'un accès de manie, ce jeune homme récitait des tirades entières de la *Phèdre* de Racine; or il n'avait entendu qu'une seule fois cette tragédie. Durant les périodes calmes, il lui était impossible, malgré ses efforts, d'en réciter un seul vers [1].

II° SECOUSSES MORALES. — On a des exemples de personnes qui soudain exposées à un danger de mort ont vu se retracer devant leurs yeux leur vie entière ou des fragments de leur vie avec une intensité extraordinaire. « Un homme d'un esprit remarquablement net traversait un chemin de fer au moment où

---

1. *Annales médico-psychiques*, 1860, page 302. — Voir aussi MARCÉ, 28; et DAGONET, 174.

un train arrivait en toute vitesse. Il n'eut que le temps de s'étendre entre les deux lignes de rails. Pendant que le train passait au-dessus de lui, le sentiment de son danger lui remit en mémoire tous les incidents de sa vie, comme si le livre du jugement avait été ouvert devant ses yeux [1]. »

III° Hypermnésie apparente a l'article de la mort. — Tout le monde sait qu'à l'article de la mort, chez nombre de personnes, les souvenirs de l'enfance se sont réveillés avec une intensité très vive. Ce fait n'est qu'un cas particulier de la loi de dissolution de la mémoire [2]. L'atrophie progressive, avec l'âge ou la maladie, abolit successivement les modifications nerveuses et les associations en allant du récent à l'ancien ; lorsqu'elle est descendue aux résidus de la jeunesse, c'est-à-dire aux plus anciens et aux plus stables, elle leur rend une activité temporaire avant de les effacer pour jamais. Durant la permanence des souvenirs plus récents, la voix des souvenirs de jeunesse était pour ainsi dire trop faible pour être entendue. Une fois le silence accompli par l'abolition des souvenirs postérieurs, cette voix peut se faire entendre une dernière fois. Si donc les acquisitions, les habitudes et les souvenirs de la jeunesse et de l'enfance reviennent au premier plan, ce n'est point qu'une cause mystérieuse les pousse en avant, c'est qu'il n'y a plus rien qui les recouvre. Les retours religieux de la dernière heure, dont le public ignorant fait grand bruit,

1. Forbes Winslow, dans Ribot, 141.
2. Ribot, 148.

ne sont pour une psychologie clairvoyante rien autre chose que l'effet nécessaire d'une dissolution sans remède.

II° — LE MÉCANISME PHYSIOLOGIQUE DE L'HYPERMNÉSIE EST UN ACCROISSEMENT D'ACTIVITÉ DANS LA CIRCULATION CÉRÉBRALE.

Quelle que soit la cause de l'hypermnésie, le mécanisme physiologique est un accroissement d'activité dans la circulation cérébrale. Le fait est évident dans tous les cas qui ont pour origine les fièvres ou les secousses morales; il l'est également pour les cas d'hypermnésie causés par le haschisch ou l'opium. On a constaté, en effet, qu'avant la dépression énorme qui termine la période d'influence du haschisch et de l'opium, il y a, au début, un accroissement notable de la circulation du cerveau.

Nous avons vu précédemment que pour qu'une modification nerveuse passe de l'état latent à l'état conscient, il faut deux conditions, à savoir : un minimum d'intensité et un minimum de durée. Lorsqu'un souvenir au bout d'un certain temps tombe au-dessous du minimum d'intensité, il cesse d'être conscient, mais il n'en subsiste pas moins. Survienne une cause quelconque, afflux de sang, action nerveuse, etc., qui rende momentanément aux modifications nerveuses une intensité supérieure au minimum, alors les modifications nerveuses s'élèvent de l'état latent à la conscience, quitte à retomber ensuite dans l'inconscient, lorsqu'a pris fin la cause passagère de l'activité cérébrale.

« On rencontre quelquefois des personnes ayant reçu une excellente éducation, des dames, des jeunes filles, vivant dans un milieu distingué, à l'abri de toute souillure, et qui, quand elles sont prises d'accès d'excitation cérébrale, se mettent à proférer des paroles grossières complètement étrangères à leur vocabulaire habituel. Évidemment dans ce cas le phénomène ne peut s'expliquer que par ce fait : c'est qu'en se promenant dans les rues, dans les endroits publics, ces paroles grossières les ont inconsciemment impressionnées et sont restées à l'état de souvenirs latents enfouis dans la trame cérébrale; et c'est par le fait de la suractivité morbide des régions où elles sont en dépôt qu'elles se sont mises à découvert et ont fait saillie au dehors [1]. »

Une comparaison empruntée à un phénomène physique fera peut-être mieux comprendre ce mécanisme. Si l'on trace sur une feuille blanche quelques phrases en employant, au lieu d'encre, une solution très faible de chlorure de cobalt, les lignes en se séchant deviennent incolores; le papier apparaît blanc, si bien que l'œil le plus exercé ne pourrait soupçonner que la feuille est cependant couverte d'écriture; les caractères sont passés à l'état latent.

Approchez cette feuille du feu; au fur et à mesure qu'elle s'échauffe, les caractères tracés émergent du

[1]. Luys, le Cerveau, 110.

fond blanc; ils apparaissent enfin, en bleu azuré, avec une admirable netteté; la feuille qui semblait immaculée est devenue un manuscrit chargé.

Eloignez maintenant la feuille du foyer; au fur et à mesure qu'elle se refroidit, les phrases visibles pâlissent, se décolorent et finissent par rentrer entièrement à l'état latent; le papier est redevenu blanc.

A l'instar de l'écriture cobaltique, les souvenirs sous l'influence de la chaleur sanguine, seule ou accompagnée d'autres actions, passent de l'état latent à l'état visible ou conscient; ils y demeurent tant que persiste la cause excitatrice; puis celle-ci ayant pris fin, ils retombent de nouveau dans l'état latent ou inconscient.

C'est de cette manière que, par analogie, on peut expliquer et comprendre notamment l'hypermnésie singulière du jeune boucher de Bicêtre; sous l'influence d'un accès maniaque, il récitait des tirades de Racine; mais, l'accès passé, il était incapable d'en dire un seul vers. La manie agissait sur les souvenirs latents du jeune homme comme la flamme du foyer sur la page couverte de caractères invisibles.

VII° — FONCTIONS PHYSIOLOGIQUES D'OU DÉPENDENT LES DEUX FONCTIONS DE LA MÉMOIRE

La mémoire consiste en deux fonctions : Elle conserve et elle reproduit.

La conservation dépend surtout de la nutrition; la

faculté de reproduire dépend de la circulation générale ou locale [1].

1° — LA CONSERVATION MNÉMONIQUE DÉPEND DE LA NUTRITION.

Puisque tout cerveau normalement constitué conserve les souvenirs, il ne suffit pas pour expliquer ce fait que les impressions soient reçues, il faut qu'elles soient fixées, enregistrées organiquement, incrustées ; il faut qu'elles deviennent une modification permanente de l'encéphale ; il faut que les modifications imprimées aux cellules nerveuses et que les associations dynamiques que ces éléments forment entre eux restent stables. Ce résultat ne peut dépendre que de la *nutrition*.

Le cerveau reçoit une masse énorme de sang, surtout la substance grise. Il n'y a pas de partie du corps où le travail nutritif soit plus actif ni plus rapide. Jusqu'à présent on ignore le mécanisme de ce travail ; mais les faits de tout ordre démontrent la connexion étroite de la nutrition et de la mémoire. En effet, l'activité de la nutrition ou son affaiblissement expliquent :

1° Pourquoi la mémoire de l'enfant est facile, et faible celle du vieillard ;

2° Pourquoi ce qui est trop vite appris ne dure pas ;

---

1. Tout ce qui suit est emprunté presque textuellement à la conclusion du livre de M. Ribot.

3° Pourquoi la fatigue nuit à la mémoire

4° Pourquoi la dissolution de la mémoire devient totale chez certains vieillards;

5° Pourquoi la rééducation peut se faire chez ceux qui ont perdu temporairement la mémoire.

I° LA MÉMOIRE DE L'ENFANT EST FACILE, ET FAIBLE CELLE DU VIEILLARD. — Il est d'observation vulgaire que les enfants apprennent avec une merveilleuse facilité; que tout ce qui ne demande que de la mémoire, comme les langues, est vite acquis par eux.

On sait aussi que les habitudes, c'est-à-dire une forme de la mémoire, sont bien plus aisément contractées dans l'enfance et la jeunesse qu'à l'âge adulte. C'est qu'à cette période de la vie, l'activité de la nutrition est tellement grande que les connexions naturelles sont rapidement établies. Chez le vieillard, au contraire, l'effacement si prompt des impressions nouvelles coïncide avec un affaiblissement considérable de cette activité.

II° CE QUI EST TROP VITE APPRIS NE DURE PAS. — Pour fixer les souvenirs, il faut du temps parce que la nutrition ne fait pas son œuvre en un instant; parce que le mouvement moléculaire incessant qui la constitue doit suivre une direction constante; or la même impression périodiquement renouvelée est seule propre à maintenir cette direction.

III° LA FATIGUE NUIT A LA MÉMOIRE. — La fatigue sous toutes ses formes est fatale à la mémoire. Les impressions reçues ne sont pas fixées; la reproduction est très pénible, souvent impossible. Or, la fatigue est considérée comme un état où, par suite de la suractivité d'un organe, la nutrition souffre et languit. Avec le retour aux conditions normales, la mémoire revient. Un exemple de ce fait est le cas déjà cité de Holland : « J'étais descendu le même jour dans deux mines profondes du Harz. Étant dans la seconde mine, je me trouvai si épuisé par la fatigue et l'inanition qu'il me fut complètement impossible de causer avec l'inspecteur allemand qui m'accompagnait. Tous les mots, toutes les phrases de la langue allemande étaient sortis de ma mémoire, et je ne pus les recouvrer qu'après avoir pris un peu de nourriture et de vin et m'être reposé quelque temps. »

IV° LA DISSOLUTION DE LA MÉMOIRE DEVIENT TOTALE CHEZ CERTAINS VIEILLARDS. — La forme la plus grave des maladies de la mémoire, l'amnésie progressive des vieillards, a pour cause une atrophie toujours croissante des éléments nerveux, ou une dégénérescence granulo-graisseuse des cellules.

V° LA RÉÉDUCATION PEUT SE FAIRE CHEZ CEUX QUI ONT PERDU TEMPORAIREMENT LA MÉMOIRE. — Dans les cas de perte complète de la mémoire, le retour dépend de la circulation et de la nutrition. Mais si ce retour résulte d'une rééducation (ce qui est l'ordinaire), le rôle capital paraît dévolu à la nutrition. La rapidité avec laquelle on rapprend montre que tout n'était pas perdu. Les cellules ont pu être atrophiées; mais si leurs noyaux donnent naissance à d'autres cellules, les bases de la mémoire sont par là même rétablies; les cellules-filles ressemblent aux cellules-mères en vertu de cette tendance de tout organisme à maintenir son type, et de toute modification acquise à devenir une modification transmise ; la mémoire n'est, dans ce cas, qu'une forme de l'hérédité.

11° — LA REPRODUCTION MNÉMONIQUE DÉPEND DE LA CIRCULATION.

La reproduction des souvenirs semble dépendre de l'état de la circulation. Cette question est plus obscure que celle de la conservation à cause de la rapidité des phénomènes, de leurs perpétuels changements et de leur complexité. La reproduction ne dépend pas seulement de la circulation générale, elle dépend aussi de la circulation particulière du cerveau ; et il est vraisemblable qu'il y a, même dans celle-ci, des variations locales qui ont une grande influence. Ce n'est pas tout : il y a à tenir compte de la qualité du sang tout aussi bien que de sa quantité ; il y a, en effet, une grande différence entre un sang pauvre et un sang riche en globules rouges, entre un sang qui contient un excès de globules blancs ou leucocytes et un sang qui a la qualité normale, etc. Il est impossible de déterminer même grossièrement le rôle de chacun de ces facteurs dans le mécanisme de la reproduction. Montrer que les variations de la reproduction mnémonique sont en relation avec celles de la circulation, voilà tout ce qu'on peut faire.

L'activité plus ou moins grande de la circulation explique :

1° Pourquoi l'enfant a la reproduction mnémonique plus facile que l'a le vieillard ;

2° Pourquoi les fièvres amènent l'hypermnésie ;

3° Pourquoi les personnes chez qui l'action du cœur a baissé, ont un affaiblissement de mémoire ;

4° Pourquoi les stimulants exaltent la mémoire ; pourquoi les sédatifs la dépriment.

I° L'ENFANT A LA REPRODUCTION MNÉMONIQUE PLUS FACILE QUE L'A LE VIEILLARD. — On sait combien la reproduction mnémonique est facile et rapide chez l'enfant et le jeune homme à cette période de la vie où le sang est poussé en courants rapides et abondants ; combien la reproduction devient lente et difficile quand l'âge ralentit la circulation. On peut aussi noter que chez le vieillard la composition du sang a changé, et que surtout la richesse en globules rouges est moins grande.

II° LES FIÈVRES AMÈNENT L'HYPERMNÉSIE. — On sait que dans certaines périodes de la fièvre la rapidité de la circulation est excessive, la chaleur du sang énorme ; de là cette suractivité cérébrale qui se traduit par les hypermnésies.

III° LES PERSONNES CHEZ QUI L'ACTION DU CŒUR A BAISSÉ ONT UN AFFAIBLISSEMENT DE LA MÉMOIRE. — « Les sujets très nerveux, dit Herbert Spencer, chez qui l'action du cœur a grandement baissé se plaignent habituellement de la perte de la mémoire. Ce symptôme diminue à mesure que le degré normal de la circulation revient. »

Ce fait est fondé sur la loi suivante : Où le cœur bat

plus souvent et où le sang est plus oxygéné, là le cerveau est stimulé avec plus de fréquence et d'énergie. Et inversement.

IV° LES STIMULANTS EXALTENT LA MÉMOIRE ; LES SÉDATIFS LA DÉPRIMENT. — Il y a exaltation de la mémoire quand la circulation a été modifiée par des stimulants tels que le haschisch et l'opium qui excitent le système nerveux avant d'amener un état final de dépression. Le café noir agit également avec efficacité ; aussi Michelet l'appelait-il la liqueur cérébrale.

Certains agents thérapeutiques produisent un effet contraire, par exemple, le bromure de potassium, dont l'action est sédative et qui pris à forte dose produit un ralentissement de la circulation. Un prédicateur fut obligé d'en interrompre l'usage : il avait presque perdu la mémoire. Celle-ci revint dès qu'il cessa le traitement.

De tous ces faits résulte une conclusion générale, c'est que l'exercice normal de la mémoire suppose une circulation active et un sang riche en matériaux nécessaires pour la synthèse organique ainsi que pour la désassimilation. Dès que cette activité s'exagère, il y a tendance vers l'excitation morbide ; dès qu'elle s'abaisse, il y a tendance vers l'amnésie. Voilà ce qu'on sait de plus précis.

RÉSUMÉ GÉNÉRAL

I° — LA MÉMOIRE ORGANIQUE

I° La mémoire est une fonction du système nerveux ; elle consiste à conserver et à reproduire.

II° Toute impression sur un centre nerveux y laisse une trace.

III° Les modifications nerveuses acquises sont fixées par l'exercice ; elles se coordonnent en groupes ; puis, se réduisent au strict nécessaire.

IV° Les modifications nerveuses ne sont pas de simples empreintes, ce sont des dispositions fonctionnelles.

V° Une modification acquise et fixée par l'exercice est difficilement remplacée par une autre.

VI° Les modifications acquises entrent dans de nouvelles combinaisons.

VII° La mémoire n'est pas une faculté une et indépendante, elle est une collection de mémoires locales.

VIII° Les inégalités des mémoires locales proviennent :

1° Essentiellement d'une inégalité de constitution des centres nerveux respectifs ;

2° De l'exercice ou éducation donnée à ces centres.

II° — LA MÉMOIRE CONSCIENTE OU PSYCHIQUE

I° Au point de vue de la conscience, les activités nerveuses se partagent en trois catégories :

1° Celles qui ne sont jamais accompagnées de conscience ;

2° Celles qui sont accompagnées de conscience.

3° Celles qui, tantôt sont accompagnées de conscience, tantôt ne le sont pas.

II° Pour qu'une activité nerveuse puisse être perçue par l'âme, c'est-à-dire arriver à l'état de conscience, il faut qu'elle réalise deux conditions, l'intensité et la durée.

III° Lorsqu'une action nerveuse n'atteint pas le minimum d'intensité et le minimum de durée nécessaires pour qu'il y ait conscience, cette action nerveuse n'en existe pas moins ; la modification imprimée aux centres nerveux est acquise ; la disposition fonctionnelle subsiste.

IV° La première condition ou condition fondamentale de la Mémoire est la modification nerveuse ou disposition fonctionnelle ; la conscience n'est que la forme parfaite de la mémoire ; elle n'en est pas la condition essentielle.

V° La seconde condition de la Mémoire est le groupement des modifications nerveuses en associations dynamiques avec aptitude à entrer dans plusieurs associations.

VI° Le caractère propre de la mémoire psychique est la localisation dans le passé.

VII° Vu la faiblesse de la nature humaine, une des conditions d'une bonne mémoire psychique est la rentrée dans l'état latent d'un grand nombre d'états de conscience.

VIII° A la suite d'exercices répétés et continus, la mémoire consciente évolue vers la mémoire inconsciente ou organique et finit par se perdre en elle.

IX° Par cela qu'elle consiste en dispositions nerveuses fonctionnelles et en associations dynamiques, la Mémoire dépend de la nutrition.

III° — MALADIES TEMPORAIRES DE LA MÉMOIRE

I° Amnésie passagère accompagnée d'automatisme cérébral ;

II° Amnésie des événements d'une certaine période de temps ;

III° Perte de toute la mémoire psychique et rééducation.

IV° Dans les cas d'amnésie partielle et temporaire, les faits de la mémoire psychique et les faits récents se perdent les premiers.

IV° — DISSOLUTION DE LA MÉMOIRE

I° La dissolution progressive de la Mémoire a pour cause une lésion du cerveau à marche envahissante.

II° La dissolution progressive de la Mémoire suit l'ordre d'extinction suivant :

1° Les faits récents ;

2° Les connaissances intellectuelles ;

3° Les sentiments et les affections ;

4° En dernier lieu, les actes mécaniques.

III° Réciproquement, lorsque la lésion du cerveau, cause de la dissolution progressive de la Mémoire, vient à guérir, la restauration de la Mémoire, se fait inversement en remontant des faits anciens aux faits récents.

IV° Conclusion. La dissolution de la Mémoire se fait conformément aux conditions biologiques qui ont présidé à sa formation.

V° — AMNÉSIES DES SIGNES

I° — Sa nature.

I° Une idée n'est jamais simple ; elle est la fusion de deux éléments distincts : la pensée proprement dite et le signe.

II° Le signe est un mouvement ou une association de mouvements; il exige un exercice ou éducation des fibres motrices.

II° — Son évolution.

I° Dans le cas d'amnésie progressive des signes, l'ordre des extinctions est le suivant :

1° Les mots ou langage rationnel ;
2° Les phrases exclamatives ou langage émotionnel ;
3° En dernier lieu, mais très rarement, les gestes.

Pour le langage rationnel, l'ordre des extinctions est le suivant :

1° Les noms propres ;
2° Les noms communs ;
3° Les adjectifs et les verbes.

II° Réciproquement, dans les cas de guérison, le recouvrement progressif se fait en ordre inverse, c'est-à-dire en commençant par les gestes.

VI° — HYPERMNÉSIE

I° L'hypermnésie est une reproduction extraordinaire des souvenirs, due le plus souvent à des causes morbides, quelquefois à des secousses morales.

II° Le mécanisme physiologique de l'hypermnésie est un accroissement d'activité dans la circulation cérébrale.

VII° — FONCTIONS PHYSIOLOGIQUES D'OU DÉPENDENT LES DEUX FONCTIONS DE LA MÉMOIRE

I° La Conservation mnémonique dépend de la nutrition.

Cela explique :

1° Pourquoi la mémoire de l'enfant est facile, et faible celle du vieillard ;

2° Pourquoi ce qui est trop vite appris ne dure pas ;

3° Pourquoi la fatigue nuit à la mémoire ;

4° Pourquoi la dissolution de la Mémoire devient totale chez certains vieillards ;

5° Pourquoi la rééducation peut se faire chez ceux qui ont perdu temporairement la Mémoire.

II° La Reproduction mnémonique dépend de la circulation.

Cela explique :

1° Pourquoi l'enfant a la reproduction mnémonique plus facile que l'a le vieillard ;

2° Pourquoi les fièvres amènent l'hypermnésie ;

3° Pourquoi les personnes chez qui l'action du cœur a baissé ont un affaiblissement de la mémoire ;

4° Pourquoi les stimulants exaltent la mémoire, et pourquoi les sédatifs la dépriment.

CHAPITRE VI

L'UNITÉ DU MOI EST UNE RÉSULTANTE

Pendant de longs siècles la lumière blanche a été considérée comme étant une et simple. Avec le prisme on l'a décomposée en sept couleurs; puis, faisant passer les sept couleurs par une lentille convergente, on a recomposé la lumière blanche. Preuve et contre-épreuve, la démonstration est complète. L'unité simple de la Lumière était une illusion; le moi lumineux est une résultante [1].

Pendant de longs siècles, l'eau a été considérée comme une substance une et simple. Après la découverte de l'électricité voltaïque, au commencement du XIX⁰ siècle, l'eau, placée dans un voltamètre, a été décomposée en hydrogène et en oxygène; puis, recueillant cet hydrogène et cet oxygène dans un tube de verre épais, on a fait jaillir l'étincelle électrique, l'eau a été recomposée. Preuve et contre-épreuve, la dé-

---

[1]. Voir à l'Appendice n° 4. *La lumière blanche et la sensation du blanc*, par Rosenstiehl; *Comptes rendus de l'Académie des sciences*, le 18 décembre 1882.

monstration est complète. L'unité de la substance Eau était une illusion ; le *moi* de l'eau est une résultante.

Et ainsi d'une multitude d'autres substances.

Il en est du **Moi humain** ce qu'il en est de l'eau et de la lumière ; son unité simple est une illusion ; le moi humain est une résultante. Ce que le prisme a fait pour la lumière, et l'électricité voltaïque pour l'eau, ce sont les maladies nerveuses et les accidents qui le font pour le moi humain. Les maladies nerveuses font l'analyse du moi ; la guérison le recompose. Les maladies font même plus : elles modifient les éléments du moi si profondément que le moi normal se change en un autre moi. La résultante des éléments normaux fait place à la résultante des éléments modifiés.

Quelques exemples empruntés à la chimie aideront à faire comprendre, par analogie, comment se produisent les modifications des appareils nerveux et, partant, celles de la résultante, c'est-à-dire du moi humain.

1° Le **Phosphore** ordinaire a un *moi* très caractérisé : il est incolore, odorant à l'air, donnant des lueurs dans l'obscurité ; il fond à 44° ; il est très vénéneux.

Sous l'action d'une chaleur de 240°, le Phosphore prend un second *moi* qui est le contraire du premier. En effet, ce second moi est coloré en rouge ; il est inodore ; il ne donne pas de lueur dans l'obscurité ; il ne fond pas ; il n'est pas vénéneux. Cet état second du Phosphore, les chimistes l'appellent *allotropique*.

C'est ainsi, par analogie, que certaines maladies,

l'hystérie par exemple, transforment le moi humain en *moi allotropique*, comme on en verra de mémorables exemples ci-après.

2° Le *Soufre*, à la température ordinaire, cristallise en octaèdres du système rhombique. Sous l'action d'une chaleur de 100° le Soufre octaédrique perd sa transparence, diminue de densité, il se change en soufre prismatique : c'est un second moi, radicalement différent du premier.

Mais si on laisse le Soufre prismatique se refroidir, il augmente peu à peu de densité ; examinés au microscope, les prismes se tranforment en chapelets d'octaèdres du système rhombique. Le second moi, dû à l'action de la chaleur, s'en va avec la chaleur ; le retour à la température ordinaire ramène le premier moi.

C'est ainsi que, par une frappante analogie, le moi ordinaire de l'homme change sous l'action d'une maladie nerveuse et fait place à un autre moi ; puis, avec la décroissance de la maladie et le retour à la santé, le second moi disparaît graduellement, laissant le premier moi reprendre ses fonctions de résultante normale dans un organisme revenu à l'état normal.

3° L'*Alcool* est la résultante d'une combinaison de carbone, d'hydrogène et d'oxygène ($C^4H^6O^2$). Sous l'action de l'acide sulfurique, l'alcool perd un équivalent d'hydrogène et d'oxygène ; son moi a changé ; l'état second où il entre prend le nom de *Éther* (C^4H^5O).

Sous l'action d'un ferment, l'hydrogène diminue en quantité, mais l'oxygène s'accroît ; le moi de l'alcool est changé ; l'état second prend le nom de *Acide acétique* ou vinaigre ($C^4H^4O^4$).

S'il subit l'action d'une chaleur de 600 degrés, l'alcool commence à se dissocier ; si la chaleur s'élève jusqu'au rouge cerise, la dissociation est complète : le moi de l'alcool est radicalement détruit.

C'est ainsi, par analogie, que sous l'action de certaines maladies ou de lésions, le moi humain, ici perd une ou plusieurs facultés, là éprouve l'affaiblissement d'un sens et l'hyperesthésie d'un autre ; enfin, dans le cas d'une paralysie à marche croissante, la dissociation du moi devient complète ; le moi est radicalement détruit.

1° — CONSTITUTION ÉLÉMENTAIRE DU MOI ; ELLE COMPREND TROIS GROUPES DE FAITS

Soumis à l'analyse psychologique, le Moi présente trois groupes de faits :

1° Le groupe des *faits sensibles* : il comprend les sensations, les instincts, les sentiments.

2° Le groupe des *faits intellectuels* : il comprend :

A. Les connaissances venant d'autrui ;

B. Les connaissances acquises par soi-même.

3° Le groupe des *faits moraux* : il comprend tous les faits volontaires.

IIº — IMPORTANCE COMPARATIVE DE CHACUN DES ÉLÉMENTS AU POINT DE VUE DE L'ESSENCE DU MOI

Iº GROUPE DES FAITS SENSIBLES. — Le groupe des faits sensibles est le groupe fondamental. Il est, en effet, le produit immédiat de la structure de l'organisme. Seul élément constituant du Moi lorsque l'enfant vient au jour, il est souvent le seul qui subsiste encore à l'heure de la mort, tandis que, sous le coup des ans ou des maladies, le savoir, l'intelligence et la moralité ont depuis longtemps succombé.

On sait qu'à telle constitution ou, selon le langage usité, à tel tempérament, correspondent certaines dispositions morales. La physiologie a été jusqu'à présent impuissante à déterminer d'une manière précise en quoi réside cette correspondance; mais tout le monde est d'accord pour l'admettre parce qu'elle est un fait d'expérience incontestable [1].

« Le *tempérament nerveux* coïncide avec une irritabilité excessive, des passions mobiles qui se portent facilement jusqu'à l'exaltation;

Le *tempérament lymphatique* s'accompagne d'une sorte de paresse intellectuelle, d'une imagination languissante, mais aussi d'un jugement droit et précis;

---

[1]. DESCARTES, *Discours sur la Méthode*, VIᵉ partie : « L'esprit dépend si fort du tempérament et de la disposition des organes du corps que, s'il est possible de trouver quelque moyen qui rende communément les hommes plus sages et plus habiles qu'ils ont été jusqu'ici, je crois que c'est dans la médecine qu'on doit le chercher. »

Le *tempérament sanguin*, qui a pour caractère la vigueur des formes, a aussi pour caractéristique dans l'ordre moral une imagination brûlante, la franchise et le courage ;

Chez les personnes qui ont le *tempérament bilieux*, on remarque une disposition à l'hypocondrie, à la tristesse, au suicide même, enfin un caractère irritable, opiniâtre, qu'un rien blesse et irrite [1]. »

Le plus remarquable exemple de l'influence qu'exerce l'organisme sur la nature du moi est peut-être celui que donne le *Sexe*. Si le moi de la femme diffère d'une manière si notable du *moi* de l'homme, cela tient à la différence du sexe. C'est un fait vulgaire que la périodicité des fonctions propres à la femme produit sur son moi moral des perturbations parfois extraordinaires [2]. La relation de cause à effet qui unit l'organisme au moi apparaît ici avec une lumineuse évidence : « A un certain point de vue, dit Vulpian, la psychologie tout entière est du domaine de la physiologie [3]. »

II° GROUPE DES FAITS INTELLECTUELS. — A. Les connaissances venant d'autrui forment la presque totalité du trésor intellectuel du Moi. Sans le riche et précieux héritage légué par le passé, le Moi, réduit aux connaissances qu'il est capable d'acquérir par lui-même, connaîtrait bien peu de chose. Il est clair que les con-

---

[1]. DAGONET, 13. — Voir CABANIS, *Rapports du physique et du moral*, 6° mémoire.
[2]. BERTHIER, des *Névroses menstruelles*.
[3]. VULPIAN, 689.

naissances héritées d'autrui ne sont pas essentielles ; elles ne sont qu'une addition au fond naturel. Sur les 1500 millions d'hommes dont se compose l'espèce humaine, il y en a au moins 1450 millions qui sont à peu près dénués de connaissances. Et cependant on ne dira pas que ces 1450 millions d'hommes n'ont pas de moi.

B. Quant aux connaissances acquises par soi-même, elles sont, en fait, subordonnées aux aptitudes naturelles de l'organisme, à sa structure, à sa manière de sentir.

III° GROUPE DES FAITS MORAUX. — On agit selon la décision prise ; on veut selon la manière dont on a jugé les choses ; or, on juge les choses selon la manière de sentir. Les actes ne sont que la traduction extérieure et tangible de la manière dont on a jugé. « La volonté n'agit jamais primitivement, dit Vulpian ; elle n'agit que secondairement. Pour bien le comprendre, il faut envisager les faits de volonté les plus élémentaires et les plus indépendants en apparence. Je veux toucher cette table, je la touche ; il semble au premier abord que dans cet acte si simple la volition a été le phénomène initial. Eh bien, en y réfléchissant, vous verrez que la volition n'a été, n'a pu être que secondaire. Au moment même où j'énonçais la proposition à démontrer, à savoir, que la volonté n'agit pas primitivement, l'idée d'un exemple à donner naissait par entraînement d'habitude ; la vue de la table amenait le choix de l'exemple et par conséquent l'idée suggestive de l'action.

Je veux faire telle ou telle chose. L'idée plus ou moins nette de la chose à faire et de l'action nécessaire pour la faire, précède nécessairement l'action elle-même. Les phénomènes s'enchaînent si naturellement, leur succession est si rapide, ou plutôt ils sont tellement simultanés en apparence, que l'on s'y trompe facilement. Mais, en fait, la simultanéité n'est pas réelle, et si l'on y prête une certaine attention, on arrive à se convaincre que les phénomènes se passent bien ainsi que je vous le dis.

Les volitions ne sont donc jamais primitives ; elles ne peuvent engendrer une action qu'à la condition d'être précédées par une idée qui les fait naître et les soutient. Pour mieux me faire comprendre, permettez-moi d'employer une expression vulgaire : on ne peut pas *vouloir* à blanc [1]. »

---

[1]. VULPIAN, 704.

Il n'est pas possible d'introduire ici la question du libre arbitre ; un problème aussi grave demande de longs développements. Quelques mots suffiront pour exposer notre conclusion et montrer que celle-ci ne contredit en rien la thèse du Moi résultante.

On agit comme on pense ; la pensée est le produit de deux facteurs :

1° De la structure de l'organisme, laquelle détermine la manière de sentir ;

2° De la qualité et du genre de l'instruction qu'on reçoit ou qu'on se donne ;

L'instruction acquise modifie l'état mental ; la manière de juger les choses étant modifiée, l'action, qui en dérive, est nécessairement modifiée ; de sorte que l'acte quel qu'il soit, est toujours, à tout moment donné, la traduction extérieure et tangible de l'état mental tel qu'est cet état mental au moment où l'action s'accomplit.

L'instruction qui a pour objet l'homme et les rapports de

III° — CE QUI DISTINGUE LE MOI D'UN HOMME DU MOI D'UN AUTRE HOMME, OU CARACTÈRE DISTINCTIF DE LA PERSONNALITÉ.

Tous les hommes sentent, jugent et veulent ; sentir, juger, vouloir, telle est la constitution du Moi en général : ce moi est une résultante. Reste à définir en quoi le moi propre d'un homme diffère du moi d'un autre homme, ou, en d'autres termes, en quoi consiste la Personnalité.

I° MANIÈRE DE SENTIR. — Chaque homme voit les objets extérieurs suivant la structure de son œil et suivant la manière dont fonctionne son œil. Selon que l'œil a une structure normale ou est atteint d'un vice, tel que le daltonisme, lequel supprime la perception

---

l'homme avec ses semblables, en deux mots, l'instruction morale conduit constamment et toujours l'intelligence à reconnaître que la vérité suprême est celle-ci : il faut vivre selon la Raison.

Celui-là est libre qui obéit à la Raison ; le degré de liberté est proportionnel au degré de raison qui entre dans les actes.

En fait, très peu d'hommes atteignent au degré d'instruction morale qui les rend absolument libres. L'immense pluralité, par cela qu'elle est ignorante ou imbécile, vit dans l'esclavage.

Même en accordant, chez les hommes libres qui vivent selon la raison, la part la plus large aux connaissances morales acquises, il est certain que cet élément intellectuel n'entre que comme un des éléments composants de la manière de juger. Il est assurément le facteur de beaucoup le plus noble, celui dont la prépondérance est incontestable ; mais, au demeurant, même chez les hommes libres, il n'est pas l'unique élément, il est *un des éléments* composants du moi, rien de plus ; cela ne change rien à la conclusion du théorème : L'unité du moi est une résultante.

On trouvera à l'Appendice n° 7 un *Essai sur le Libre Arbitre*

d'une ou de plusieurs couleurs ou même fait tout voir en gris, le monde extérieur sera perçu d'une manière différente. Il est évident que si Pierre a un œil normal et Paul un œil daltonien, ils ne pourront pas juger des couleurs d'une manière identique ; ils auront sur les paysages, sur les étoffes, sur la peinture, des appréciations non seulement divergentes, mais tout à fait opposées [1].

Cette divergence dans l'appréciation des couleurs qui distingue Pierre de Paul est l'effet de la divergence dans les rapports qui lient les sensations visuelles chez l'un et chez l'autre ; l'un voit constamment les objets sous les nuances les plus variées ; l'autre voit constamment les mêmes objets sous une teinte uniformément grise.

Ce cas-là est un cas extrême ; il a l'avantage de faire saisir nettement en quoi, pour ce qui concerne les perceptions de la vue, le moi d'un homme diffère du moi d'un autre homme. Comme la structure des appareils sensoriaux de chaque homme n'est jamais

---

[1]. Faites composer par l'un et par l'autre un traité sur la beauté de la nature, un autre sur les arts décoratifs, un troisième sur la peinture ; vous aurez deux groupes de traités formant une antithèse absolue ; si bien que, selon que le public adoptera les règles posées dans les traités de Pierre ou celles qui sont posées dans les traités de Paul, l'ameublement, les Beaux-Arts, le style poétique lui-même, lequel repose sur la manière dont les hommes perçoivent le monde extérieur, éprouveront une révolution radicale. Tel peintre qui excite l'admiration sera désormais regardé par un public daltonien comme un barbouilleur aliéné. Tel poète dont les images nous ravissent deviendra un épileptique en délire qui travestit indignement la nature ; Lamartine déchoira au-dessous de Chapelain.

rigoureusement identique à celle des appareils sensoriaux de tout autre homme, il est facile de comprendre comment chaque homme se distingue d'un autre homme : il s'en distingue par la manière propre, originale, dont ses yeux perçoivent, dont ses oreilles entendent, dont ses narines odorent, etc. En outre, ces différences natives sont le plus souvent accrues par l'exercice, l'habitude et l'éducation. Le peintre percevra des nuances et des effets de lumière là où l'œil du cordonnier ne verra rien ; le musicien distinguera dans un orchestre des dissonances où l'auditeur ignorant perçoit une harmonie parfaite. Et ainsi de suite pour chacun des cinq sens.

En quoi le moi du peintre se distingue-t-il du moi du cordonnier; celui du musicien, du moi de l'auditeur ignorant? En ce que le rapport qui lie les sensations du peintre n'est pas le même que celui qui lie les sensations du cordonnier; en ce que le rapport qui lie les sensations du musicien n'est pas le même que celui qui lie les sensations de l'auditeur ignorant. Le sens de la vue chez l'un, le sens de l'ouïe chez l'autre, sont ainsi constitués par la nature, et ce don naturel est ainsi fortifié par l'exercice et l'éducation, que les objets colorés chez l'un, et les sons chez l'autre, produisent des sensations particulièrement délicates ; les sensations, par la constance de la délicatesse avec laquelle elles se tiennent entre elles, méritent à celui-ci le nom d'artiste peintre, à celui-là le nom d'artiste musicien.

Enfin, les peintres diffèrent entre eux par la manière

respective dont chacun perçoit la couleur et la lumière, de la même façon que le peintre en général différait du cordonnier. Là encore, le rapport propre qui lie habituellement les perceptions visuelles chez chaque peintre constitue l'originalité du peintre.

Cette méthode d'analyse est applicable à tous les hommes. Ce qui les distingue l'un de l'autre et constitue leur originalité ou *personnalité*, c'est le rapport propre qui chez chaque homme lie ses sensations; rapport qui lui est évidemment *personnel* puisqu'il résulte d'une structure corporelle qui n'appartient qu'à lui.

II° MANIÈRE DE JUGER. — On juge : 1° de la manière dont on sent;

2° Selon les connaissances acquises.

A. Le jugement qui dérive de la manière de sentir est celui qui règne presque exclusivement chez l'immense pluralité des hommes, car l'immense pluralité des hommes est à peu près dénuée de connaissances. Chaque homme se distinguera donc de tout autre par le rapport propre qui liera ses jugements. Et ce rapport propre, dans l'ordre intellectuel, sera concordant avec celui qui, dans l'ordre physique, lie les sensations entre elles.

B. Pour ce qui concerne les connaissances acquises [1], chaque homme se distingue d'un autre homme par

---

1. « Connaissances acquises » doit être entendu dans le sens le plus large, non seulement celles qui s'acquièrent dans les écoles et dans les livres, mais encore celles dont on s'imprègne inconsciemment dans le milieu et à l'époque où l'on vit.

la manière particulière dont il apprécie les choses. Par exemple, celui-ci, contemplant les faits économiques, politiques et sociaux de sa patrie, conclura de cet examen que le système de gouvernement le plus apte à résoudre les questions économiques, politiques et sociales est le système républicain. Le rapport propre qui lie les jugements de cet homme est un des éléments constituants, de sa personnalité ; on dit alors de lui : c'est un républicain.

Celui-là, au contraire, de l'examen des mêmes faits tire la conclusion que le meilleur système de gouvernement est le gouvernement monarchique. Le rapport propre qui lie les jugements de cet homme est un des éléments constituants de sa personnalité ; on dit de lui : C'est un monarchiste.

Celui-ci, considérant les vicissitudes des choses et les événements qui évoluent sous ses yeux, en conclut que tout est mal et que tout finira mal. Le rapport propre qui lie les jugements que porte cet homme sur l'issue des événements est un des éléments de sa personnalité ; on dit de lui : C'est un pessimiste.

Celui-là, au contraire, déduit de l'examen de ces mêmes événements que tout finira bien ; ce rapport propre qui lie ses jugements est un des éléments de sa personnalité ; on dit de lui : C'est un optimiste.

Cette méthode d'analyse est applicable à tous les jugements et à tous les hommes. La conclusion, pour ce qui concerne les jugements dérivés de connaissances acquises, est donc la même que la conclusion qui découle de l'examen des jugements dérivés de la manière de sentir : Le rapport propre qui lie les jugements entre eux est un des éléments constituants de la personnalité.

III° Manière de vouloir. — Comme les actions sont la traduction extérieure des jugements, il est clair, que le rapport qui lie les actions entre elles est conforme à celui qui lie les jugements entre eux. C'est précisément sur la conformité certaine de ces deux rapports que se fonde le public pour pénétrer, connaître et apprécier le moi d'autrui. La constitution intime de chacun lui est inconnue ; il ne peut pas davantage lire dans les pensées; comment pourra-t-il atteindre à la connaissance du moi d'autrui? Par les actions. Des actions, il induit les jugements ; et des jugements, il induit le caractère. Or pour que le public croie à la légitimité de cette opération logique, il est nécessaire qu'il regarde l'action comme la traduction extérieure du jugement ; et le jugement, comme le produit du caractère.

Par exemple, cette appréciation du public ainsi formulée : « Pierre est bon », signifie : 1° que la suite des actions de Pierre lui a paru liée par un rapport propre, caractéristique, bien défini, celui de bonté ; 2° que, ces actions étant conformes aux jugements, il en résulte que la suite des jugements de Pierre est liée par un rapport propre et bien défini, celui de bonté ; 3° enfin que, les jugements étant l'expression déterminée du caractère, il s'ensuit que : « Le moi de Pierre est bon. » Cette induction inconsciente, le public la fait naturellement.

avec cette confiance absolue que donne l'évidence.

En résumé, ce qui distingue le moi d'un homme du moi d'un autre homme, ce sont les rapports définis et propres qui lient entre eux ses instincts, ses sensations, ses sentiments, ses connaissances, ses jugements et ses volitions. C'est l'association de ces rapports définis et propres, c'est leur pénétration réciproque et leur combinaison qui constituent la Personnalité.

IV° — LA PÉNÉTRATION RÉCIPROQUE ET LA COMBINAISON MUTUELLE DES SENSATIONS, DES SENTIMENTS, DES CONNAISSANCES, DES JUGEMENTS ET DES VOLITIONS, FONT DE L'UNITÉ DU MOI, NON PAS UNE UNITÉ COLLECTIVE, MAIS UNE RÉSULTANTE.

L'ensemble des sensations, des sentiments, des connaissances, des jugements et des volitions n'est pas une juxtaposition des parties, une unité collective analogue à celle des morceaux de bois qui composent un fagot. Il y a solidarité, pénétration mutuelle et combinaison entre les divers éléments : l'unité du Moi est une résultante. Or à quiconque n'a pas su faire l'analyse d'une résultante en ses éléments composants, cette unité résultante lui apparaît avec les caractères de l'unité simple; ainsi l'avons-nous vu pour les résultantes chimiques telles que l'eau et l'alcool; ainsi en est-il pour l'unité du moi, qui apparaît simple aux yeux de la conscience lorsque l'esprit est ignorant ou inapte à comprendre l'enseignement analytique des faits [1].

La démonstration la plus nette et la plus saisissante est assurément celle que donnent les maladies et les lésions du cerveau. Les exemples variés de dissociation partielle ou totale, temporaire ou définitive, que nous a fournis la pathologie, ne laissent place à aucun doute. Et cependant, sans avoir recours à la physiologie morbide, le problème peut être résolu sur un terrain exclusivement psychologique ; il suffit d'examiner comparativement les faits psychiques qui se déroulent chez l'homme à différentes périodes de sa vie, puis de les analyser rigoureusement en prenant garde de se laisser séduire par les apparences. Examinons brièvement quelle est sur le moi l'influence de l'éducation et des passions, et quelle est

---

[1]. On peut être inhabile à comprendre les enseignements qui se dégagent des faits, soit par faiblesse intellectuelle native, soit par l'effet de l'éducation première devenue, avec le temps, une seconde nature. Ce dernier point fait comprendre quelle est l'extrême importance du genre d'éducation qu'on donne aux enfants. Un exemple frappant de cette inaptitude infligée au cerveau par suite de l'éducation première nous est fourni par le célèbre chimiste anglais Priestley. Elevé dans la croyance au phlogistique, il ne put jamais se guérir de cette théorie erronée, malgré les expériences de Lavoisier qui réfutaient avec une clarté et une précision merveilleuses l'hypothèse de Stahl. Priestley est mort dans la croyance au phlogistique.

Pour exprimer cette inaptitude, naturelle ou acquise, du cerveau à se dépouiller d'une opinion incrustée en lui, et cet endurcissement qui le rend rebelle à tout enseignement ainsi qu'à toute évidence, le public se sert d'une expression assez piquante; il dit : « Pour un tel, cette opinion est un article de foi. » L'unité simple du moi est pour beaucoup un article de foi.

l'évolution du moi à la naissance d'abord, puis au déclin de la vie.

I° INFLUENCE DE L'ÉDUCATION SUR LE MOI. — La conviction que dans le moi toutes les qualités se pénètrent réciproquement, s'associent et se combinent entre elles, est une conviction universelle, passée à l'état instinctif; c'est sur elle qu'est fondée la méthode d'éducation morale. Comment, en effet, procède l'éducateur? Il essaye par des moyens appropriés, travaux, exercices, récompenses, punitions, de donner aux bonnes qualités un développement tel que dans la Résultante la part d'action des mauvaises qualités soit réduite au minimum. Le chef-d'œuvre et l'idéal de l'éducation consistent à éliminer peu à peu de la Résultante tous les éléments mauvais; lorsque ce cas se réalise, le naturel primitif fait place exclusivement au naturel acquis; une Résultante nouvelle s'est substituée à la Résultante première.

Les exemples de ces substitutions graduelles sont fréquents; tel est, entre autres, l'exemple classique de Polémon qui, étant ivre, entra par hasard dans l'école où professait Xénocrate. Les paroles du philosophe excitèrent en lui l'énergie d'une qualité native jusqu'alors latente ou éclipsée. Insensiblement l'éducation (leçons, conseils et amitié de Xénocrate) fortifia cette qualité, l'accrut et finit par lui donner la prépondérance; d'infâme débauché, dit l'histoire, Polémon devint un vertueux philosophe; ce qui, en analyse psychologique, signifie que l'association et la combinaison des qualités natives, bonnes et mauvaises, ayant fait place à une association et à une combinaison différentes, une Résultante nouvelle, le moi philosophe, s'est graduellement substituée à la Résultante primitive, le moi débauché [1].

II° INFLUENCE DES PASSIONS SUR LE MOI. — La conclusion à laquelle aboutit l'étude de l'influence des passions sur le moi est identique à la conclusion précédente. Prenons un exemple : Le moi de Pierre est cupide, dur, égoïste ; mais voilà que Pierre s'éprend d'amour pour une femme d'une grande noblesse de caractère ; l'entrée en jeu du nouvel élément composant modifie d'une manière incessante les associations et les combinaisons des qualités primitives. Pierre était cupide, il incline au désintéressement ; dur, il s'adoucit et devient quelque peu bienveillant ; enfin l'égoïsme habituel s'émousse et laisse poindre quelque générosité. Le moi de Pierre amoureux n'est plus entièrement identique au moi du Pierre antérieur ; en se modifiant, les éléments composants

[1]. Il est à noter que la méthode de substitution est celle qui, dans les mains des chimistes contemporains, a donné les plus féconds résultats en chimie organique. L'analogie entre la méthode d'éducation morale et la méthode de substitution est frappante ; toutes deux tendent à modifier la résultante première par la substitution d'éléments choisis à certains éléments primitifs. Chaque progrès accompli dans la voie des substitutions se traduit par une modification dans la résultante ; modification d'autant plus grave que la substitution a été plus importante. Durant toutes ces modifications, la combinaison se fait sans discontinuité ; il s'ensuit que le corps chimique, comme le moi humain, n'a jamais l'aspect d'une juxtaposition d'éléments ; il a constamment l'unité ; mais ce n'est pas l'unité simple, c'est l'unité résultante.

ont entraîné la modification de la Résultante [1].

Inversement, une mauvaise passion introduit dans le moi un élément putride qui, par son association avec les éléments primitifs, entraîne, dans un sens funeste, la modification de la Résultante. De là ces lugubres spectacles d'hommes heureusement doués de la nature qui, pour avoir laissé croître en eux une mauvaise passion, se dégradent peu à peu et, de chute en chute, finissent par échouer au bagne.

Cette action énergique qu'exerce, soit en bien, soit en mal, l'introduction d'une passion dans les éléments qui composent un caractère, un moi, est si connue de tous qu'elle est devenue l'intarissable fond où puisent les dramaturges et les romanciers. Celui-là est renommé maître qui a su le mieux noter et décrire les modifications graduelles s'opérant dans le moi envahi par une passion. Les romanciers, tels que Balzac par exemple, ne font pas autre chose que démontrer, par leur pénétrante et minutieuse analyse, que le moi est une Résultante.

III° ENTRÉE SUCCESSIVE D'ÉLÉMENTS NOUVEAUX DANS LA COMPOSITION DU MOI DURANT LE JEUNE AGE. — Qu'est-ce que le moi chez l'enfant qui vient de naître? Le moi est à peu près réduit aux sensations de la vie végétative. Peu à peu avec l'accroissement du cerveau et le développement du système nerveux, des éléments

---

[1]. Ces modifications produites dans le moi par l'amour sont appelées, dans la littérature romanesque, les métamorphoses opérées par l'amour. Georges Sand les a décrites avec beaucoup de finesse dans deux romans célèbres, *Mauprat* et *La petite Fadette*.

nouveaux entrent successivement dans la composition du moi ; d'abord, ce sont les éléments affectifs (sentiments), puis les éléments intellectuels (attention, comparaison, jugement), en dernier lieu, les éléments moraux (volitions raisonnées). Ces éléments, au fur et à mesure qu'ils apparaissent dans le moi de l'enfant, s'y associent l'un à l'autre. A la suite de leurs combinaisons mutuelles, le moi primitif, qui était purement végétatif, est complètement transformé. Après la crise de la puberté, à vingt ans, le moi du jeune homme n'a plus rien de commun, au point de vue mental avec le moi de l'enfant naissant [1]. Le moi est donc bien une résultante.

IV° — Disparition successive des éléments composants du moi, durant la vieillesse. — Dans la vieillesse, c'est le phénomène inverse qui se produit ; chez l'enfant, le moi s'enrichissait d'éléments nouveaux au fur et à mesure que les années accroissaient la substance grise et les circonvolutions du cerveau et développaient l'organisme entier ; chez le vieillard, au contraire, le moi s'appauvrit le plus souvent en perdant l'un après l'autre ses meilleurs éléments, aujourd'hui la mémoire, demain les sentiments affectueux ; pour peu que la paralysie ou un ramollissement interviennent, l'intelligence s'éteint et la moralité s'évanouit. Ainsi réduit, le vieillard, selon l'énergique expression de Guislain, finit par n'être plus qu'un

---

1. Ce point sera développé et précisé au paragraphe VII ; ce qui persiste le plus, ce n'est pas tel ou tel sentiment déterminé, c'est le type moral.

simple estomac. Ce moi qui, quarante années auparavant, avait peut être émerveillé les contemporains par son génie et ses vertus, en vient, avec le temps, à n'être plus qu'un moi végétatif ; le vieillard est redevenu enfant. Le moi est donc bien une résultante.

Résumé. — En résumé : 1° Sous l'influence de l'éducation et des passions, le moi varie, change et même se transforme complètement ;

2° A partir de l'enfance, le moi purement végétatif s'enrichit graduellement d'éléments nouveaux ; il devient un moi intellectuel et moral.

3° Au déclin de la vieillesse, le moi intellectuel et moral perd l'un après l'autre ses éléments composants ; il redevient purement végétatif.

Ces évolutions du moi, durant le cycle de la vie humaine, sont inexplicables et incompréhensibles dans l'hypothèse d'un moi dont l'unité serait simple. Par cela même qu'il serait simple, le moi n'aurait point de parties composantes ; comment alors concevoir qu'un tel moi puisse changer, s'accroître de parties nouvelles, et finalement les perdre l'une après l'autre ? Cela est contradictoire, cela est absurde.

Au contraire, tous ces faits se comprennent et s'expliquent avec un moi dont l'unité est une résultante. Les changements, les additions et les pertes, œuvre de l'éducation, des passions et du temps, se traduisent par des modifications correspondantes dans la Résultante. La conscience que le moi a de lui-même est toujours, à quelque moment donné que ce soit, la conscience qu'il est *un*

En effet, quelle que soit la modification intervenue dans les éléments composants, quelle que soit la perte ou l'addition d'éléments, les éléments qui entrent ou restent dans le moi sont toujours associés et combinés entre eux ; par conséquent ils donnent constamment lieu à une Résultante unique. C'est de cette Résultante unique que le moi a conscience ; son illusion et son erreur consistent à prendre pour unité simple cette unité résultante.

Telle est la puissance de ce mirage d'unité simple que l'esprit aveuglé résiste à l'enseignement que donnent les faits, cependant bien significatifs, de l'enfance et de la vieillesse. La désagrégation par le menu qu'opèrent sur le moi, d'une manière si dramatique, la maladie est seule capable de dessiller les yeux et de faire éclater dans tout son jour cette vérité : L'unité du moi est une résultante.

V° — L'HOMME N'EST JAMAIS, A AUCUN MOMENT DE SA DURÉE, IDENTIQUE A LUI-MÊME.

I° Nous savons que le corps entier est dans un état continu de rénovation ; que pas une seule molécule ne sert deux fois ;

Nous savons que toute molécule qui disparaît est remplacée par une molécule nouvelle ; que la destruction organique et la synthèse se succèdent d'une manière inséparable ;

Nous savons que les molécules remplaçantes ont l'aptitude fonctionnelle des molécules remplacées, selon la nature et la place des organes où elles entrent en composition, muscles, os, glandes, nerfs, cerveau.

Première conclusion. — Par cela qu'ils sont en état d'évolution continue, les organes et les fonctions ne sont jamais absolument identiques à eux-mêmes.

II° Nous savons que les organes et les fonctions sont soumis à la triple loi de la croissance, du maximum de vigueur, puis de la décroissance ; muscles, os, glandes, nerfs, cerveau, commencent par être faibles (enfance), atteignent un maximum d'énergie fonctionnelle (âge mûr), puis décroissent (vieillesse). Entre autres organes :

1° Les glandes qui caractérisent chacun des deux sexes n'entrent en fonction que douze, quinze ans et même quelquefois plus tard, après la naissance. Or, du fonctionnement de ces glandes naissent les sentiments les plus puissants qui composent le moi.

2° Le cerveau, en naissant, est de consistance molle, d'un poids inférieur à celui qu'il atteindra plus tard ; ses circonvolutions sont moins riches et moins profondes. D'après les travaux de Arndt, les centres moteurs manqueraient dans la couche corticale des enfants nouveau-nés, ce qui explique pourquoi les enfants ne peuvent pas marcher ; d'après Betz, les cellules motrices (cellules géantes) seraient en très petit nombre chez les très jeunes enfants ; leur accroissement ne s'effectuerait qu'avec l'âge et l'exercice fonctionnel [1].

---

1. Gavoy, *Atlas*, 48. M. le professeur Rougier (de Montpellier) et Otto Soltmann ont prouvé par de nombreuses expériences

Deuxième conclusion. — Par cela que les organes et les fonctions sont soumis à la loi générale de croissance et de décroissance; par cela qu'en particulier le cerveau manque, au début, de quelques éléments composants et n'acquiert qu'après plusieurs années son développement complet, puis décroît selon la loi générale; les organes et les fonctions ne sont jamais, à aucun moment donné, identiques à eux-mêmes.

III° L'âme, fonction du cerveau, prend en psychologie le nom de Moi en tant qu'elle a conscience de ses perceptions, de ses sentiments, de ses jugements et de ses volitions.

Nous avons vu que les évolutions des molécules cérébrales entraînent nécessairement l'évolution des sensations, des sentiments, des jugements et des volitions ainsi que celle de leur association et de leurs combinaisons; que par conséquent la résultante actuelle ou *moi* fait place incessamment à une suite de résultantes modifiées;

Nous avons vu qu'à partir de la naissance le cerveau acquiert peu à peu et successivement les éléments composants qu'il a au complet lorsqu'il atteint à l'apogée de son développement; nous avons même vu que certaines glandes, à savoir, les glandes sexuelles, par leur entrée en fonction quinze années environ après la nais-

---

sur le chien que les centres moteurs n'existent pas chez cet animal au moment de sa naissance. Tous ces faits sont en concordance avec les faits qu'on observe chez les idiots; car l'arrêt de développement du cerveau par suite de l'ossification prématurée des sutures du crâne les laisse, au point de vue intellectuel, dans la situation où sont les enfants nouveau-nés.

sance, dotaient le Moi de nouveaux sentiments, les plus puissants peut-être ;

Nous avons vu qu'en descendant la pente de la vieillesse, le Moi perdait un à un ses éléments composants ;

Troisième conclusion. — A quelque moment que ce soit, le Moi n'est jamais identique à lui-même.

Il résulte de là que, soit considéré dans son ensemble, organes et fonctions ; soit considéré particulièrement dans l'une de ses fonctions, à savoir, l'âme ou le Moi, l'homme, étant en évolution continue, n'est jamais, à aucun moment donné, rigoureusement identique à lui-même.

Qu'est-ce donc ce qu'on entend vulgairement par identité personnelle et sentiment d'identité personnelle ?

VI° — DÉFINITION DE CE QU'ON APPELLE VULGAIREMENT LE SENTIMENT DE L'IDENTITÉ PERSONNELLE.

Ce qu'on appelle vulgairement le sentiment de l'identité personnelle est, chez chaque individu :

1° *Au point de vue du corps entier*, le témoignage de la mémoire attestant que l'état présent du corps se rattache à certains états antérieurs par une suite ininterrompue d'états intermédiaires, dont elle a gardé le souvenir ;

2° *Au point de vue de la fonction particulière* appelée Ame, le témoignage de la mémoire attestant que le moi présent se rattache à des états antérieurs de l'âme par une suite ininterrompue d'états intermédiaires, dont elle a gardé le souvenir [1].

Le travail d'évolution physiologique échappe entièrement aux regards ; ce n'est que par les modifications affectant l'extérieur qu'il se décèle. Or il faut un assez long intervalle pour que les modifications deviennent apparentes. Entre deux dates assez voisines, les hommes ne peuvent ni ne savent discerner les effets de ce travail intime et continu ; ils croient être restés les mêmes dans leur totalité ; de là, naît chez eux le sentiment de l'identité personnelle.

Mais lorsque la comparaison se fait entre deux dates éloignées, trente ans d'intervalle par exemple, les modifications éprouvées par le corps et par la fonction particulière appelée *Ame* apparaissent avec une netteté irrécusable ; il n'est plus possible de croire qu'on est resté le même dans son tout. Le sentiment de l'identité personnelle a donc besoin de s'appuyer sur autre chose que l'intégrité totale du corps et de ses fonctions, laquelle intégrité n'existe évidemment plus.

VII° — A TRAVERS L'ÉVOLUTION CONTINUE QUI SE FAIT DE LA NAISSANCE A LA MORT : 1° CE QUI PERSISTE LE PLUS DANS LE CORPS, C'EST LE TYPE FIGURÉ ; 2° CE QUI PERSISTE LE PLUS DANS LA FONCTION PARTICULIÈRE APPELÉE AME, C'EST LE TYPE MORAL OU CARACTÈRE.

1° Lorsque l'on compare l'état du corps, visage, physionomie, chevelure, stature, etc., que l'on a à

---

1. Bien entendu, par états intermédiaires, j'entends pour les

cinquante ans avec celui que l'on avait à vingt ans, tel que le représente un portrait fidèle ou une photographie, on est péniblement frappé des modifications profondes qui se sont produites. Si l'on remonte jusqu'à l'heureux âge où l'on avait dix ans, les modifications apparaissent bien autrement énormes. Et cependant, en regardant de près les portraits, on démêle sans grande difficulté dans les traits de l'enfant et dans ceux de l'adolescent, l'origine des traits de l'homme de cinquante ans. L'évolution qui s'est faite continûment s'est donc maintenue dans des limites définies; ces limites sont celles qu'impose la forme, abstraction faite des molécules composantes, c'est-à-dire ce qu'en un seul mot on appelle le *type*.

Le corps actuel de cinquante ans n'a rien conservé des molécules composantes du corps de la dixième ou de la vingtième année; ses molécules se sont renouvelées des milliers de fois; mais il y a eu continuité dans le type. C'est sur cette continuité dans le type figuré, laquelle est perceptible extérieurement, qu'est fondée, pour autrui, l'identité personnelle de chaque individu.

Pour nous-même, lorsque notre mémoire rattache en nous l'état actuel de cinquante ans à l'état de la dixième ou de la vingtième année par des points de repère qu'elle a conservés, alors nous avons le sentiment de cette continuité dans le type figuré; c'est là ce que nous appelons le sentiment de notre identité personnelle.

événements reculés dans le passé les points de repère, tels que la théorie en a été donnée page 308.

Lorsque la mémoire fait défaut ainsi que les témoignages dignes de foi (parents, amis, etc.), lesquels sont au fond une mémoire supplémentaire, le sentiment de la continuité disparait en nous ; le point où se fait la rupture est celui où finit le sentiment de notre identité personnelle.

II° Lorsque l'on compare l'état du Moi à cinquante ans avec celui que l'on avait à vingt ans, on est frappé des modifications qui se sont produites. Si l'on remonte jusqu'à l'âge où l'on avait dix ans, les modifications apparaissent bien autrement énormes. Et cependant, en analysant minutieusement le Moi rudimentaire de la dixième année et le Moi développé de la vingtième année, on démêle dans ces Moi antérieurs les traits principaux du caractère moral qui appartient au Moi, de cinquante ans.

L'évolution qui s'est faite dans les connaissances, les opinions politiques, religieuses, littéraires, scientifiques, etc. ; dans les sentiments, les jugements et les volitions de toute nature, s'est accomplie au sein d'un type qui résulte d'une certaine qualité des cellules cérébrales, qualité jusqu'à présent insaisissable à la physiologie et connue sous le nom général de tempérament [1]. L'unité résultante du Moi s'est défaite et refaite des milliers de fois ; les connaissances, les opi-

---

1. Le tempérament comprend l'état mental qui résulte de l'*organisme* entier, viscères, glandes, foie, appareil sexuel, etc. ; mais comme c'est sur l'état du cerveau que, par l'intermédiaire du grand sympathique, aboutit et se manifeste leur influence au point de vue de l'état mental, je ne parle que du cerveau, pour abréger le discours.

nions, les volitions particulières de la vingtième année ont fait place à des connaissances nouvelles, à d'autres volitions; mais le Moi, dans sa manière d'agir à cinquante ans, a conservé les traits principaux dont l'ensemble abstrait forme ce qu'on appelle le *type moral* ou *caractère* [1].

Tant que la mémoire, conservant le souvenir des états intermédiaires, permet à notre Moi actuel de remonter par une chaîne ininterrompue à un état quelconque du Moi dans le passé, nous avons le sentiment de la continuité de notre type moral. Victime, comme nous l'avons vu, d'une illusion qui lui fait prendre son unité résultante pour une unité simple, le Moi appelle le sentiment de cette continuité dans le type abstrait, le sentiment de son identité personnelle.

Mais lorsque la mémoire fait défaut, le sentiment de la continuité disparaît; le point où se fait la rupture

---

[1]. Comme exemple, on peut citer saint Paul qui, d'ennemi mortel du christianisme naissant, devint son plus ardent apôtre. Son orthodoxie pharisienne, ses sentiments de haine contre les chrétiens, se traduisaient par des persécutions impitoyables et même par des homicides (*Actes des Apôtres*, vii, 57; viii, 3; ix, 1-2), ils firent place aux opinions religieuses et aux sentiments diamétralement opposés. Mais, dans le renégat converti à Jésus, dans le missionnaire infatigable de la religion nouvelle, dans l'homme qui a écrit l'admirable page de la précellence de la charité (I, *Corinthiens*, xiii); en un mot, dans saint Paul chrétien éclate avec une merveilleuse évidence la continuité du type moral, à savoir, la brûlante ardeur et le fanatisme du Paul, pharisien orthodoxe et zélateur farouche.

Saint Jérôme est un autre exemple presque aussi remarquable; il se jeta dans l'ascétisme avec la fougue que, dans sa jeunesse, il avait mise dans sa lubricité.

est celui où finit le sentiment de ce que le Moi appelle son identité personnelle.

L'exactitude de ce fait nous est prouvée fréquemment par l'exemple des ivrognes et des aliénés; l'alcool et l'aliénation mentale agissent sur eux, en quelques heures, comme le fait sur l'homme sobre et sain l'action de cinquante ou soixante années. Sous l'influence de l'alcool et de l'aliénation, la mémoire disparaît; aussi lorsqu'après dix ou vingt heures, l'accès d'alcoolisme ou de folie a disparu et laissé le cerveau revenir à l'état normal, le Moi normal n'ayant pas la mémoire des heures écoulées pendant l'accès d'alcoolisme ou de manie est absolument dénué du sentiment de son identité personnelle durant cette période. Il ignore ce qu'il a perpétré pendant l'accès; si on ne lui met pas sous les yeux les faits accomplis, il les ignorera toujours. C'est qu'en réalité, ce n'est pas lui, moi normal, qui les a commis; c'est un autre Moi, une autre résultante, celle qui provient des groupements et des associations tout à fait différentes sous l'action énergique de l'alcoolisme ou de la folie. Or cet autre moi disparaît avec la cessation de l'acoolisme et de la folie.

Des deux genres d'identité personnelle, à savoir, la continuité du type corporel et la continuité du type moral, quel est le plus important? Le plus important est la continuité du type corporel; c'est sur lui que s'appuie la Justice pour confondre les malfaiteurs. Lorsqu'un ramollissement a éteint le moi tout entier, c'est le type corporel qui permet de retrouver dans l'individu réduit à n'être plus qu'un estomac celui qui fut un homme de bien ou un estimable savant. C'est à lui qu'on devrait consacrer exclusivement le mot d'identité personnelle, et réserver à l'identité particulière du caractère moral celui d'identité du Moi.

Cette conclusion, expression simple du fait d'expérience, pouvait se déduire du genre de relation qui existe entre l'âme et le corps. Puisque l'âme est la fonction du cerveau, il était impossible que la fonction d'un organe particulier, si noble qu'il fût, eût dans la constitution de l'individualité une importance supérieure à celle du corps entier ; ou, en termes géométriques, que la partie fût plus importante que le tout. Le type du corps devait donc être le fondement de ce qu'on appelle vulgairement l'identité personnelle.

VIII° — DE L'ANALYSE DU MOI AINSI QUE DES DÉFINITIONS DE L'IDENTITÉ PERSONNELLE ET DE L'IDENTITÉ DU MOI, IL RÉSULTE QU'UN MÊME INDIVIDU PEUT AVOIR CONSCIENCE DE SON IDENTITÉ PERSONNELLE (UN SEUL TYPE CORPOREL) ET CONSCIENCE DE L'ALTERNANCE EN LUI DE DEUX MOI DISTINCTS (DEUX TYPES MORAUX).

Dans le cours ordinaire des choses, la plupart des hommes s'acheminent à pas lents vers la mort ; ce n'est que par des nuances insensibles que, chaque jour, s'opèrent les changements, inéluctables effets de l'évolution biologique. Aussi la suite continue de ces modifications quotidiennement imperceptibles, lorsqu'elle s'appuie sur une bonne mémoire, fait croire aisément à la continuité de l'identité du Moi. Ainsi que l'a dit avec raison Jean-Jacques Rousseau, il faut beaucoup de philosophie pour remarquer les choses qu'on a constamment sous les yeux. En fait, chez la plupart des hommes dont la vie s'écoule normalement, il y a continuité plus ou moins affaiblie du type moral jusqu'à la mort.

Mais si cette continuité du type moral jusqu'à la fin de la carrière en passant par des degrés insensibles est le fait commun, il n'est pas le fait universel; nous avons vu, en effet, quels changements radicaux ont été brusquement opérés dans le cerveau et conséquemment dans le Moi par certaines maladies, telles que l'alcoolisme et l'aliénation mentale.

Essayons de déterminer théoriquement quels cas peuvent se présenter; puis nous contrôlerons par le fait expérimental la justesse de nos prévisions.

Pour poser nettement et avec clarté les conditions du problème, rappelons les trois faits suivants :

1° Nous savons que le sentiment de l'identité personnelle repose fondamentalement sur le sentiment de la continuité du type corporel;

2° Nous savons que l'identité du Moi repose sur le sentiment de la continuité du type moral;

3° Nous savons que le Moi est la résultante psychique d'un certain état des cellules cérébrales, état qui dépend, soit de leur qualité intrinsèque, soit de l'influence qu'exercent sur elles, par l'intermédiaire du grand sympathique, les viscères et les glandes, surtout le foie et l'appareil sexuel.

Qu'arrivera-t-il si l'état habituel des cellules cérébrales vient à être *brusquement* changé en un état différent ou même tout à fait opposé, soit par une cause extérieure (alcool, par exemple) ou intérieure (hyperémie de l'aliénation) influant directement sur elles, soit par la morbidité d'un viscère ou de l'appareil sexuel influant sympathiquement sur elles?

Il arrivera que les cellules cérébrales ayant pris *brusquement* un état tout à fait contraire, la résultante psychique nouvelle sera tout à fait contraire à la résultante précédente ; un second Moi, tout autre, succédera brusquement au Moi premier.

Cela posé, les trois cas suivants pourront se produire :

1er *Cas.* — Si la cause morbide agissante est telle que la mémoire soit abolie complètement, les deux Moi s'ignoreront l'un l'autre ; ils ne pourront se connaître que par le témoignage d'autrui ; cette connaissance rentrera dans la classe des connaissances extérieures héritées.

Ce cas est précisément celui qui, comme nous l'avons vu, se réalise dans les accès d'alcoolisme aigu et d'aliénation mentale : le Moi normal ne peut connaître le Moi alcoolique ou aliéné que par le témoignage d'autrui.

2° *Cas.* — Si la mémoire subsiste dans l'un et dans l'autre Moi, ils se connaîtront tous deux, et ils se connaîtront comme *distincts*, car chacun d'eux aura le sentiment de son identité propre fondé sur la continuité de chacun des deux types moraux alternants et distincts.

3º *Cas*. Si la mémoire subsiste dans l'un des deux états cérébraux seulement, un seul Moi connaîtra l'autre.

On peut théoriquement graduer les combinaisons diverses capables d'être greffées sur ces trois cas nets et tranchés.

Enfin, et c'est là un point capital, l'existence alternante de *deux Moi distincts* dans le *même corps* n'enlèvera pas à l'individu le sentiment de son identité personnelle, car l'identité personnelle est fondée sur la continuité du type corporel. Il importe peu au Tout corporel qu'un de ses organes particuliers, passant par deux états physiologiques différents, ait deux fonctions alternantes qui correspondent aux deux états physiologiques; le tout corporel, en effet, reste le même dans son type figuré. Personne ne s'avisera de soutenir que depuis la découverte de la fonction glycogénique du foie, le sentiment de l'identité personnelle a changé. Et cependant les deux fonctions simultanées (glycogénie et sécrétion de la bile) de l'organe particulier appelé foie sont bien autrement extraordinaires que deux fonctions alternantes, jamais simultanées, de l'organe particulier appelé cerveau.

Au demeurant, dans l'hypothèse que nous venons de faire, le même individu pourra avoir à la fois :

1º Conscience de son identité personnelle, laquelle est fondée sur la persistance du type corporel;

2º Conscience de l'alternance en lui de deux Moi distincts; les deux moi, en effet, ne sont que l'expression psychique de l'alternance de deux états différents dans les molécules composantes d'un organe particulier, le cerveau.

Déduite théoriquement de l'analyse du Moi ainsi que des définitions de l'identité personnelle et de l'identité du moi, cette hypothèse s'est réalisée dans les faits; on en trouvera des exemples, entre autres, dans un ouvrage du docteur Krishaber, *De la névropathie cérébro-cardiaque*, exemples cités par M. Taine dans la note dernière du Tome II de l'*Intelligence*.

Mais les deux cas les plus remarquables sont ceux que nous ont fait connaître le docteur Dufay, député de Loir-et-Cher, et le docteur Azam, de Bordeaux.

IX° — HISTOIRE DE Mlle R. L.[1].

Le docteur Dufay, a commencé à donner ses soins à Mlle R. L. vers 1845. Il l'a observée presque quotidiennement durant une douzaine d'années[2].

Mlle R. L. pouvait avoir alors vingt-huit ans. Grande, maigre, cheveux châtains, d'une bonne santé habituelle, d'une susceptibilité nerveuse excessive, elle était somnambule depuis son enfance. Ses premières années se passèrent chez ses parents à la campagne; plus tard elle entra successivement en qualité de

---

1. *Revue scientifique* du 15 juillet 1876.
2. L'affection hystérique de Mlle R. L. se manifestait quelquefois sous la forme si connue de somnambulisme, mais le plus souvent sous une forme particulière, originale. Le docteur Dufay appelle encore somnambulisme cette seconde forme; il m'a semblé que l'expression était impropre; dans la transcription du récit de M. Dufay, je l'ai remplacée par hystérie ou par état second.

lectrice ou de demoiselle de compagnie dans plusieurs familles riches, avec lesquelles elle voyagea beaucoup; puis enfin elle choisit un état sédentaire et se livra au travail d'aiguille.

I° DESCRIPTION DE LA PREMIÈRE FORME DE L'ACCÈS HYSTÉRIQUE. — Mlle R. L. voit durant la nuit sa mère en rêve; sur-le-champ elle veut partir pour son pays. Elle fait ses paquets en grande hâte, « car la voiture l'attend »; elle court faire ses adieux aux personnes de la maison, non sans verser d'abondantes larmes; elle s'étonne de les trouver au lit, descend rapidement l'escalier et ne s'arrête qu'à la porte de la rue, dont on a soin de cacher la clé, et près de laquelle elle s'affaisse, désolée, résistant longtemps à la personne qui l'engage à remonter se coucher, et se plaignant amèrement « de la tyrannie dont elle est victime. » Elle finit, mais pas toujours, par rentrer dans son lit, le plus souvent sans s'être complètement déshabillée; et c'est ce qui lui indique, au réveil, qu'elle n'a pas dormi tranquille, car elle ne se rappelle rien de ce qui s'est passé durant l'accès.

Réflexion. — Ainsi, le Moi normal ignore complètement les actes du Moi hystérique.

II° DESCRIPTION DE LA DEUXIÈME FORME DE L'ACCÈS HYSTÉRIQUE. — Il est huit heures du soir environ; plusieurs ouvrières travaillent autour d'une table sur laquelle est posée une lampe. Mlle R. L. dirige les travaux et y prend elle-même une part active, et non sans causer avec gaîté le plus souvent. Tout à coup un bruit se fait entendre; c'est son front qui vient de tomber brusquement sur le bout de la table, le buste s'étant ployé en avant : voilà le début de l'accès. Ce coup, qui a effrayé l'assistance, ne lui a causé aucune douleur ; elle se redresse au bout de quelques secondes, arrache avec dépit ses lunettes et continue le travail qu'elle avait commencé, n'ayant plus besoin des verres concaves qu'une myopie considérable lui rend nécessaires dans l'état normal ; elle se place même de manière à ce que son ouvrage soit le moins exposé à la lampe.

A-t-elle besoin d'enfiler son aiguille, elle plonge ses deux mains sous la table, cherchant l'ombre, et réussit en moins d'une seconde à introduire la soie dans le chas ; ce qu'elle ne fait qu'avec difficulté et après bien des tentatives, lorsqu'elle est à l'état normal, aidée de ses lunettes et d'une vive lumière.

Lui manque-t-il une étoffe, un ruban, une fleur de telle ou telle nuance, elle se lève, part sans lumière, va chercher dans le magasin, dans le meuble, dans le tiroir où elle sait que l'objet se trouve, le découvre ailleurs s'il n'est pas à sa place, choisit, toujours sans lumière, ce qui lui convient le mieux, assortit la nuance et revient continuer sa besogne sans se tromper jamais et sans qu'aucun accident lui arrive.

Elle cause en travaillant, et une personne qui n'a pas été témoin du commencement de l'accès pourrait ne s'apercevoir de rien si Mlle R. L. ne changeait de façon de parler dès qu'elle est dans l'état second. Alors, en effet, elle parle *nègre*, remplaçant je par *moi*, comme les enfants, et usant de la troisième personne du verbe à la place de la première. « Quand moi est bête » signifie : Quand je suis à l'état normal.

Il est certain que l'intelligence, déjà plus qu'ordinaire dans l'état normal, acquiert pendant l'accès hystérique un développement remarquable, auquel contribue certainement une augmentation considérable de la mémoire qui permet à Mlle R. L. de raconter les moindres événements dont elle a eu connaissance à une époque quelconque ; que les faits aient eu lieu, soit pendant l'état normal, soit pendant un accès d'hystérie.

Mais de ces souvenirs, tous ceux relatifs aux périodes hystériques se voilent complètement *dès que l'accès a cessé* ; il m'est arrivé souvent d'exciter un étonnement allant jusqu'à la stupéfaction en lui rappelant des faits entièrement oubliés « de la fille bête », suivant son expression, mais que la fille hystérique m'avait fait connaître.

Réflexion. — Ainsi, le Moi hystérique connaît tous les faits et gestes du Moi normal aussi bien que les siens propres ; mais le Moi normal ignore les faits et gestes du Moi hystérique.

Récit. — Il est certains sujets dont Mlle R. L. cause le plus naturellement du monde pendant l'état hystérique et dont elle supplie qu'on ne parle pas « *à l'autre* », parce que : « *Moi sais qu'elle ne veut pas confier cela à vous ; elle en serait trop malheureuse.* »

Les personnes qui l'entourent ont soin, bien entendu, de lui éviter le chagrin d'avoir commis une indiscrétion ou fait une confidence qu'elle annonçait elle-même devoir regretter profondément.

M⁽ˡˡᵉ⁾ R. L. a parfaitement conscience de la supériorité intellectuelle de l'une de ses personnalités, et de l'acuité remarquable que ses sens acquièrent durant l'état second. Myope dans l'état normal, elle a une vue merveilleuse pendant l'état hystérique; non seulement elle voit excellemment durant le jour, mais elle voit très bien dans les ténèbres; à l'héméralopie s'ajoute la nyctalopie. L'ouïe acquiert aussi une grande sensibilité; le goût, l'odorat et le toucher ne semblent pas modifiés.

Réflexion. — Il n'est pas possible d'avoir une preuve plus nette de l'existence de deux Moi dans le même individu.

Non seulement le Moi hystérique de M⁽ˡˡᵉ⁾ R. L. connaît les faits et gestes du Moi normal, mais encore il connaît ses pensées intimes.

Non seulement il a conscience de lui, Moi hystérique, mais il se connaît comme étant radicalement distinct du Moi normal; le Moi normal pour lui est « *l'autre* », un Moi étranger. Bien plus! il le méprise; ce moi étranger est un Moi « *bête* ».

Récit. — Il y a pendant l'accès d'hystérie anesthésie générale du tégument cutané, même pour l'électricité; la sensibilité ne persiste qu'en deux points : à la région latérale moyenne du cou, de chaque côté, et au même niveau dans la gorge, c'est-à-dire sur le trajet de nerfs importants. Le contact sur une de ces régions avec le doigt provoque le retour à l'état normal avec une sensation douloureuse aggravée par le *dépit d'être ramenée à l'état bête*. On ne peut atteindre ces points que par ruse, car Mlle R. L. se défend tant qu'elle peut contre ces attouchements, non seulement à cause de l'ébranlement nerveux qui en résulte, mais parce qu'*elle voudrait rester toujours dans l'état hystérique.*

Réflexion. — Ainsi, Mlle R. L. a tellement la conscience de l'existence distincte des deux Moi ainsi que de la supériorité du Moi accidentel sur le Moi normal qu'elle se chagrine et s'irrite à la seule perspective que le Moi normal remplacera le Moi accidentel.

Fin du Récit. — J'ai pensé, dit le docteur Dufay en 1876, que cette affection hystérique diminuerait à mesure que l'âge avancerait, et qu'elle finirait par disparaître. On m'affirme qu'elle a cessé depuis une dizaine d'années. »

Mlle R. L. a donc guéri vers sa cinquantième année, c'est-à-dire très probablement à l'âge critique ou ménopause.

Résumé. — L'histoire de Mlle R. L. contient les faits suivants :

1° Mlle R. L. a conscience de son identité personnelle, car elle a conscience de n'avoir, soit à l'état normal, soit à l'état hystérique, qu'un seul et même corps.

2° Elle a conscience d'avoir deux Moi, parfaitement distincts, alternant l'un avec l'autre au sein de l'identité personnelle.

3° Le Moi normal ignore le Moi hystérique, ses actes et ses pensées.

Quoique d'une intelligence au-dessus de la moyenne, il est inférieur au Moi hystérique; il lui est inférieur aussi au point de vue du fonctionnement des cinq sens.

4° Le Moi hystérique connaît très nettement le Moi normal; il en connaît les actes et même, chose merveilleuse, les pensées intimes.

Le Moi hystérique, au point de vue de l'intelligence et du fonctionnement des cinq sens, est supérieur au Moi normal; il a si bien conscience de sa supériorité qu'il parle du Moi normal avec dédain; il l'appelle *l'autre* ou la *bête*.

5° Lorsque Mlle R. L. voit qu'on veut, au moyen d'attouchements, chasser le Moi hystérique pour qu'il cède sa place au Moi bête, elle s'en afflige et s'en irrite.

Examinons maintenant laquelle des deux hypothèses, spiritualiste ou physiologique, interprétera le plus exactement les faits.

X° DANS L'HYPOTHÈSE D'UN MOI, SUBSTANCE SPIRITUELLE, UNE ET SIMPLE, LOGÉE DANS LE CERVEAU, LES FAITS CONCERNANT Mlle R. L. SONT INEXPLICABLES ET INCOMPRÉHENSIBLES.

Si le Moi est une substance spirituelle, une et simple, logée dans le cerveau, les faits qui concernent Mlle R. L. sont inexplicables et incompréhensibles.

1° Mlle R. L. a conscience d'avoir deux Moi distincts; ils sont autres et se sentent autres. Or le grand argument de l'École spiritualiste en faveur de l'unité simple du Moi est que le Moi se sent identique à lui-même à travers les phénomènes successifs d'activité.

2° Lorsqu'on objectait à l'École spiritualiste les métamorphoses du Moi sous l'action de l'Alcoolisme aigu ou de l'Aliénation mentale, elle répondait que le moi, substance spirituelle, délirait parce qu'il était opprimé par les perturbations du corps auquel il est uni; mais qu'une fois la tempête corporelle calmée, le Moi reprenait son intelligence, sa moralité, bref toute sa valeur native.

Il était déjà impossible à l'École spiritualiste d'expliquer comment les troubles d'une substance matérielle et étendue pouvaient introduire le délire dans une substance immatérielle et inétendue. Dans le cas de Mlle R. L. c'est bien pis; précisément, en effet, la perturbation de la substance matérielle et étendue donne à la substance immatérielle et inétendue sa supériorité d'intelligence et de moralité. Souillée par la guenille d'un corps malade, l'âme acquiert une haute valeur; dans un corps sain, elle déchoit; elle déchoit à tel point que le Moi du corps malade traite celui du corps sain de Moi imbécile!

En résumé, dans l'hypothèse d'une âme, substance spirituelle, une et simple, il est impossible de comprendre et d'expliquer :

1° Comment deux Moi distincts et autres, ayant pleinement conscience qu'ils sont distincts et autres, peuvent alterner dans un seul et même cerveau ;

2° Comment le Moi du corps malade acquiert, par le fait de la maladie même, une supériorité intellectuelle et morale sur le Moi du corps sain ;

3° Enfin, comment le Moi hystérique peut connaître les actes et les pensées du Moi normal, tandis que le

Moi normal ne connaît ni les actes ni les pensées du Moi hystérique.

XI° — DANS L'HYPOTHÈSE D'UN MOI, SIMPLE RÉSULTANTE DES MODIFICATIONS DU CERVEAU, TOUS LES FAITS CONCERNANT Mlle R. L. SE COMPRENNENT ET S'EXPLIQUENT.

Dans la théorie du Moi, simple résultante de l'état des cellules cérébrales, tous les faits de la vie de Mlle R. L. se comprennent et s'expliquent.

1° L'état normal du cerveau se traduit psychiquement par le Moi normal.

2° Lorsque l'hystérie vient à modifier l'état des cellules cérébrales, il est nécessaire et naturel que cet état nouveau soit traduit par une résultante nouvelle : le Moi hystérique est cette traduction psychique.

3° Pour que les faits mnémoniques et les associations psychiques revivent dans la conscience, il faut, comme nous l'avons vu dans l'étude sur la mémoire [1], un minimum d'intensité et un minimum de durée. Si ces deux conditions ne sont pas remplies, les faits et les associations psychiques n'en subsistent pas moins enregistrés dans les cellules cérébrales ; mais ils ne peuvent arriver à la conscience, ils demeurent à l'état latent. Dans le cas de Mlle R. L. l'état *normal* du cerveau ne réalise pas les deux conditions nécessaires pour que les actes et les pensées du Moi hystérique enregistrés dans les cellules arrivent à la conscience du moi nor-

---

1. Voir page 362.

mal ; ces actes et ces pensées restent donc à l'état latent : voilà pourquoi le Moi normal les ignore.

Au contraire, l'hystérie communique au cerveau les deux conditions nécessaires pour que les actes et les pensées des deux Moi arrivent à la conscience ; voilà pourquoi le Moi hystérique connaît les actes et les pensées du Moi normal aussi bien que les siens propres [1].

Nous avons vu un cas très remarquable de ce mécanisme de la réviviscence mnémonique dans le jeune boucher de Bicêtre, observé par le docteur Michéa. Sous l'influence de la manie, le jeune homme récitait des tirades entières de la tragédie de *Phèdre* qu'il avait entendues une seule fois ; l'accès de folie passé, notre boucher, revenu à l'état normal, ne se rappelait plus un seul vers de Racine.

En résumé, dans la théorie du moi, résultante d'un état donné du cerveau, tous les faits de la vie de Mlle R. L. se comprennent et s'expliquent, car ils sont conformes à la nature de l'âme, telle que la physiologie nous la fait connaître, et aux lois de la mémoire, telles que l'analyse à la fois physiologique et psychologique nous les a fait connaître [2].

---

1. L'hystérie agit ici sur le cerveau comme le téléphone sur l'oreille. Là où l'oreille à l'état normal n'entend que le silence, le récepteur téléphonique appliqué sur elle lui fait percevoir les sons les plus délicats d'un orchestre invisible. De même l'hystérie fait percevoir au cerveau des faits gravés et des pensées, dont, à l'état normal, il était incapable de soupçonner même l'existence. Le récepteur téléphonique une fois tombé et l'hystérie calmée, le silence se fait pour le cerveau comme pour l'oreille.

2. La communication du docteur Dufay a été provoquée par la publication de l'histoire de Félida. Celle-ci est, pour le fond,

XII° — HISTOIRE DE FÉLIDA [1]

Félida X... est née à Bordeaux de parents bien portants. Bonne ouvrière, d'une intelligence développée et assez instruite pour son état social, elle travaillait à des ouvrages de couture. Vers l'âge de treize ans, peu après la puberté, elle a présenté des symptômes dénotant une hystérie commençante. Vers l'âge de quatorze ans et demi, se sont montrés les phénomènes qui font le sujet de ce récit. Félida s'est mariée à un jeune homme qu'elle aimait ; elle a eu onze grossesses, mais deux enfants seulement ont survécu. Mariée, elle a pris un magasin d'épiceries ; puis, en 1877, elle abandonna son commerce pour prendre son ancien métier de couturière, elle dirige un petit atelier.

Le docteur Azam a été appelé auprès de Félida en 1858 ; il l'a observée pendant les années 1858 et 1859 ; puis, distrait par d'autres travaux, il la perdit de vue jusqu'en 1876. A partir de cette année, le docteur Azam a observé Félida, chaque jour. Les deux lacunes d'observations qui s'étendent, l'une de 1856 à 1858, l'autre de 1859 à 1876, ont été comblées par les ren-

identique à l'histoire de Mlle R. L. ; toutefois elle en diffère en quelques points intéressants et surtout par le tour dramatique. Dans l'appréciation de l'histoire de Félida, j'insisterai de préférence sur le côté qui concerne la mémoire, toujours au point de vue des deux théories du Moi, à savoir, l'hypothèse spiritualiste et l'hypothèse physiologique. Cet examen critique de l'histoire de Félida sera complémentaire de l'histoire de Mlle R. L.

[1]. *Revue scientifique*, 1876, 20 mai, 16 septembre ; 1877, 22 décembre. Docteur Azam.

seignements qu'a donnés au docteur Azam le mari de Félida, homme très intelligent. Comme ces renseignements sont en parfaite concordance avec les observations personnelles du docteur Azam, il en résulte que celles-ci peuvent être prises comme type des faits concernant Félida.

A partir de l'âge de quatorze ans et demi, Félida subit des crises qui la font passer de la personnalité naturelle apportée en naissant et que nous appellerons l'*état premier* à une seconde personnalité que nous appellerons l'*état second*.

I° CARACTÈRE DE FÉLIDA DANS L'ÉTAT PREMIER — Dans l'état premier, Félida est d'un caractère triste, même morose; elle parle peu, sa conversation est sérieuse. Elle est très ardente au travail; sa volonté est très arrêtée, même à l'égard de son mari : « Il dit sans cesse : *Je veux*; cela ne me convient pas ; il faut que dans mon autre état je lui aie laissé prendre cette habitude. » Elle est indifférente et marque peu d'affection pour ceux qui l'entourent. Enfin elle ne se souvient d'aucun des faits qui se passent durant son état second.

II° DESCRIPTION DE LA CRISE QUI FAIT PASSER FÉLIDA DE L'ÉTAT PREMIER A L'ÉTAT SECOND. — Voici la description de la crise telle que le docteur Azam l'a vue plus d'une centaine de fois :

Félida est assise, un ouvrage quelconque sur les genoux; tout d'un coup, sans que rien puisse le faire prévoir et *après une douleur aux tempes* plus violente que d'habitude, sa tête tombe sur sa poitrine; ses mains deviennent inactives et descendent le long du corps; elle dort ou paraît dormir, mais d'un sommeil spécial; car ni le bruit ni aucune excitation, pincement ou piqûre, ne sauraient l'éveiller. Cette sorte de sommeil est absolument subit; au début de l'hystérie, en 1857, il durait une dizaine de minutes; en 1859, deux à trois minutes; seize ans plus tard, deux à trois secondes. Comme Félida est toujours avertie de la venue des accès par quelques signes dont le principal est une *pression aux tempes*, elle peut dissimuler en quelque lieu où elle se trouve cette transition qui l'humilie et la remplit de tristesse. Voici ce qui se passe (1876-1877) : Dès qu'elle sent venir les accès, elle porte la main à sa tête, se plaint d'un éblouissement; et après une durée de temps insaisissable, elle passe dans l'autre état. Elle peut dissimuler ce qu'elle nomme une infirmité. Or cette dissimulation est si complète que, dans son entourage, son mari seul est au courant de son état du moment. L'entourage ne perçoit que les variations de caractère qui sont très accusées. Lorsque Félida s'éveille ou sort de cette transition, elle n'est plus dans l'état normal où elle était auparavant; son caractère a changé; elle a une autre personnalité.

III° CARACTÈRE DE FÉLIDA DANS L'ÉTAT SECOND. — Dans l'état second, Félida est d'une gaîté qui va jusqu'à la turbulence; sa conversation est vive, mais plus frivole; elle se préoccupe beaucoup de sa toilette. Elle est moins laborieuse; elle est sensible à l'excès et témoigne beaucoup d'affection à ceux qui l'entourent;

elle se soumet aisément à l'autorité de son mari. Sa mémoire embrasse tous les faits, soit les faits de l'état premier, soit les faits de l'état second. Toutes ses facultés intellectuelles sont plus développées et plus complètes. Bref, la personnalité de l'état second, non seulement est l'opposé de l'état premier, mais elle lui est de beaucoup supérieure.

Voici, mis en tableau comparatif, les deux *moi* de Félida, celui de l'état premier et celui de l'état second.

Moi de l'état premier.	Moi de l'état second.
1° Félida est triste, même morose; elle parle peu; sa conversation est sérieuse;	1° Félida est gaie, même turbulente; elle parle beaucoup; sa conversation est même frivole;
2° Elle est indifférente et marque peu d'affection pour ceux qui l'entourent;	2° Elle est sensible à l'excès et témoigne beaucoup d'affection à ceux qui l'entourent;
3° Elle est très ardente au travail;	3° Elle est moins laborieuse;
4° Elle est d'une volonté très arrêtée, même à l'égard de son mari;	4° Elle est très soumise à son mari;
5° Elle ne se souvient pas des faits qui se passent durant son état second;	5° Elle se souvient des faits qui se passent durant ses deux états;
6° Toutes ses facultés intellectuelles et morales sont en un état inférieur de développement et de plénitude;	6° Toutes ses facultés intellectuelles et morales sont plus développées et plus complètes;
7° Elle se trouve très malheureuse durant son état premier [1].	7° Elle se trouve heureuse durant son état second [1].

IV° FORME ET GENRE DE L'AMNÉSIE DE FÉLIDA DANS L'ÉTAT PREMIER. — Dans l'état premier et dans l'état

---

[1]. On le verra ci-après.

L'UNITÉ DU MOI EST UNE RÉSULTANTE

second, Félida sait parfaitement lire, écrire, compter, tailler, coudre.

Dans l'état second, elle se souvient de tous les faits de l'état premier.

Dans l'état premier, l'oubli se porte exclusivement sur les incidents fortuits et passagers qui ont eu lieu durant l'état second. En voici quelques exemples pris comme modèles dans le cours de vingt années :

1858-1859. — Félida est dans l'état second, occupée à un travail de couture ; soudain la torpeur la saisit ; trois ou quatre minutes s'écoulent ; elle ouvre les yeux ; elle est entrée dans l'état premier. Alors elle ne connaît plus le plan ni le but du travail qu'elle a dans les mains ; il lui faut un effort d'esprit pour le comprendre. Néanmoins elle continue son travail comme elle peut, en gémissant sur sa malheureuse situation. Sa famille, qui a l'habitude de cet état, l'aide à se mettre au courant.

Quelques minutes avant la torpeur, elle chantonnait quelque romance, on la lui redemande, elle ignore absolument ce qu'on veut dire.

On lui parle d'une visite qu'elle vient de recevoir, elle n'a vu personne.

1876. — Le docteur Azam lui demande où est son mari ; elle ne sait pas à quelle heure il l'a quittée ni ce qu'il lui a dit en la quittant. Or, à huit heures, l'état premier était survenu ; le mari était sorti un quart d'heure auparavant.

Ses enfants ont fait leur première communion pendant qu'elle était en état second ; lorsqu'elle rentre dans l'état premier, elle a le chagrin d'ignorer que cet événement religieux est accompli.

Les deux faits suivants, quoique n'ajoutant rien à l'essence du phénomène, ont un aspect plus saisissant et, partant, plus capable de frapper l'esprit.

Premier Fait. 1859. — Félida n'était pas encore mariée, mais elle voyait fréquemment le jeune homme, son ami d'enfance, qu'elle devait épouser quelque temps après. Les deux jeunes gens s'aimaient beaucoup et s'étaient promis le mariage. Un jour Félida, *étant dans l'état premier*, plus triste qu'à l'ordinaire, les larmes aux yeux, dit au docteur Azam : « Ma maladie s'aggrave; mon ventre grossit et, chaque matin, j'ai des envies de vomir. » Félida croit ainsi dépeindre l'aggravation de sa maladie hystérique; en réalité, elle fait le tableau d'une grossesse qui commence. Tandis qu'elle parle, les yeux de ceux qui l'entourent se portent avec inquiétude sur le docteur Azam. Soudain Félida est prise par sa torpeur; deux minutes après, elle se réveille *en état second;* alors, en présence des mêmes personnes, elle reprend son discours adressé au docteur Azam : « Je me souviens parfaitement de ce que je viens de vous dire; vous avez dû facilement me comprendre; je l'avoue sans détour, je suis grosse. » Sa grossesse ne l'inquiétait pas, elle en prenait gaîment son parti. Devenue enceinte durant son état second, Félida l'ignorait donc durant son état premier.

Un jour que Félida était dans une période d'état premier, une voisine qui croyait que Félida jouait la comédie lui dit brutalement qu'elle-même, Félida, avait avoué durant son état second qu'elle était enceinte. La découverte qu'elle fit qu'elle était enceinte causa à Félida une si forte impression qu'elle eut des convulsions hystériques très violentes ; le docteur Azam dut lui donner des soins pendant plusieurs heures.

Ainsi, durant l'état second, Félida savait qu'elle était enceinte et n'en était pas fâchée ;

Durant l'état premier, elle l'ignore ; et lorsqu'elle l'apprend, elle en conçoit un violent chagrin. L'antithèse est frappante.

Second Fait. 1874. — Durant l'état second, lequel était devenu l'état ordinaire, Félida revenait en compagnie d'autres dames des obsèques d'une personne de connaissance. On était en voiture. Tout à coup Félida sent venir ce qu'elle appelle sa crise c'est-à-dire le retour à l'état premier ; elle s'assoupit quelques secondes sans que les dames s'en aperçoivent ; elle s'éveille en état premier, ignorant absolument pourquoi elle est dans une voiture de deuil, avec des personnes qui vantent les qualités d'une défunte dont elle ne savait pas le nom.

Par ces deux exemples, on voit que pendant vingt années la forme et le genre de l'amnésie n'ont pas changé.

V° MARCHE DE LA DURÉE RESPECTIVE DE L'ÉTAT PREMIER ET DE L'ÉTAT SECOND CHEZ FÉLIDA. — Pendant deux ans, de 17 à 19 ans, Félida resta en l'état premier. A 19 ans, les accidents reparurent ; l'hystérie s'aggrava, avec son cortège de crachements de sang, d'hémorragies pulmonaires, etc.

De 24 à 27 ans, Félida a eu trois années d'état premier.

Après ce temps, de 1870 à 1875, les alternances d'état second et d'état premier ont reparu, mais avec un extraordinaire renversement de durée respective. En effet, en 1858 et 1859, l'état second n'occupait guère que le dixième environ de l'existence de Félida ; il a augmenté graduellement si bien qu'il est devenu égal à la durée de l'état premier ; puis il l'a dépassé ; et en 1877, lors de la dernière communication du docteur Azam, l'état second occupait l'existence presque entière de Félida.

VI° INFLUENCE FUNESTE PRODUITE SUR L'ESPRIT DE FÉLIDA PAR L'AMNÉSIE QU'AMÈNENT LES RETOURS DE L'ÉTAT PREMIER. — « Théoriquement, chacun connaît l'importance de la Mémoire, dit le docteur Azam, mais jamais peut-être cette importance ne reçut une preuve pratique plus frappante, et nul n'arriverait en s'examinant soi-même à la comprendre aussi nettement qu'en étudiant cette jeune femme. On ne saurait croire, en effet, l'impression singulière que donne à l'observateur une personne qui, comme Félida ignore tout ce qui s'est passé, tout ce qu'elle a dit, tout ce qu'on lui a raconté pendant les trois ou quatre mois qui précèdent. Elle ne sort pas d'un rêve, car un rêve si incohérent qu'il soit est toujours quelque chose. Elle sort du néant, et si, comme la plupart des délirants, elle n'avait pas vécu intellectuellement pendant cette période, la lacune serait de peu d'importance. Mais pendant ce temps son intelligence, ses actes, ont été complets et raisonnables ; le temps a marché, et sa vie a marché avec lui et aussi tout ce qui l'entoure. J'ai plus haut indiqué comme comparaison à cette existence un livre auquel on aurait arraché de loin en loin des pages. Ce n'est pas assez, car un lecteur intelligent, imbu de l'esprit général de l'œuvre, pourrait reconstituer ces lacunes, tandis qu'il est absolument impossible à Félida de se douter d'un fait quelconque arrivé pendant sa condition seconde. Comment saura-t-elle par exemple que pendant ce temps elle a contracté une dette, reçu un dépôt ; ou qu'un accident, un mal subit, lui aurait enlevé son mari ou ses enfants ? Elle ne les retrouvera pas auprès d'elle, elle attendra leur retour. Le voyageur qui demeure trois ou quatre mois loin de son pays, sans lettres ni nouvelles, a la notion du temps écoulé ; il peut s'étonner de ce qui est arrivé dans cette période ; mais il sait qu'il a dû se passer quelque chose. Il s'attend à l'apprendre ; pour lui, le temps a marché. Lorsqu'après quatre mois de condition seconde, Félida a une journée d'état premier, elle n'a pendant cette journée aucune connaissance des mois qui précèdent ; elle ne sait pas combien cette période a duré : une heure ou quatre mois sont tout un pour elle. Aussi, dans son appréciation du temps, se trompe-t-elle de la façon la plus singulière, en supprimant des mois entiers ; elle est toujours en arrière. L'almanach même ne peut lui servir, car elle n'a pas de base pour le consulter. Son mari ou son livre de ventes, en remontant jour par jour à quelque vente dont elle se souvienne, l'éclaire sur le moment où elle se trouve et sur celui où a commencé sa période d'amnésie. »

Les absences de mémoire que Félida subit lorsqu'elle est dans l'état premier lui font commettre tant de bévues dans ses rapports avec les clients de son magasin ou avec ses voisins qu'elle en est très malheureuse. Dans le courant de l'année 1876, le désespoir que lui cause cette amnésie est devenu si grand que, pendant une de ses périodes d'état premier, elle a cherché à se suicider. Enfin, dans la dernière communication qu'il a faite en 1877, le docteur Azam dit que Félida est encore plus triste que précédemment durant ses accès d'état premier et qu'elle voudrait en finir avec la vie.

VII° LES FAITS CONCERNANT FÉLIDA SE CLASSENT EN QUATRE GROUPES DE FAITS PRINCIPAUX. — 1° Félida a deux caractères opposés : l'un que la nature lui a donné en naissant ; l'autre, que vers l'âge de 15 ans elle doit à l'hystérie.

Ces deux caractères alternent à la suite d'accès qui durent à peine quelques secondes.

2° Quand elle est dans l'état premier, Félida n'a aucune mémoire des actes accomplis durant l'état second.

Quand elle est dans l'état second, Félida se souvient également des faits accomplis, soit durant l'état premier, soit durant l'état second.

3° Dans les deux états, Félida ne cesse pas de savoir lire, écrire, compter, tailler, coudre.

4° Les absences de mémoire durant l'état premier rendent Félida assez malheureuse pour qu'elle songe à mettre fin à ses jours.

XIII° — DANS L'HYPOTHÈSE D'UN MOI, SUBSTANCE SPIRITUELLE, UNE ET SIMPLE, LES QUATRE GROUPES DE FAITS CONCERNANT LA VIE DE FÉLIDA SONT INEXPLICABLES ET INCOMPRÉHENSIBLES.

Si le Moi est une substance spirituelle, une et simple, logée dans le cerveau, les quatre groupes de faits qui composent la vie de Félida sont inexplicables et incompréhensibles. En effet :

1° Le Moi, substance spirituelle, se manifeste extérieurement par cet ensemble de sentiments, de jugements et de volitions qu'on appelle un caractère. En naissant, Félida avait un Moi particulier et bien défini, œuvre de la nature, bref un *Moi naturel*; à quinze ans, un *autre Moi*, œuvre de l'hystérie, se manifeste en elle. A partir de cet âge jusqu'en 1877, c'est-à-dire durant vingt années, les deux Moi se chassent réciproquement et règnent l'un après l'autre, avec des alternances variées. Comment un Moi peut-il expulser un autre Moi? Où le Moi chassé va-t-il se réfugier en attendant qu'à son tour il détrône son heureux rival?

2° Le moi premier ne sait rien des faits et gestes du moi second; le moi second connaît tout ce qu'a fait le moi premier. On ne peut pas dire que le Moi premier a inscrit ses actes dans les cellules cérébrales, et que le Moi second, entrant en possession du logement, lit les inscriptions laissées par son prédécesseur ; car si les actes sont inscrits dans les cellules grises, on n'a pas besoin de l'hypothèse d'une substance spirituelle, une et simple, pour expliquer les faits mentaux ; ce serait la répudiation de la doctrine spiritualiste. Il s'ensuit que la connaissance que le Moi second a des actes du Moi premier est inexplicable et incompréhensible.

3° Le Moi naturel de Félida a pendant les quinze premières années appris à lire, à écrire, à calculer, à tailler, à coudre ; ces connaissances lui appartiennent en propre. Comment, expulsé de Félida, peut-il laisser au Moi hystérique certaines connaissances qui sont exclusivement les siennes, puisque c'est lui qui les a acquises, et non le Moi hystérique, qui n'existait pas encore? Dans l'hypothèse d'un Moi, substance spirituelle, une et simple, ces connaissances ne peuvent pas être inscrites et localisées dans le cerveau ; elles sont dans le Moi ; le Moi s'en allant, elles s'en vont nécessairement avec lui.

4° Lorsque le Moi naturel rentre dans Félida, il est pris d'un tel désespoir d'avoir expulsé le Moi hystérique qu'il pousse Félida au suicide. Alors pourquoi rentrer dans Félida et en chasser le Moi hystérique? Cela est incompréhensible de la part d'une substance spirituelle, une et simple, dont l'intelligence participe de l'intelligence divine.

XIV° — DANS L'HYPOTHÈSE D'UN MOI, SIMPLE RÉSULTANTE DES MODIFICATIONS NERVEUSES, LES QUATRE GROUPES DE FAITS DE LA VIE DE FÉLIDA SONT COMPRÉHENSIBLES ET S'EXPLIQUENT.

1° Félida naît avec un corps, un cerveau et des appareils sensoriaux d'une structure déterminée ; le fonctionnement de ces appareils nerveux produit des modifications et des associations psychiques, lesquelles sont liées entre elles par un rapport propre, celui qu'imposent la structure du corps et son fonctionnement à l'état normal. Le Moi naturel de Félida est la résultante de ces modifications nerveuses liées entre elles par un rapport qui leur est propre.

A quinze ans, l'hystérie survient ; cette maladie, quelle qu'en soit l'origine, exerce une influence énergique sur le système nerveux ; c'est un fait dont nous n'avons pas à chercher le mécanisme, il suffit de le constater. Le fonctionnement des appareils sensoriaux et du cerveau éprouve un changement profond ; le rapport qui unit les modifications nerveuses et les associations dynamiques n'est plus le même, il devient autre. Le rapport étant changé, la Résultante change aussi ; on a donc un *nouveau Moi*, représentation exacte des modifications introduites par l'hystérie dans le système nerveux natif.

Lorsque l'influence hystérique est suspendue, le système nerveux reprend son fonctionnement premier ; la résultante première ou *Moi* naturel reparaît.

Lorsque l'influence hystérique se fait de nouveau sentir, le système nerveux fonctionne selon le rapport second ; la résultante seconde ou *Moi hystérique* reparait.

Les alternances des deux *Moi* s'expliquent donc aisément par les alternances dans les rapports respectifs qui lient les modifications nerveuses entre elles.

2° Nous savons que, pour qu'il y ait conscience d'une modification nerveuse, deux conditions sont nécessaires, à savoir, un minimum d'intensité et un minimum de durée. Lorsque ces deux conditions ne sont pas remplies, les faits enregistrés par les modifications nerveuses subsistent, mais restent à l'état inconscient : ils n'existent pas pour la mémoire.

Que les réviviscences mnémoniques soient dues à une action chimique comme le sont les réviviscences photographiques, ou à une action électrique ou à une action vibratoire, peu importe : dans le problème à résoudre, il suffit que l'action, quelle qu'elle soit, chimique, électrique ou mécanique, rende aux modifications nerveuses l'intensité et la durée nécessaires pour que les faits enregistrés revivent; pour qu'il y ait mémoire. C'est ainsi que le jeune boucher de Bicêtre se ressouvenait des tirades de Racine lorsque les cellules cérébrales étaient stimulées par la manie.

Félida, dans l'*état second*, a la mémoire des faits des deux états parce que l'action hystérique donne aux modifications nerveuses acquises durant les deux états le minimum d'intensité et le minimum de durée nécessaires pour qu'il y ait conscience ; alors tous les faits enregistrés revivent.

L'UNITÉ DU MOI EST UNE RÉSULTANTE

Félida, dans l'*état premier*, perd l'énergie stimulatrice que lui donnait l'état second : le minimum d'intensité et le minimum de durée nécessaires pour faire revivre les faits enregistrés durant l'état second ne sont plus atteints ; alors, ces faits, *quoique subsistants*, restent enfouis dans les ténèbres de l'inconscience ; ils sont comme s'ils n'étaient pas.

3° Félida conserve dans les deux états la science de lire, d'écrire, de compter, de coudre et de tailler, parce que la répétition incessante des actes et des mouvements propres à chacun de ces arts a formé, dès l'enfance, des modifications et des associations dynamiques assez puissantes pour résister aux vicissitudes de la santé ; les actes sont devenus automatiques.

4° La tristesse et le désespoir de Félida contrainte de rentrer par intervalles dans une période où elle déchoit à un état d'infériorité énorme tant au point de vue moral qu'au point de vue des intérêts matériels, n'ont pas besoin d'être expliqués.

RÉSUMÉ GÉNÉRAL

I° La constitution élémentaire du Moi comprend trois groupes de faits, à savoir, les faits sensibles, les faits intellectuels, les faits moraux.

II° Au point de vue de l'essence du Moi, les trois groupes se classent ainsi :

1° Les faits sensibles ; 2° les faits intellectuels ; 3° les faits moraux.

III° Ce qui distingue le Moi d'un homme du Moi

d'un autre homme, ou ce qui est le caractère distinctif de la personnalité, c'est la manière propre dont chaque homme sent, juge, veut.

IV° La pénétration réciproque et la combinaison mutuelle des sensations, des sentiments, des connaissances, des jugements et des volitions, font de l'unité du moi, non pas une unité collective, mais une résultante.

V° L'homme n'est jamais à aucun moment de sa durée, identique à lui-même.

VI° Ce qu'on appelle vulgairement le sentiment de l'identité personnelle est chez chaque individu :

1° *Au point de vue du corps entier,* le témoignage de la mémoire attestant que l'état présent du corps se rattache à des états antérieurs du corps par une suite ininterrompue d'états intermédiaires dont elle a gardé le souvenir.

2° *Au point de vue de la fonction particulière appelée âme,* le témoignage de la mémoire attestant que le Moi présent se rattache à des états antérieurs de l'âme par une suite ininterrompue d'états intermédiaires dont elle a gardé le souvenir.

VII° A travers l'évolution continue qui se fait de la naissance à la mort, ce qui persiste le plus dans le corps, c'est le type figuré ; ce qui persiste le plus dans la fonction particulière appelée âme, c'est le type moral ou caractère.

VIII° De l'analyse du Moi ainsi que des définitions de l'identité personnelle et de l'identité du Moi, il résulte qu'un même individu peut avoir conscience de son identité personnelle (un seul type corporel) et conscience de l'alternance en lui de deux Moi distincts (deux types moraux).

IX° Histoire de Mlle R. L. Deux Moi alternant dans un même corps.

X° dans l'hypothèse d'un Moi, substance spirituelle, une et simple, logée dans le cerveau, les faits concernant Mlle R. L. sont inexplicables et incompréhensibles.

XI° Dans l'hypothèse d'un Moi, simple résultante des modifications du cerveau, tous les faits concernant Mlle R. L. se comprennent et s'expliquent.

XII° Histoire de Félida. Deux Moi alternant dans un même corps.

XIII° Dans l'hypothèse d'un Moi, substance spirituelle, une et simple, les quatre groupes de faits concernant la vie de Félida sont inexplicables et incompréhensibles.

XIV° Dans l'hypothèse d'un Moi, simple résultante des modifications nerveuses, les quatre groupes de faits de la vie de Félida sont compréhensibles et s'expliquent.

FIN DU TOME PREMIER

TABLE ANALYTIQUE DES MATIÈRES

DU TOME PREMIER

CHAPITRE PREMIER

ANATOMIE ET PHYSIOLOGIE DES CENTRES NERVEUX

Première section. — Anatomie.

NOTIONS PRÉLIMINAIRES. — Structure de la substance nerveuse, grise ou blanche; parties qui composent l'encéphale; les méninges. 13

1º LE CERVEAU : § I. Face externe. — Scissures, lobes, centres moteurs. 16

§ II. Face interne. — Scissures, lobes, circonvolutions. . 19
  1º Fibres de la substance blanche dans les circonvolutions; fibres rayonnantes, commissurales, pédonculaires, unissantes. — 2º Couches stratifiées de la substance grise des circonvolutions; description des cinq couches. 20

§ III. Structure du cerveau. — 1º Substance grise; 2º substance blanche. 22

§ IV. Constitution intime des centres nerveux. — 1º Les cellules et les fibres nerveuses; 2º la névroglie; 3º les vaisseaux : trois ordres de vaisseaux, artères, veines, capillaires; deux systèmes de circulation : système des artères corticales et système des artères centrales; effet de l'oblitération des artères cérébrales. 24

II° La moelle épinière; structure et composition; racines des nerfs.................................... 30

III° Le bulbe rachidien; structure et composition... 31

IV° La protubérance annulaire.................... 32

V° Le cervelet.................................. 32

VI° Les tubercules quadrijumeaux................ 33

VII° Les couches optiques; corps genouillés, noyau de Stilling... 34

VIII° Les pédoncules cérébraux; le locus niger, la capsule interne................................ 34

IX° Les corps striés; le noyau caudé, le noyau lenticulaire; la capsule interne, son importance au point de vue pathologique, hémiplégie, hémianesthésie.... 35

X° La couronne de Reil; l'insula de Reil........ 37

XI° Le corps calleux; le septum lucidum; la glande pinéale, les ventricules........................ 37

XII° Les nerfs de l'encéphale; douze paires de nerfs. 38

XIII° L'entrecroisement; fibres motrices, fibres sensitives... 40

Seconde section. — Physiologie.

§ I. **Fonctions du cerveau.** I° La substance grise et les facultés intellectuelles. — 1° Ablation des hémisphères cérébraux; 2° pathologie des hémisphères......... 42

II° La substance grise et les mouvements volontaires. — 1° Expériences faites avec l'électricité sur le singe; 2° confirmation sur l'homme par la pathologie; 3° délimitation des centres moteurs; 4° structure des centres moteurs; 5° action croisée des centres moteurs..... 44

III° La substance blanche. — 1° Fibres commissurales du corps calleux; 2° fibres unissantes; 3° fibres pédonculaires; 4° fibres rayonnantes.................. 48

§ II. **Fonctions de la moelle épinière.** I° La moelle est un nerf excitable. — 1° La substance grise de la moelle est inexcitable; 2° les cordons formés de fibres blanches sont tous excitables............................. 49

II° La moelle conduit les impressions sensitives. — La substance grise est le grand conducteur de la sensibilité; la sensibilité se propage de bas en haut, de cellule en cellule.................................. 50

III° La moelle conduit les incitations des mouvements volontaires. — La moelle transmet les ordres du cerveau aux racines antérieures des nerfs rachidiens; les parties de la moelle qui sont conductrices des mouvements volontaires sont composées de fibres blanches qui conduisent les sensations.......................... 51

IV° La moelle est un centre nerveux spécial qui, sans le concours du cerveau, préside a un grand nombre de mouvements réflexes. — Définition du mouvement réflexe; 1° mouvements réflexes typiques; 2° conditions de la production d'un mouvement réflexe; énumération des mouvements réflexes les plus communs; 3° intensité de l'excitabilité réflexe de la moelle; 4° Durée de l'excitabilité réflexe de la moelle après la mort brusque de l'homme; 5° Action réflexe permanente de la moelle ou *tonicité musculaire*........................ 52

§ III. **Fonctions du bulbe rachidien.** — Les trois fonctions du bulbe : 1° le bulbe est conducteur de la sensibilité; 2° conducteur des mouvements; 3° il est le centre d'actions réflexes. Le bulbe renferme l'origine de neuf paires de nerfs............................ 55

§ IV. **Fonctions de la protubérance.** I° La protubérance agit comme centre de la locomotion et de la station. — Expériences.............................. 57

II° La protubérance est le centre perceptif des impressions sensitives. — Expériences de Longet et de Vulpian; d'après ces deux physiologistes, la protubérance est le *sensorium commune* c'est-à-dire le lieu où les impressions sensorielles se transforment en sensations........ 59

§ V. **Fonctions des pédoncules cérébraux.** — Fonctions inconnues; les pédoncules cérébraux sont sensibles et excito-moteurs; effets croisés que produit la lésion des pédoncules cérébraux chez l'homme............ 59

§ VI. **Fonctions des pédoncules cérébelleux.** — Fonctions inconnues; 1° la lésion des pédoncules cérébelleux *supérieurs* détermine la chute de l'animal du côté de la lésion; 2° la lésion des pédoncules cérébelleux *moyens* détermine un mouvement de rotation autour de l'axe 60

§ VII. **Fonctions du cervelet.** — D'après Flourens, le cervelet est un organe coordinateur des mouvements d'ensemble de *locomotion*; la coordination des mouvements partiels est indépendante du cervelet; les mouvements partiels ont leur centre de production dans la moelle et ses nerfs. 61

§ VIII. **Fonctions du plancher du quatrième ventricule.** — Le plancher du quatrième ventricule est un centre de sécrétion; 1° une piqûre faite entre le point d'origine du nerf pneumogastrique et celui du nerf auditif détermine le diabète sucré; 2° faite un peu plus bas, la piqûre provoque seulement *un accroissement d'urine*; 3° faite un peu plus haut, elle détermine l'*albuminurie*. 62

§ IX. **Fonctions des tubercules quadrijumeaux.** — Les tubercules quadrijumeaux contiennent l'origine réelle des nerfs optiques; ils sont le siège des perceptions visuelles et de quelques mouvements réflexes, ceux qui produisent la contraction ou la dilatation des pupilles. 62

§ X. **Fonctions de la couche optique.** — L'expression de couche optique est impropre, car les lésions des couches optiques n'influent pas sur la vision; fonctions inconnues. 63

§ XI. **Fonctions des corps striés.** — Les corps striés sont des centres conducteurs de mouvement; ils ne sont pas excitables directement. 63

§ XII. **Fonction de la glande pinéale.** — Elle est inconnue. 63

CHAPITRE II

LA MÉTHODE

1° L'EXPÉRIMENTATEUR. — 1° L'expérimentateur doit avoir l'esprit libre et douteur; 2° il doit être dirigé par une hypothèse préconçue; mais il doit être prêt à l'abandonner si le résultat de l'expérimentation lui est contraire; 3° il doit être au courant de la science; il doit prendre son hypothèse dans la réalité; 4° le point de départ des recherches expérimentales doit être, soit une observation, soit une hypothèse ou une théorie; exemples empruntés aux travaux de Claude Bernard; 5° phases par lesquelles passe l'expérimentateur. 64

II° La méthode expérimentale. — 1° La méthode expérimentale ne reconnaît d'autre autorité que celle des faits et de la raison réunis; 2° le principe fondamental de la méthode est le déterminisme absolu des phénomènes; 3° les faits négatifs, quelque nombreux qu'ils soient, ne détruisent jamais un seul fait positif; ils doivent être mis à l'écart jusqu'à ce qu'ils soient déterminés; 4° les faits irrationnels, étant indéterminables, doivent être absolument bannis; 5° le progrès de la science exige le concours de toutes les parties de la méthode.................................. 74

III° Les trois règles de la méthode expérimentale. — 1° *Positâ causâ, ponitur effectus*, la cause étant posée, l'effet est posé; ou, sous une autre forme, *Redintegratâ causâ, redintegratur effectus*, la cause étant rétablie, l'effet est rétabli; 2° *Sublatâ causâ, tollitur effectus*, la cause étant supprimée, l'effet est supprimé; 3° *Variante causâ, variatur effectus*, la cause variant, l'effet varie. — Célèbre expérience de M. Pasteur : Les trois poules et la bactéridie charbonneuse.................. 80

IV° Les procédés opératoires. — Importance des réactifs et des procédés opératoires; sans l'invention du réactif cupro-potassique, Claude Bernard n'eût pu faire la découverte de la glycogénie du foie, l'une des plus grandes du siècle. — Les procédés opératoires sont : 1° la lésion d'une partie; 2° l'ablation d'une partie; 3° l'emploi des poisons. — Résumé............. 83

CHAPITRE III

LES CONDITIONS VITALES DU CERVEAU ET DE SA FONCTION SONT LES MÊMES QUE CELLES DES AUTRES ORGANES ET DE LEURS FONCTIONS

Première section. — Conditions vitales des organes corporels et de leurs fonctions.

I° Le sang oxygéné et l'activité vitale. — Il n'y a pas de vie possible sans oxygène chez les animaux à sang chaud; 2° lorsque l'oxygène contenu dans le sang dépasse une certaine quantité maximum, il agit comme poison violent.............................. 92

II° Le travail de l'organe et la production de chaleur. — 1° Muscles; 2° nerfs; 3° glandes. 94

III° Influence de la fonction sur l'état de l'organe. — Exemples empruntés à l'histoire naturelle. 97

IV° Influence de l'état de l'organe sur la fonction. — État sain, état morbide. 97

V° Action de la température sur l'organe et sa fonction. — 1° Le froid; effets du froid sur l'ensemble des organes, sur le sang; sur les muscles de la vie végétative, sur le système nerveux périphérique; suspension de la fonction glycogénique du foie; arrêt du mouvement des cils vibratiles; le froid anesthésie les organes; le froid et la vie, limite minimum; transformation des animaux à sang chaud en animaux à sang froid. — II° La chaleur; la chaleur et la vie, limite maximum; effets toniques de la chaleur; effets sur les muscles de la vie organique ou végétative; sur le sang, sur les nerfs moteurs et les nerfs sensitifs, sur le foie; effets de la chaleur fébrile; anesthésie des animaux à sang froid par la chaleur. 98

VI° Action des poisons sur les organes et leurs fonctions. — Effets du curare, de la strychnine, du sulfocyanure de potassium; définition de l'asphyxie, de la syncope, de l'apoplexie. Classification des poisons d'après leurs effets sur l'organisme. 111

VII° Différence des phénomènes de circulation dans les organes selon qu'ils sont en état d'activité ou en état de repos. — Exemple de la digestion; le jeune chasseur canadien du docteur Beaumont; deux ordres de circulation, à savoir, la circulation générale et les circulations locales. 117

VIII° Méthode de détermination de la fonction d'un organe. — 1° Méthode de vivisection; 2° méthode des poisons; 3° méthode électrique; 4° pathologie naturelle; maladies, lésions accidentelles. — Application de la méthode de détermination aux muscles, aux glandes, aux nerfs, aux globules sanguins, etc. 120

Seconde section. — Conditions vitales du cerveau et de sa fonction.

I° Le sang oxygéné et l'activité du cerveau. — 1° Anémie cérébrale; célèbre expérience de Brown-Séquard sur la tête d'un chien décapité; 2° hyperémie cérébrale; 3° conclusion; la véritable raison de tous les phénomènes d'anémie et d'hyperémie est la privation d'oxygène.................................... 126

II° LE TRAVAIL DU CERVEAU ET LA PRODUCTION DE CHALEUR. — 1° Échauffement du cerveau à la suite du travail intellectuel; expériences de Broca; 2° l'échauffement de la substance cérébrale commence là où est le centre nerveux de l'irritation; expériences de Schiff; 3° rapport entre le travail cérébral et l'oxydation chimique; expériences de Byasson et de Mendel; 4° conclusion; jugement de Lavoisier : Il y a un équivalent chimique du travail intellectuel, comme il y a un équivalent chimique du travail musculaire................. 122

III° INFLUENCE DE LA FONCTION DU CERVEAU SUR L'ÉTAT DU CERVEAU. — 1° Accroissement du cerveau à la suite de l'exercice de sa fonction; crânes des Parisiens du XIII° siècle comparés à ceux des Parisiens du XIX° siècle; expériences de Rouget et de Otto Soltmann sur le cerveau des chiens nouveau-nés; recherches de Arndt et de Betz sur le cerveau des enfants nouveau-nés; comparaison avec le cerveau des idiots et celui du fœtus; 2° atrophie du cerveau à la suite de la perte de sa fonction; citation de quatre cas empruntés à la clinique des hôpitaux; 3° relations du cœur et du cerveau : résumé de la célèbre leçon de Claude Bernard; 4° Perturbations du cerveau causées par les influences morales : émotions persistantes, peines et chagrins, travaux intellectuels purs................................ 136

IV° INFLUENCE DE L'ÉTAT DU CERVEAU SUR SA FONCTION. — 1° Santé du cerveau donnant l'excellence de sa fonction; 2° perturbations et destruction de l'organe amenant les perturbations et la destruction de sa fonction; effets de l'anémie, de l'hyperémie................. 149

V° ACTION DE LA TEMPÉRATURE SUR LE CERVEAU ET SA FONCTION. — Le froid supprime la faculté de penser; expériences de Richardson; 2° la chaleur supprime la faculté de penser; danger que cause l'excès de chaleur dans les fièvres graves........................... 151

VI° ACTION DES POISONS SUR LE CERVEAU ET SA FONCTION. — 1° Anesthésiques; l'éther et le chloroforme abolissent graduellement la fonction du cerveau, à partir du mot conscient; 2° haschisch; 3° opium; 4° alcool. En résumé, le cerveau et sa fonction ont leurs poisons, comme ont les leurs les autres organes et leurs fonctions. . . . 153

VII° DIFFÉRENCE DES PHÉNOMÈNES DE CIRCULATION DANS LE CERVEAU SELON QU'IL EST EN ÉTAT D'ACTIVITÉ OU EN ÉTAT DE REPOS. — Dans la veille, c'est-à-dire à l'état d'activité, les vaisseaux cérébraux sont rouges de sang; dans le sommeil, c'est-à-dire dans l'état de repos du cerveau, les vaisseaux cérébraux sont pâles; la circulation du sang y est fortement atténuée; observations faites sur des animaux trépanés, sur des hommes qui avaient une fracture du crâne. En résumé, le cerveau est soumis à la loi commune qui régit la circulation du sang dans les organes. 156

VIII° MÉTHODE DE DÉTERMINATION DE LA FONCTION DU CERVEAU. — I° Méthode de vivisection : 1° ablation des hémisphères cérébraux; célèbres expériences de Flourens; exposé complet de cinq d'entre elles; 2° rédintégration des hémisphères cérébraux; expérience de Voit; 3° lésions des hémisphères cérébraux suivies de guérison; expériences de Flourens; 4° distinction entre la volonté de se mouvoir, qui est une fonction du cerveau, et le mécanisme de la marche, lequel est une fonction d'autres organes de l'encéphale; lésions déterminant obligatoirement le recul, la progression, le manège circulaire, la rotation sur l'axe du corps. — II° Méthode des poisons; action des anesthésiques. — III° Méthode électrique; elle s'emploie pour déterminer les localisations cérébrales. — IV° Pathologie naturelle; effets produits par les maladies, les blessures, les poisons, etc 159

RÉSUMÉ ET TABLEAU COMPARATIF. 179

CHAPITRE IV

LA PATHOLOGIE CÉRÉBRALE ET L'AME

Première section.

§ 1. **L'Aliénation mentale.** I° DÉFINITIONS. — La folie, la manie, la lypémanie ou mélancolie, la paralysie générale des aliénés; l'hallucination et l'illusion. *Infirmités :* l'idiotie, trois classes d'idiots; le crétinisme, trois classes de crétins. 189

II° Mécanisme de l'aliénation. — 1° Hyperémie; 2° ischémie. — Effets de l'hyperémie et de l'ischémie : 1° exsudats séreux; 2° hémorragies; 3° ramollissement cérébral; 4° épaississement des méninges; 5° fausses membranes; 6° adhérences des méninges au cerveau; 7° ossification de la dure-mère; 8° sclérose cérébrospinale; 9° tumeurs au cerveau; 10° atrophie cérébrale; conditions de l'atrophie générale, de l'atrophie partielle. — Résumé systématique. 191

III° Causes générales de l'aliénation. — 1° Causes morales; 2° causes physiques; 3° quelle que soit la cause de l'aliénation mentale, le mécanisme de l'aliénation est toujours physique. 205

IV° Anatomie pathologique et thérapeutique. — 1° Hallucinations et illusions : exemples; traitement; état anatomique du cerveau; discussion au point de vue de l'hypothèse spiritualiste et à celui de l'hypothèse physiologique; 2° Manie : traitement; état anatomique du cerveau; discussion; 3° lypémanie : traitement, état anatomique du cerveau; discussion; 4° paralysie générale des aliénés, traitement, état anatomique du cerveau, discussion; 5° démence; démence partielle et démence générale; exemple d'incohérence recueilli par Marcé; traitement, état anatomique du cerveau; recherches de Parchappe sur le poids du cerveau correspondant aux quatre degrés de la folie chronique; discussion. 206

§ II. L'Alcoolisme. — Progrès de l'alcoolisme en Europe; 1° action physiologique de l'alcool; 2° degrés de l'alcoolisme; 3° mécanisme de l'action de l'alcool; 4° état anatomique du cerveau : § I. *Troubles de la sensibilité*, hyperesthésie, anesthésie; hallucinations de la vue, de l'ouïe, du goût et de l'odorat; épilepsie alcoolique; § II. *Troubles de la motilité*; § III. *Troubles intellectuels et moraux*. Traitement. Discussion au point de vue de l'hypothèse spiritualiste et à celui de l'hypothèse physiologique. 222

§ III. L'Idiotie. — Observations préliminaires; 1° rapport entre le poids du cerveau et l'intelligence; 2° ossification du crâne chez les nouveau-nés. 232

I° Mécanisme principal de l'idiotie. — 1° Réunion prématurée des sutures du crâne; 2° ossification prématurée des fontanelles. — Conséquences : 1° Arrêt de développement de l'encéphale ; 2° circulation difficile et ses suites. 234

II° MÉCANISMES DIVERS DE L'IDIOTIE. — 1° Causes physiques : pratiques barbares exercées sur le crâne des nouveaunés ; chutes ou coups sur la tête, etc. ; 2° causes physiologiques : procréation des enfants par des parents alcooliques, scrofuleux.................... 236

III° ÉTAT ANATOMIQUE DU CERVEAU DES IDIOTS. — 1° Conformation de la tête, microcéphalie, hydrocéphalie ; 2° poids du cerveau : commencement de la microcéphalie chez l'homme, chez la femme ; exemples ; 3° altération de la structure de l'encéphale. Traitement......... 237

§ IV. Le crétinisme. — I° FACULTÉS PHYSIQUES, INTELLECTUELLES ET MORALES DES CRÉTINS............ 239

II° CAUSES GÉNÉRALES DU CRÉTINISME. — 1° Insalubrité de l'habitat ; exemple ; 2° insalubrité des eaux potables ; 3° insalubrité des parents (hérédité)........... 239

III° PROPHYLAXIE DU CRÉTINISME. — 1° Assainissement de l'habitat, exemple ; 2° assainissement des eaux potables ; 3° assainissement des parents. — Discussion. — Conclusion................................. 241

CONCLUSION DE LA PREMIÈRE SECTION. — L'âme est la fonction du cerveau........................... 244

Seconde section.

§ I. Existence de centres moteurs et de centres perceptifs généraux dans le cerveau (*Localisations cérébrales*). — Notice historique. Mode de la localisation. Il semble que la localisation des opérations cérébrales ne correspond pas exactement à des îlots corticaux, topographiquement séparés ; toutes les parties ou la plupart des parties du cerveau concourraient à l'opération cérébrale, avec prédominance de l'action de tel îlot cortical, plus ou moins nettement limité................... 244

I° LOCALISATION DE CENTRES MOTEURS. — Régions excitables ou zones motrices ; régions inexcitables ou zones latentes ; énumération....................... 248

II° LOCALISATION DE CENTRES PERCEPTIFS. — Résumé des expériences du docteur Ferrier, de la Société royale de

Londres : 1° centre perceptif de la vue ; 2° centre perceptif de l'ouïe,; 3° centres perceptifs de l'odorat et du goût; 4° centre perceptif du toucher; 5° localisation par Broca du centre moteur du langage articulé; les trois cas d'aphasie : aphasie complète avec trouble complet de l'intelligence, aphasie partielle avec trouble partiel de l'intelligence, aphasie complète ou partielle avec une intelligence saine. — Loi de l'aphasie. — Difficulté à résoudre 251

§ II. **Faits pathologiques attestant l'existence de centres moteurs et de centres perceptifs généraux et partiels dans le cerveau.** I° Faits pathologiques attestant l'existence d'un centre général pour les perceptions visuelles et d'un centre général pour les perceptions auditives. — Citation de trois cas. 266

II° Faits pathologiques attestant que les centres généraux se subdivisent en centres partiels. — Citation de nombreux cas : 1° perte de la mémoire des figures; 2° de la musique; 3° de tous les nombres; 4° de deux nombres seulement; 5° d'une langue étrangère; 6° de tous les substantifs; 7° des noms propres; 8° des noms avec souvenir de la lettre initiale; 9° perte de la mémoire visuelle des lettres de l'alphabet; 10° de plusieurs lettres seulement; 11° d'une seule lettre............... 267

III° Faits pathologiques attestant l'existence d'un centre moteur pour le langage articulé. — Citation de deux cas. Examen critique de tous les faits pathologiques... 27

IV° Trépanation fondée sur la connaissance des localisations cérébrales. — Citation de deux cas. — Discussion des localisations cérébrales au point de vue de l'hypothèse spiritualiste et à celui de l'hypothèse physiologique. 277

Conclusion de la seconde section. — L'Ame est une résultante. 280

Résumé général. *Résumé des conquêtes faites par la physiologie expérimentale et confirmées par la pathologie naturelle.* — 1° Localisation des mouvements; 2° des sensations; 3° des facultés intellectuelles et morales. . 281

CHAPITRE V

LA MÉMOIRE

§ I. **La mémoire organique.** — I° La mémoire est une fonction du système nerveux; elle conserve les souvenirs, c'est sa fonction passive; elle les reproduit, c'est sa fonction active. 289

II° Toute impression sur un centre nerveux y laisse une trace; exemples empruntés, soit à l'état sain, soit à l'état morbide : les aveugles-nés n'ont pas d'hallucinations de la vue; les sourds-muets de naissance n'ont pas d'hallucinations de l'ouïe. 289

III° Les modifications nerveuses sont fixées par l'exercice elles se coordonnent en groupes, puis se réduisent au strict nécessaire; exemples empruntés à l'enfant qui apprend. 291

IV° Les modifications nerveuses ne sont pas de simples empreintes, ce sont des dispositions fonctionnelles; exemples empruntés à la vue. 293

V° Une modification acquise et fixée par l'exercice est difficilement remplacée par une autre : cela explique la difficulté qu'il y a à déraciner la routine sous toutes ses formes, religieuse, agricole, etc. 294

VI° Les modifications acquises entrent dans de nouvelles combinaisons; comparaison avec les lettres de l'alphabet qui par leurs combinaisons variées concourent à former des milliers de mots dans les langues vivantes ou mortes. 294

VII° La mémoire n'est pas une faculté une et indépendante, elle est une collection de mémoires locales; il y a des mémoires de l'appareil optique, de l'appareil auditif, de chacun des cinq sens : 1er exemple montrant combien il s'en faut que la mémoire *d'une chose*, d'une pomme, par exemple, soit une et simple; 2° exemple; la mémoire d'*un mot :* combien elle est complexe. 295

VIII° Les inégalités des mémoires locales proviennent : 1° essentiellement d'une inégalité de constitution des centres nerveux respectifs; 2° de l'exercice ou éducation donnée à ces centres. — Exemples de bonnes mémoires visuelle, auditive, etc., montrant que ces bonnes mémoires sont dues à une complexion naturelle des appareils sensoriaux et à l'éducation qu'on leur a donnée. . 300

§ II. **La mémoire consciente ou psychique.** — I° Au point de vue de la conscience, les activités nerveuses se partagent en trois catégories : 1° Celles qui ne sont jamais ou presque jamais accompagnées de conscience : telles sont les activités des nerfs vaso-moteurs et des réflexes ; 2° celles qui sont accompagnées de conscience ; 3° celles qui tantôt sont accompagnées de conscience, tantôt ne le sont pas. 302

II° Pour qu'une activité nerveuse puisse être perçue par l'âme, c'est-à-dire arriver à l'état de conscience, il faut qu'elle réalise deux conditions, l'intensité et la durée. Résultats obtenus par la science pour le son, le tact et la lumière. 302

III° Lorsqu'une action nerveuse n'atteint pas le minimum d'intensité et le minimum de durée nécessaires pour qu'il y ait conscience, cette action nerveuse n'en existe pas moins ; la modification imprimée aux centres nerveux est acquise ; la disposition fonctionnelle subsiste. Faits inexplicables dans l'ancienne théorie, lesquels sont expliqués par la cérébration inconsciente. 304

IV° La première condition de la mémoire est la modification nerveuse ou disposition fonctionnelle ; la conscience n'est que la forme parfaite de la mémoire, elle n'en est pas la condition essentielle ; la première condition explique la conservation des souvenirs. 306

V° La seconde condition de la mémoire est le groupement des modifications nerveuses en associations dynamiques avec aptitude à entrer dans plusieurs associations ; la seconde condition explique la reproduction des souvenirs. 307

VI° Le caractère propre de la mémoire psychique ou consciente est la localisation dans le passé ; le procédé de localisation dans le temps est le point de repère ; de même, pour la localisation dans l'espace, il faut aussi un point de repère. 307

VII° Vu la faiblesse de la nature humaine, une des conditions d'une bonne mémoire psychique est la rentrée à l'état latent d'un grand nombre d'états de conscience. 309

VIII° A la suite d'exercices répétés et continus, la mémoire consciente évolue vers la mémoire inconsciente ou organique et finit par se perdre en elle; plusieurs exemples de ce fait. 310

IX° Par cela qu'elle consiste en dispositions nerveuses fonctionnelles et en associations dynamiques, la mémoire dépend de la nutrition. 312

§ III. **Maladies temporaires de la mémoire.** — I° Amnésie passagère accompagnée d'automatisme cérébral; deux cas, dus au vertige épileptique. 313

II° Amnésie des événements d'une certaine période de temps; trois cas, dus à une syncope et à des commotions à la tête. 315

III° Perte de toute la mémoire psychique, puis rééducation; trois cas remarquables. 318

IV° Dans les cas d'amnésie partielle et temporaire, les faits de la mémoire psychique et les faits récents se perdent les premiers : Exemple cité par le docteur Charles Richet. 321

§ IV. **Dissolution de la mémoire.** — I° La dissolution progressive de la mémoire a pour cause une lésion du cerveau à marche envahissante. 322

II° La dissolution progressive suit l'ordre d'extinction suivant : 1° Les faits récents; 2° les connaissances intellectuelles; 3° les sentiments et les affections; 4° en dernier lieu, les actes mécaniques. 323

III° Réciproquement, lorsque la lésion du cerveau, cause de la dissolution progressive de la mémoire vient à guérir, la restauration de la mémoire se fait inversement, en remontant des faits anciens aux faits récents. Exemple cité par M. Taine. 326

IV° Conclusion. La dissolution de la mémoire se fait conformément aux conditions biologiques qui ont présidé à sa formation. 327

§ V. **Amnésie des signes.** I° SA NATURE. — Une idée n'est jamais simple, elle est la fusion de deux éléments distincts, la pensée proprement dite et le signe : Exemples. 328

II° Le signe est un mouvement ou une association de mouvements; il exige un exercice ou éducation des fibres motrices; Exemples : les mouvements pour parler, les mouvements pour écrire. 330

II° Son évolution. — I° Dans le cas d'amnésie progressive des signes, l'ordre des extinctions est le suivant : 1° Les mots ou langage rationnel; 2° les phrases exclamatives ou langage émotionnel; 3° en dernier lieu, mais très rarement, les gestes. 333

A. *Langage rationnel.* — L'ordre des extinctions est le suivant : 1° Les noms propres; 2° les noms communs; 3° les adjectifs et les verbes. 334

B. *Langage émotionnel.* — Citation de deux cas recueillis par le docteur Bouillaud. 335

II° Réciproquement, dans les rares cas de guérison, le recouvrement progressif se fait en ordre inverse, c'est-à-dire en commençant par les gestes; cas recueilli par le docteur Grasset; cas remarquable du charretier Jean Picarda, recueilli par le docteur Bouillaud. 337

§ VI. **Hypermnésie.** — I° L'hypermnésie est une reproduction extraordinaire des souvenirs, due le plus souvent à des causes morbides, quelquefois à des secousses morales; 1° causes morbides : cas remarquable du jeune boucher de Bicêtre, recueilli par Michéa; 2° secousses morales : Exemple; 3° hypermnésie apparente à l'article de la mort. 340

II° Le mécanisme physiologique de l'hypermnésie est un accroissement d'activité dans la circulation cérébrale : Exemples cités par le docteur Luys. 342

§ VII. **Fonctions physiologiques d'où dépendent les deux fonctions de la mémoire.** — I° La CONSERVATION MNÉMONIQUE dépend de la nutrition : cette dépendance explique : 1° pourquoi la mémoire de l'enfant est facile, et faible celle du vieillard; 2° pourquoi ce qui est vite appris ne dure pas; 3° pourquoi la fatigue nuit à la mémoire; cas du docteur Holland; 4° pourquoi la dissolution de la mémoire devient totale chez les vieillards; 5° pourquoi la rééducation peut se faire chez ceux qui ont perdu temporairement la mémoire. 344

II° LA REPRODUCTION MNÉMONIQUE dépend de la circulation; cette dépendance explique : 1° pourquoi l'enfant a la reproduction mnémonique plus facile que l'a le vieillard; 2° pourquoi les fièvres amènent l'hypermnésie;

3° pourquoi les personnes chez qui l'action du cœur a baissé ont un affaiblissement de mémoire; 4° pourquoi les stimulants exaltent la mémoire; pourquoi les sédatifs la dépriment. — Résumé général. 348

CHAPITRE VI

L'UNITÉ DU MOI EST UNE RÉSULTANTE

Exemples empruntés à la physique et à la chimie, lesquels montrent : 1° Comment certaines unités résultantes ont été longtemps considérées comme étant des unités simples; 2° comment les modifications que subissent les unités chimiques ont les plus saisissantes analogies avec les modifications que subit l'unité du moi. 357

I° Constitution élémentaire du moi: 1° Groupe des faits sensibles; 2° groupe des faits intellectuels; 3° groupe des faits moraux. 360

II° Importance comparative de chacun des éléments au point de vue de l'essence du moi; ils se classent ainsi : 1° les faits sensibles; 2° les faits intellectuels; 3° les faits moraux. 361

III° Ce qui distingue le moi d'un homme du moi d'un autre homme, ou ce qui est le caractère distinctif de la personnalité, c'est la manière propre dont chaque homme sent, juge et veut. 365

IV° La pénétration réciproque et la combinaison mutuelle des sensations, des sentiments, des connaissances, des jugements et des volitions, font de l'unité du moi, non pas une unité collective, mais une résultante. — Preuves tirées : 1° de l'influence de l'éducation sur moi; 2° de l'influence des passions sur le moi; 3° de l'entrée successive d'éléments nouveaux dans le moi durant le jeune âge; 4° de la disparition successive des éléments composants du moi durant la vieillesse. Résumé. . . . 371

V° L'homme n'est jamais, à aucun moment de sa durée, identique à lui-même: 1° Le corps entier est en état continu de rénovation; 2° les organes et les fonctions sont soumis à la triple loi de la croissance, du maximum de vigueur, puis de la décroissance; 3° les évolutions des molécules de l'organe cérébral entraînent les évolutions des sensations, des sentiments, des jugements, des volitions, c'est-à-dire de la fonction psychique; or, le Moi, c'est l'âme en tant qu'elle a conscience d'elle-même; il s'ensuit que la résultante actuelle ou Moi évolue sans trêve en une suite de résultantes modifiées. 378

VI° Ce qu'on appelle vulgairement le sentiment de l'identité personnelle est chez chaque individu : 1° *Au point de vue du corps entier*, le témoignage de la mémoire attestant que l'état présent du corps se rattache à des états antérieurs par une suite ininterrompue d'états intermédiaires, dont elle a gardé le souvenir; 2° *Au point de vue de la fonction particulière appelée Ame*, le témoignage de la mémoire attestant que le moi présent se rattache à des états antérieurs de l'âme par une suite ininterrompue d'états intermédiaires dont elle a gardé le souvenir. 381

VII° A travers l'évolution continue qui se fait de la naissance à la mort : 1° Ce qui persiste le plus dans le corps, c'est le type figuré; 2° ce qui persiste le plus dans la fonction particulière appelée Ame, c'est le type moral ou caractère. — Preuves de ces deux faits tirées de l'évolution des molécules corporelles et de l'évolution de l'âme durant le cours de la vie, de l'enfance à la vieillesse. — Le plus important des deux types, au point de vue de l'identité personnelle, est le type corporel. Il serait utile de consacrer le nom d'*identité personnelle* au type corporel, et de réserver à l'identité particulière du type moral ou caractère le nom d'*identité du moi*. 382

VIII° De l'analyse du moi ainsi que de la définition de l'identité personnelle et de l'identité du Moi, il résulte qu'un même individu peut avoir à la fois conscience de son identité personnelle (un seul type corporel) et conscience de l'alternance en lui de deux Moi distincts (deux types moraux). Ces déductions sont confirmées par les faits; entre autres, par l'histoire de Mlle R. L., et par celle de Félida X. 387

IX° *Histoire de Mlle R. L.* recueillie par le docteur Dufay : 1° Description de la première forme de l'accès hystérique; 2° Description de la deuxième forme de l'accès hystérique. Alternance de deux Moi dans le même corps; le Moi normal ignore le Moi hystérique, ses actes et ses pensées ; le Moi hystérique connaît très nettement le Moi normal, ses actes et même ses pensées intimes ; le Moi hystérique est de beaucoup supérieur au Moi normal, au point de vue de l'intelligence et du fonctionnement des cinq sens ; il a même du dédain pour le Moi normal. 391

X° Dans l'hypothèse spiritualiste d'un Moi, substance spirituelle, une et simple, logée dans le cerveau, tous les faits concernant Mlle R. L. sont inexplicables et incompréhensibles. 397

XI° Dans l'hypothèse physiologique d'un Moi, simple résultante des modifications du cerveau, tous les faits concernant Mlle R. L. se comprennent et s'expliquent. 399

XII° *Histoire de Félida,* recueillie par le docteur Azam : 1° Caractère de Félida dans l'état naturel ou état premier ; 2° description de la crise qui fait passer Félida de l'état premier à l'état second ou état hystérique ; 3° caractère de Félida dans l'état second ; tableau comparatif du Moi de l'état premier et du Moi de l'état second : les deux Moi sont diamétralement opposés ; 4° forme et genre de l'amnésie de Félida dans l'état premier : deux exemples remarquables ; 5° marche de la durée respective de l'état premier et de l'état second chez Félida ; 6° influence funeste produite sur l'esprit de Félida par l'amnésie qu'amènent les retours de l'état premier ; 7° les faits concernant Félida se classent en quatre groupes principaux. 401

XIII° Dans l'hypothèse spiritualiste d'un Moi, substance spirituelle, une et simple, les quatre groupes de faits concernant la vie de Félida sont inexplicables et incompréhensibles. 411

XIV° Dans l'hypothèse physiologique d'un Moi, simple résultante des modifications nerveuses, les quatre groupes de faits se comprennent et s'expliquent. — Résumé général. 413

FIN DE LA TABLE DU TOME PREMIER.

Sceaux. — Imp. Charaire et fils.

ERRATA

Page 40, 11e ligne, *au lieu de* 14e ventricule, *lire* 4e ventricule.
— 120, 10e — *au lieu de* fondé, *il faut* fondée.
— 125, 11e — *au lieu de* aborder, *il faut* absorber.
— 141, 5e — *au lieu de* Ses, *il faut* Les.
— 146, 12e — *au lieu de* le vie, *il faut* la vie.
— 155, 3e — *au lieu de* iis, *il faut* ils.
— 255, 11e — il faut supprimer la parenthèse après le mot définis.
— 282, 14e — *au lieu de* diotie, *lisez* idiotie.
— 354, 8e — *au lieu de* Amnésies, *il faut* Amnésie.
— 355, 7e — *au lieu de* secouses, *il faut* secousses.
— 378, 14e et 15e lignes, *au lieu de* la maladie, *il faut* les maladies.

LIBRAIRIE GERMER BAILLIÈRE ET Cⁱᵉ

FERRIER
Les Fonctions du cerveau. 1 vol. in-8° avec fig. .... 10 fr.

LUYS
Le Cerveau et ses fonctions. 1 vol. in-8, avec fig. .... 6 fr.

CHARLTON BASTIAN
Le Cerveau, organe de la pensée, chez l'homme et chez les animaux. 2 vol. in-8° avec fig. .... 12 fr.

ALEX. BAIN
L'Esprit et le Corps. 1 vol. in-8° .... 6 fr.
Les Sens et l'Intelligence. 1 vol. in-8° avec fig. .... 10 fr.

STUART MILL
La Philosophie de Hamilton, trad. par M. Cazelles. 1 vol. in-8. 10 fr.
Mes Mémoires. Histoire de ma vie et de mes idées, traduit de l'anglais par M. E. Cazelles. 1 vol. in-8° .... 6 fr.
Système de logique déductive et inductive. Traduit de l'anglais par M. Louis Peisse, 2 vol. in-8° .... 20 fr.
Essais sur la Religion, trad. par M. E. Cazelles. 1 vol. in-8° . 5 fr.

HERBERT SPENCER
Les premiers principes. 1 fort vol. in-8° .... 10 fr.
Principes de Psychologie, traduit de l'anglais par MM. Th. Ribot et Espinas, 2 vol. in-8° .... 20 fr.
Principes de biologie, traduit par M. Cazelles, 2 vol. in-8, 1877-1878 .... 20 fr.
Principes de sociologie :
   Tome Iᵉʳ, traduit par M. Cazelles. 1 vol. in-8, 1878. 10 fr.
   Tome II, traduit par MM. Cazelles et Gerschel. 1 vol. in-8, 1879 .... 7 fr. 50
   Tome III, traduit par M. Cazelles. 1 vol. in-8 ...... 15 fr.
Essais sur le progrès, traduit par M. Burdeau. 1 vol. in-8. 7 fr. 50
Essais de politique. 1 vol. in-8, traduit par M. Burdeau. 7 fr. 50
Essais scientifiques. 1 vol. in-8, traduit par M. Burdeau. 7 fr. 50
De l'éducation physique, intellectuelle et morale. 1 vol. in-8, 3ᵉ édition .... 6 fr.
Introduction à la science sociale. 1 vol. in-8, 3ᵉ édition .... 6 fr.
Les bases de la morale évolutionniste. 1 vol. in-8, 2ᵉ édition. 6 fr.
Classification des sciences. 1 vol. in-18, 2ᵉ édition .... 2 fr. 50

www.ingramcontent.com/pod-product-compliance
Lightning Source LLC
Chambersburg PA
CBHW071108230426
43666CB00009B/1867